BITCOIN

Le Trésor de Satoshi

LOU LESANDRE

Une idée qui n'est pas dangereuse ne mérite pas d'être appelée une idée.

Oscar Wilde

BITCOIN

LE TRÉSOR DE SATOSHI

Roman, par Lou LESANDRE

Avertissement :

Certains des personnages de ce roman ont bel et bien existé, tel Hal Finney, mais la plupart sont imaginaires – il en est ainsi de l'héroïne, la fille de Satoshi Nakamoto et de son compagnon Will.

Au-delà, la principale question à se poser est de savoir ce qu'il en est de Satoshi Nakamoto lui-même – le génial inventeur du Bitcoin. S'agit-il d'un individu unique ou plutôt d'un groupe de personnes ayant choisi un pseudonyme collectif ? Le lecteur aura sa propre opinion à ce sujet mais, près de quinze ans après la création du Bitcoin, il faut reconnaître qu'à ce jour la question reste ouverte.

Dans ce livre, nous avons supposé que Satoshi Nakamoto était une personne unique, ce qui semble l'hypothèse la plus probable. Mais alors qui est-il (ou était-il) au juste ? Le problème est qu'il y a pléthore de candidats-Satoshi : ceux dont le profil lui correspond assez bien mais qui refusent d'endosser ce rôle, et ceux qui le revendiquent haut et fort pour s'arroger la paternité du Bitcoin.

Mais quels que soient leurs atouts ou leurs arguments, aucun de ces pressentis ou prétendus Satoshi n'a réussi à être unanimement reconnu comme tel, et loin s'en faut. Aujourd'hui, force est de constater que le mystère entourant la personne de Satoshi Nakamoto reste entier. À l'évidence, son identité autant que son existence ont entourées de larges zones d'ombre qui ne semblent pas prêtes de se dissiper.

Il en va de même du million et quelques de bitcoins que Satoshi a minés juste après avoir créé son invention révolutionnaire. En novembre 2021, lorsque le Bitcoin a atteint son ATH, ceci représentait une bagatelle d'environ 70 milliards de dollars.

Le plus étonnant est que, malgré son importance colossale, nul ne sait ce qu'est devenu ce trésor numérique. Est-il définitivement perdu – gisant dans la mémoire d'un disque dur jeté par erreur au fond d'une décharge ? Est-il toujours là, quelque part entre les mains d'une baleine antique qui va le ressusciter un jour, au risque de déstabiliser alors violemment le marché ?

Du fait de toutes ces incertitudes – même si elle se fonde sur certaines réalités, la quête de ce trésor relatée ici est donc bien d'ordre purement fictif.

À Elena

Paris, le 15 août 2023

PREMIÈRE PARTIE

ARIZONA – Sept. 2021

CHAPITRE 1

– Nina ! On a sonné en bas. Tu vas voir qui c'est ? Je suis encore au lit...

– Ne bouge pas, Will. J'y vais. C'est sûrement Raquel !

Enfilant un peignoir à la hâte, je m'extirpe de la salle de bain, pressée de serrer ma meilleure amie dans les bras. Les pieds mouillés, je dévale les escaliers quatre à quatre. Dans mon sillage, un chapelet de gouttes d'eau ruisselle sur le parquet mais je m'en fiche...

Patatras, ma bonne humeur se dissipe. Quand j'ouvre la porte de dehors, ce n'est pas Raquel qui se tient sur le seuil. À sa place, je tombe sur deux types plantés au pied du perron, raides comme des piquets. Mâchoires crispées et nuques soudées, je comprends qu'ils ne viennent pas pour une visite de courtoisie.

Le premier, avec sa bedaine en avant et son air constipé, je le reconnais tout de suite. C'est le shérif Parker. Un macho patenté qui aime rouler les mécaniques. En me voyant, il crache sa chique par terre et porte un index crasseux à la visière de son Stetson. Sa façon à lui de me saluer, j'imagine. Je crois entendre un vague « Mam'zelle » mais rien n'est moins sûr. La politesse n'étouffe pas ce genre d'olibrius.

L'autre, placé un peu en retrait du shérif, est un parfait inconnu. Avec sa dégaine bidon et son crâne d'œuf, il ne fait pas couleur locale pour deux sous. Je pencherais volontiers pour un bureaucrate de la côte est, exilé en Arizona pour une mission particulière. Il se dégage de lui quelque chose de sournois. Pendant que je me fais cette réflexion et que je l'observe, lui aussi me détaille derrière ses binocles. Je remarque qu'il me reluque franchement de travers, ce qui achève de me mettre mal à l'aise. Mais à quoi rime cette mascarade ? Bizarre...

Surprise par l'apparition de ces clowns tombés des nues, je les toise en fronçant les sourcils. Eh oui, je suis rebelle à toute forme d'autorité. Une allergie notoire aux uniformes et aux costumes m'anime depuis longtemps. Encore plus quand ceux qui les portent débarquent chez moi à l'improviste et qu'ils ont une sale tête. Les tronches que tirent ces zozos, c'est d'ailleurs à peine croyable. De vraies faces de carême ! Plus je les regarde, plus je me dis que leur attitude guindée, presque hostile, est annonciatrice d'emmerdes. Et pas besoin d'être grand clerc pour le deviner, ils en ont un paquet en magasin...

Un instant, nous campons sur nos positions à nous dévisager mutuellement sans bouger. Sans un mot, moi en haut des marches, eux en contrebas. Je ne desserre pas les dents, ils ne bronchent pas non plus. Une vraie guerre d'usure. Un ange passe, désespéré, puis soudain les deux bulldozers humains se mettent en branle. Tablant sur le respect que leurs badges accrochés sur le poitrail est censé m'imposer, ils avancent tels des panzers lourds et franchissent l'ultime marche qui me sépare d'eux. Des putains de mâles alpha prêts à me passer sur le corps... Sans blague, ils rêvent ! Leur barrant ostensiblement le passage, je demeure les bras vissés en travers de la porte : pas question de céder un pouce de terrain. Virant taquine, je feins l'enjouement.

– Ah ! Shérif ! Qu'est-ce qui me vaut l'honneur de vous voir en cette heure matinale ?

– Oh, Mam'zelle Mendes ! Pareil que la dernière fois. Vous savez, ces satanées histoires de crypto tags qui font tourner le maire en bourrique...

En se déhanchant, Parker tente de jeter un regard à l'intérieur de mon domicile. Peut-être pour voir si je suis seule, je n'en sais rien. Il insiste :

– On peut entrer, Nina ? Nous aimerions vous parler... On serait mieux à l'intérieur, vous ne pensez pas ?

Difficile de refuser, c'est demandé si courtoisement. Me résignant à contrecœur, je m'efface et le laisse passer ainsi que son acolyte au regard sournois qui marche sur ses talons.

Aussitôt, je regrette de leur avoir ouvert la voie. Maintenant qu'ils sont à demeure et se sentent en position de force, ils hument l'espace autour d'eux tels des chacals ayant investi un terrier.

– Je vous présente l'agent spécial Rick Sanders du FBI, balance le shérif en désignant son collègue chauve et binoclard. Officier Sanders, je vous présente Nina Mendes, la jeune femme dont je vous ai parlé. Ah ! Mademoiselle, j'oubliais... L'agent

Sanders appartient au service Crypto du FBI, une entité récemment créée au niveau fédéral. Même s'il s'en défend car il est modeste, c'est un expert du sujet. Il est venu exprès de Washington pour nous aider à résoudre cette affaire si spéciale...

Visiblement, le shérif a bien appris sa leçon. C'est la première fois que je l'entends encenser quelqu'un du bureau fédéral. Sceptique, je lorgne le gars du FBI et j'écarquille de grands yeux incrédules. Mais dans quelle boutique ce gugusse s'est-il donc attifé ? Il est affublé d'un costard trois pièces, daté pour ne pas dire vintage, et porte une cravate qui lui serre le cou tel un pendu. Ses lunettes plus épaisses que des hublots lui donnent l'air d'une chouette éblouie par la lumière en plein jour. Difficile d'imaginer que ce crâne d'œuf soit si génial que ça. À moins qu'il cache bien son jeu et soit plus malin qu'il n'y paraît.

Je relève le regard en direction du shérif afin de vérifier que j'ai bien entendu mais Parkers ne réagit pas. En retour, il me fixe comme pour me dire : « Bon ! Alors, Mademoiselle, vous nous emmenez quelque part où on puisse parler tranquillement au lieu de rester là, plantés dans l'entrée comme des andouilles ? »

Silence... Pas un mot, pas un geste. Ils ne lâcheront pas l'affaire. Si ça continue, ils vont finir par s'incruster. Autant que je laisse tomber et réponde à leurs questions. Histoire qu'on en finisse rapidement.

Je les mène au salon et les invite à s'asseoir dans un des deux canapés qui se font face. Will qui a enfilé un survêtement entre-temps, apparaît. Ouf ! Voilà qui va rétablir l'équilibre. En avisant les intrus, mon chéri peine à dissimuler son agacement. Visiblement, lui non plus n'apprécie guère la venue des deux flics chez nous. En s'asseyant à côté de moi dans le canapé, il se lâche franco :

– Bonjour Shérif. Ça faisait bien une semaine qu'on ne vous avait pas vu !

Parker ne relève pas le sarcasme de Will. Flegmatique, il poursuit les présentations comme si de rien n'était. Il en profite pour apporter à l'agent Sanders quelques précisions à notre sujet. (Je devrais dire « rappeler » plutôt qu' « apporter » : il va de soi que le shérif a déjà briefé son collègue du FBI avant qu'ils débarquent chez nous.)

– Thomas Miller est le compagnon de Nina Mendes. Il est informaticien, elle est trader en bourse. Ces deux jeunes gens ne sont pas mariés. Mais c'est tout comme, ajoute-t-il d'une voix traînante à dessein... Je me trompe, Nina ?

Et vas-y ! Dis tout de suite que nous vivons dans le péché, moralisateur de flic de mes deux.

Je prends sur moi pour ne pas réagir au sous-entendu du shérif. Ça lui ferait trop plaisir. Mon visage reste lisse tandis qu'il poursuit sa litanie :

– En tout cas, Will et Nina sont des jeunes gens connus à Tucson. Je veux dire connus de tous ceux qui gravitent de près ou de loin dans la crypto sphère. C'est pour ça, Rick, que je voulais que vous les rencontriez...

– Merci Shérif, répond Sanders en se redressant. Je sais que vous les avez déjà interviewés la semaine dernière. Maintenant, jeunes gens, c'est aux autorités fédérales de vous interroger. Nous prenons le lead sur cette enquête. Normal, vu la tournure des choses...

– Une enquête ? Quelle enquête ? Qu'est-ce que c'est que cette histoire ? En quoi sommes-nous concernés ?

C'est Will qui vient de s'étrangler en entendant les paroles de l'agent spécial. Apprendre qu'on fait l'objet d'une enquête menée par le FBI est rarement une bonne nouvelle. En le voyant manifester son émotion, Sanders se fend d'une expression faussement compatissante. Pour un peu, son crâne luisant se parerait d'une auréole.

– Que de questions, monsieur Miller ! Oh ! Désolé si mes mots vous ont inquiété, susurre ce faux derche. C'est vrai que vous n'êtes pas au courant. Pas plus que votre petite amie, je suppose. Tout cela doit bien vous surprendre... Laissez-moi donc éclairer votre lanterne...

Marquant un silence, Sanders vrille un regard perfide dans celui de Will. Probablement veut-il guetter d'éventuelles réactions de sa part tandis qu'il lui racontera sa version des choses. Le polygraphe version humaine...

– Il y a huit jours, le shérif Parker vous a interrogé à propos d'un énorme graffiti peint sur l'un des murs de la mairie de Tucson. Ça représentait notre ancien président affublé d'une toge romaine à la Néron. Cigare au bec, Donald Trump contemplant le Capitole ravagé par les flammes d'un incendie gigantesque... Vous vous en souvenez ?

– Plutôt ! s'exclame Will. J'ai indiqué au shérif Parker que nous n'étions pas les auteurs de cette fresque. Nous lui avons déjà tout dit. Pourquoi le FBI nous interroge encore à ce sujet ?

Visiblement le soleil de l'Arizona ne convient pas à Crâne d'Œuf. Incommodé par la chaleur, il tamponne son front à l'aide d'un mouchoir grand comme une serviette de table.

– Pour deux raisons. La première, c'est que l'enquête a progressé depuis. Nous avons remarqué que l'artiste qui avait commis cette œuvre si dérangeante avait aussi apposé au bas de sa création un QR code. En le flashant, les passants possédant un wallet peuvent lui envoyer des dons en bitcoins. Évidemment, l'adresse vers laquelle pointe ce QR code est anonyme. Elle ne permet pas de remonter à ce mystérieux artiste... Ce procédé donne à penser que l'artiste est un habitué du monde crypto. Très vraisemblablement fait-il partie de votre cercle d'amis proches. Voire même, le connaissez-vous personnellement...

En entendant cette insinuation à peine voilée, je me prends à espérer que Will ne rentre pas dans le jeu de l'homme du FBI. Will est parfois très impulsif. Heureusement il doit flairer le piège et choisit d'ignorer la remarque insidieuse de Crâne d'Œuf.

– Et l'autre raison ?

– Ce matin, on vient de tomber sur un second graffiti, encore plus gigantesque que le premier. En plein centre de Tucson, peint sur le mur d'une école cette fois-ci. Comme ça, tout le monde en profite, si j'ose dire. Même les enfants... Ça représente un airdrop massif de tokens tombant du ciel. Ça dégouline à ne plus savoir qu'en faire. La foule en délire se les arrache. Vous voyez ? Comme dans Batman lorsque le Joker fait pleuvoir de l'argent sur les citoyens de Gotham City... En bas du dessin, il y a marqué : « *Oubliez le Dollar. Passez au Bitcoin !* » Là aussi, il y a un QR code figurant en bas du graffiti. Visiblement, c'est le même artiste qui a peint les deux fresques.

Will prend l'air si étonné qu'on lui donnerait le bon Dieu sans confession. En le voyant faire, Sanders qui n'est certes pas dupe, met les points sur les i :

– Tout cela est à la limite du subversif, M. Miller. Si ce genre d'événement se répétait, cela pourrait déstabiliser les esprits les plus faibles. Que ce soit ici en Arizona ou dans un autre état. Vous voyez ce que je veux dire ? Décemment, le gouvernement fédéral ne peut pas tolérer qu'on s'attaque ainsi aux institutions et aux symboles de notre pays...

– Ah ! Ah ! s'amuse Will, très relax, comme s'il s'agissait d'une bonne blague et qu'il n'était pas du tout au courant. Qui que soit cet artiste, il a une sacrée dose de culot. Vous ne trouvez pas ?

Quel comédien mon chéri ! C'est lui qui a du culot. Au fond de moi-même, j'ai envie de l'applaudir. Vous vous demandez pourquoi ? Tout simplement parce que, tout autant que lui, je sais très bien qui a pondu ces deux fresques. D'ailleurs, il n'y a pas eu un seul artiste à les avoir peintes, mais plusieurs. Will, Raquel et moi...

Will est si convaincant dans le rôle du soi-disant naïf que les deux flics trahissent leur désappointement. S'ils voulaient coincer Will, ils en sont pour leurs frais. Mais le shérif, qui en a vu d'autres, ne se laisse pas démonter. Tenace, il tend une perche à son collègue du FBI :

– Au fait, Rick, vous ne vouliez pas poser quelques questions à nos deux amis ?

– Si si ! Absolument, confirme crâne d'Œuf en sortant un calepin et un stylo de sa poche. Je voulais en savoir un peu plus sur leurs activités professionnelles... Par qui est-ce que je commence ? Vous, Mademoiselle ?

Autant en finir rapidement avec les questions de ce lascar. D'un hochement de tête docile, je fais signe que je suis d'accord pour ouvrir le bal. Pour autant, je n'en reste pas moins sur mes gardes. Ce type du FBI planqué derrière ses hublots me semble particulièrement roublard.

– Que voulez-vous savoir au juste, agent spécial ?

– C'est facile, mademoiselle... Je voudrais que vous m'en disiez un peu plus sur votre métier. Ça reste assez flou pour moi.

– Eh bien, comme l'a dit le shérif tout à l'heure, je suis crypto trader.

– Ouh là là ! Quel terme barbare ! Ça paraît compliqué comme job...

– Détrompez-vous, M. Sanders. C'est très simple. Ça consiste à acheter et à vendre des cryptos actifs. Le plus célèbre étant le Bitcoin.

– OK Mlle Mendes mais vous ne nous apprenez là rien de neuf. Tout le monde connaît le fameux Bitcoin... Sans indiscrétion, votre job est rentable ?

Une question peut-en cacher une autre, me dis-je. Surtout avec ce genre de loustic. Autant répondre évasivement.

– Aujourd'hui, le marché des cryptos dépasse les mille milliards de dollars et il est en pleine expansion. Donc la réponse à votre question, agent spécial, est oui. Dans cet Eldorado, vous vous doutez qu'il y a de belles opportunités à saisir pour ceux prêts à prendre des risques et à miser gros. C'est exactement ce que fais dans mon métier de trader.

– Rien de neuf sous le soleil. On est retournés à l'époque du Far West, raille le shérif sentencieux. De nouveaux territoires à conquérir, de nouveaux hors-la-loi...

Sanders ne relève pas la remarque de son collègue. Il doit penser que Parkers ne comprend pas grand-chose au Nouveau-Monde, celui des milleniums et du numérique. Je suis même prête à parier que Sanders a rangé Parkers dans la catégorie des dinosaures en voie d'extinction. Mais l'homme du FBI doit composer avec son collègue au niveau local. Décidément rusé, Crâne d'Œuf ne montre pas ses pensées. Impavide, il continue à me bombarder de questions. À croire qu'il cherche à me prendre en défaut :

– Apparemment on peut faire de belles plus-values en spéculant sur les crypto monnaies. Ce monde fascinant m'intrigue. Vous pouvez nous en parler un peu ?

Avec ses questions débiles, cet hypocrite commence à me gonfler. Je lui renvoie la balle d'un ton rogue :

– Mais encore ?

– En fait, j'aimerais savoir comment on si prend concrètement pour trader du Bitcoin. Quels conseils donneriez-vous à un novice comme moi s'il voulait se lancer dans cette aventure ?

– Je croyais que vous étiez un spécialiste des cryptos, agent Sanders...

– Oh ! Mademoiselle Mendes ! Vous me flattez là. Mon boulot à moi est juste de traquer les hackers où les fraudeurs sur le dark web. Le trading des cryptos, je n'y connais rien. Allez !

Dites m'en un peu plus sur votre activité. J'ai besoin de comprendre...

J'ignore s'ils sont tous comme ça au FBI mais ce Crâne d'Œuf est pire qu'une sangsue. Il ne cesse de tourner autour du pot en feignant l'ignorance. Je ne sais pas où il veut en venir mais je sens qu'il y a anguille sous roche...Bon, je vais lui lâcher un peu de lest. Peut-être me fichera-t-il ensuite la paix. J'ai hâte que ces deux guignols débarrassent rapidement le plancher.

– D'accord ! Je pensais que vous saviez... Eh bien, pour acheter et vendre des cryptos, on peut passer par un courtier. On peut aussi se débrouiller tout seul en allant sur un exchange. Il y en a des tas comme Kraken ou Binance qui est le plus utilisé. C'est d'ailleurs sur ce site-là que je vais. Les commissions sur les transactions sont raisonnables. Il y a surtout beaucoup de volumes et de paires à trader, ce qui multiplie les occasions de s'enrichir. Comme il y a beaucoup de volatilité sur certains tokens, il est intéressant de surfer sur des tendances, à la hausse ou à la baisse. On peut aussi faire du scalping en intraday, à condition d'être très réactif. Mais attention : le marché peut se retourner d'un coup et de manière parfois brutale.

– Vous avez dit des *paires*, j'ai bien entendu ? se réveille soudain Parker. Au fond de moi, je me marre : le shérif paraît largué par mon laïus abscons.

Bien que j'en meurs d'envie, je m'efforce de lui répondre sans paraître trop condescendante.

– Oui. On trade des paires d'actifs ou de devises. Par exemple du Bitcoin contre du Dollar. Ou de l'Ethereum contre de l'Euro ou du Yen. On encore du Bitcoin contre de l'Ethereum...

Je fais une pause dans mes explications. Mes soupçons semblent se confirmer. Je viens de m'apercevoir que depuis que je parle, l'agent Sanders n'a pris strictement aucune note dans son calepin. Pourtant j'ai répondu de mon mieux à toutes ses questions. De là à penser que celles-ci ne sont qu'un prétexte pour me confondre, il n'y a qu'un pas. Je me dis que tout ce que je lui ai raconté, il le savait déjà. D'ailleurs, lui-même ne s'est-il pas trahi lorsqu'il a parlé de *wallet*, un terme que n'aurait jamais utilisé le novice qu'il prétend être en matière de trading. J'ai également de sérieux doutes sur la soi-disant incompétence de Parkers en la matière. Même si les manières du shérif bedonnant sont un peu rugueuses, il est tout sauf un idiot. Je commence à me dire que depuis le début, ces deux bouffons me mènent en bateau. Ma complaisance a assez duré. Il est temps pour moi d'arrêter de jouer à leur petit jeu et de siffler la fin de la récréation.

– Bon, Messieurs ! fais-je un peu sèchement. Vous n'avez plus rien à me demander ?

C'est le pingouin du FBI qui me répond. Il le fait d'une voix glaciale :

– Non, Mademoiselle. En tout cas, plus rien concernant votre job de trader... Ce que nous voudrions savoir maintenant, c'est ce que vous faisiez les deux nuits où ont été tagués ces deux murs. Vous vous doutez que ceci est totalement illégal. Disposez-vous d'un alibi ?

Ça y est, nous y voilà ! Après un tour de chauffe, on rentre dans le vif du sujet. Ils viennent de tomber le masque. Pour eux, Will et moi, nous sommes bel et bien des suspects. Concentrons-nous ! Même si la ficelle est un peu grossière, je dois me garder de tomber dans ce qui ressemble fort à un piège. Logiquement, je ne suis pas censée être exactement au courant des dates où ces superbes œuvres murales ont été exécutées...

– Vous venez de m'apprendre que la dernière fresque a été réalisée cette nuit... Mais pouvez-vous me préciser à quand remonte la première ?

– Évidemment ! répond le shérif en consultant ses notes d'un air faussement prévenant. Le graffiti représentant Donald Trump a été réalisé le 25 juin... Et l'autre, bien sûr, c'était hier soir.

Fine mouche, je fais mine de réfléchir un instant. Soudain, comme prise d'une inspiration subite, je me tourne vers Will.

– Le 25 juin, mais c'est le jour de ton anniversaire ! Après notre dîner au champagne, on n'était pas restés à la maison pour revoir ce film de Tarantino que tu aimes tant ?

– Kill Bill ? Oui, tout à fait, je te confirme, ma chérie. Il y avait d'ailleurs plusieurs épisodes. Je me souviens que nous avons fini tard, ajoute-t-il en adressant un clin d'œil entendu à nos interlocuteurs. À l'aube pour être plus précis. Oui, vraiment, c'était une très belle soirée...

L'agent Sanders paraît agacé par notre esprit de répartie. Il n'est pas dupe mais il doit se contenter de notre témoignage.

Tandis qu'il griffonne quelques mots dans son calepin pour garder une trace, Parkers ne perd pas le nord. Il nous relance :

– Et la nuit dernière, celle où a été réalisé le deuxième graffiti, que faisiez-vous ?

En prenant un air de sainte-nitouche embarrassée, je rougis effrontément.

– Oh ! Shérif, je vous en prie ! Ce que font tous les jeunes couples, je suppose. En tout cas, nous sommes restés à la maison toute la nuit. À dire vrai, c'est vous qui nous avez tirés du lit tout à l'heure...

Agacé, l'homme du FBI claque la couverture de son calepin d'un geste sec.

– Bravo ! applaudit-il ironiquement. Nos deux tourtereaux ont un alibi en béton. Chacun d'eux se porte garant de l'emploi du temps de son compagnon. Franchement, quelle réciprocité admirable ! On peut difficilement faire mieux...

Dissimulant mal son irritation, il reporte son attention sur Will.

– Et si on passait à vous maintenant, Monsieur Miller. Si vous m'expliquiez en quoi consiste votre activité professionnelle ? Je suis tout ouïe...

À la grimace aigrie que lui a adressée Crâne d'Œuf, Will répond par un large sourire. Tout l'inverse ! J'adore le côté espiègle de mon boy-friend...

– Avec plaisir, Monsieur Sanders. Que voulez-vous savoir ?

– Eh bien, le shérif Parkers m'a dit que vous êtes informaticien. Informaticien, c'est vague. Vous pourriez me dire à quoi vous occupez vos journées au juste?

– Certainement. Je ne suis pas exactement ce qu'on appelle un informaticien. En fait, je suis mineur...

– Comment ça, mineur ? Vous avez l'air d'avoir largement dépassé les 18 ans.

– Ah ! Ah ! Effectivement, vous êtes perspicace au FBI. J'ai vingt-sept ans.

– Alors quoi ? Vous extrayez du charbon dans des mines ? J'ignorais qu'il y en eût en Arizona...

– Décidément, vous avez de l'humour, Monsieur Sanders. Non, je mine du Bitcoin ou d'autres cryptos. C'est selon.

Soudain Parkers, qui semblait s'être assoupi sous son Stetson, sort de sa torpeur. Si jusqu'ici il mâchait sa chique en silence, en revanche là il ne mâche plus ses mots :

– Vous minez du Bitcoin ? C'est quoi ce jargon à la noix ?

Toujours aussi aimable, ce shérif... Comme Will ne lui répond pas (ce que je peux comprendre), le shérif qui est tout sauf quelqu'un de patient, élève la voix.

– Alors ! Je vous écoute, jeune homme ! C'est quoi cette histoire de minage à la gomme ?

À mon sens, il ne serait pas judicieux de contrarier le shérif. Mieux vaut lui dire ce qu'il veut savoir. Will, qui doit être du même avis que moi, se gratte la tête pensivement. Il ne sait pas par quel bout commencer. Faire comprendre à ce red neck ce qu'est le minage de cryptos, c'est presque la quadrature du cercle.

– D'accord, je vais essayer de faire simple... Le minage c'est un procédé par lequel des gens – les mineurs, valident les transactions sur un réseau de blockchain, par exemple celui du Bitcoin. Pour cela, ils effectuent des calculs mathématiques où interviennent des algorithmes dits de « hashage ». C'est un peu comme s'il résolvaient des équations complexes avec des données cryptées...

En écoutant les explications de Will, Parkers se masse les tempes d'un air douloureux. Ces concepts abstraits le dépassent totalement. Déjà au collège, j'imagine que le shérif n'était pas le premier de sa classe en maths. C'est peut-être d'ailleurs le mauvais souvenir de sa scolarité qui le fait bondir tel un diable jaillissant hors de sa boîte.

– *Blockchain ! Hashage !* Tout ça, c'est du chinois pour moi... Et pourquoi tous ces mineurs de mes deux s'emmerdent à résoudre une tripotée de foutues équations ? Il faut vraiment qu'ils soient de sacrés masochistes !

– Eh bien, répond Will tranquillement, quand ils y sont parvenus, les mineurs publient sur le réseau le bloc qu'ils ont validé. En échange de quoi, ils reçoivent une récompense sous forme de fragments de la crypto monnaie qu'ils ont minée. Compte tenu de la valeur de pièces comme le Bitcoin, ça peut valoir le coup.

– D'accord, admettons. Et pourquoi appeler ça *minage* ?

– Par analogie avec les prospecteurs du Far West qui tamisaient le fond des rivières ou creusaient la roche pour extraire des pépites d'or. Sauf qu'ici, en contribuant à leur production, ce sont des fragments de crypto monnaies que nos mineurs récupèrent. On appelle ça des Satoshi dans le cas du Bitcoin, du nom du génial inventeur de cette monnaie.

– Oui mais la comparaison avec les chercheurs d'or s'arrête là, intervient Crâne d'Œuf. Désormais, les pioches sont remplacées pas du matériel informatique. Et du matériel informatique plutôt coûteux. Je me trompe ?

– Vous ne vous trompez pas, Agent Sanders. Pour effectuer les calculs complexes dont je parlais, les mineurs ont besoin d'une puissance de calcul importante. De plus, ils sont en concurrence : le premier ordinateur à trouver la solution valide les transactions et son propriétaire empoche la récompense. Pour être dans la course, il faut disposer d'un matériel informatique ultra-performant. Un investissement coûteux avec, par-dessus le marché, des notes d'électricité qui sont salées. Les machines utilisées pour le minage en consomment un maximum.

– Et malgré tout, c'est une activité lucrative ?

– Si on se débrouille bien, oui mais ça l'est de moins en moins car la difficulté de minage augmente dans le temps.

– Quelle est la plus rentable des pièces à miner ?

– Ça dépend de plusieurs facteurs, dont bien sûr leurs cours respectifs. Actuellement, c'est le Bitcoin mais son minage nécessite des bécanes qui carburent comme le *Antminer S19*. Sauf que des modèles d'ASICs comme ça, ce n'est pas à la portée de toutes les bourses. En tout cas, pas de la mienne. Et puis, il faut des ventilateurs de folie qui pédalent en permanence pour les refroidir.

– Justement, j'ai entendu dire que certains mineurs recouraient aux services de data centers situés dans des endroits reculés comme le Canada ou la Sibérie. C'est vrai ?

Encore un commentaire qui prouve que Crâne d'Œuf est mieux informé qu'il le prétend. Mais je préfère ne pas réagir et je laisse à Will le soin de lui répondre.

– Oui. On trouve là-bas de gigantesques fermes d'ASICs alignés en rangs d'oignons. Il y fait froid et l'électricité n'est pas chère. C'est plutôt utile pour ceux qui veulent cracher du Satoshi à donf.

– Mais ici, en Arizona, ce n'est pas le cas, objecte le shérif soupçonneux. On est en plein désert et le soleil tape. Alors, Monsieur le mineur, comment faites-vous pour tenir la corde et payer vos factures à la fin du mois ?

– En fait, je produis moi-même mon énergie avec une batterie de panneaux solaires. Ils sont installés sur le toit de la baraque. Vous les avez peut-être remarqués en arrivant. Ça ne me coûte pas un rond. Je peux faire tourner autant de ventilateurs que je veux et refroidir mon matos comme ça me chante. C'est un peu du système D mais je vous garantis que ça pulse !

Sanders ressort son mouchoir de la veste. En essuyant cette fois-ci ses lunettes, il affiche un air sceptique :

– Pas très écologique, tout ça... Et votre système D, il vous suffit vraiment pour lutter à armes égales contre la concurrence de ces grands data centers ?

Face à ce feu roulant de questions, Will reste d'un calme olympien. Impossible de le déstabiliser. Je l'admire...

– Plus maintenant pour le minage du Bitcoin. C'est devenu un procédé industriel avec même des mineurs qui se regroupent en pools pour faire des économies d'échelle. Aucune chance de lutter contre ça quand on roule seul comme c'est mon cas.

– Alors, comment gagnez-vous votre vie ? Comment vous en sortez-vous ?

Encore une question vicieuse du hibou encravaté. Bientôt, il va nous demander si on est en règle pour payer nos impôts...

Mais Will a réponse à tout :

– Eh bien, heureusement, c'est différent pour l'Ethereum. Cette pièce est beaucoup plus facile à exploiter que le Bitcoin. Grâce à l'algorithme ProgPOW, on peut la miner avec des cartes graphiques GPU nettement moins coûteuses que du matériel ASIC. C'est le choix que j'ai fait à titre perso.

Là, je sens que Will a pris l'avantage sur ses interlocuteurs. Un peu dépassés, ils échangent un regard qui me donne à penser qu'ils veulent passer à autre chose. C'est Sanders qui traduit leurs pensées, ou devrais-je dire leurs arrière-pensées :

– Tout cela, M. Miller est passionnant. Nous avons appris plein de choses avec vous et Mlle Mendes. Merci ! Le truc, c'est que vous avez littéralement aiguisé notre curiosité... Avec le shérif, nous avons très envie de voir à quoi ressemble cet incroyable équipement high-tech. Accepteriez-vous de nous faire visiter votre installation ? Nous ne voudrions pas abuser...

Maintenant, c'est au tour de Will de moi d'échanger un coup d'œil pour nous synchroniser de manière muette. On se connaît bien et je suis sûr qu'il raisonne comme moi : la demande des deux flics est pour le moins surprenante. Je doute fort qu'ils ont vraiment envie d'admirer notre équipement informatique. M'est avis qu'ils ont une idée derrière la tête. Une idée qui est forcément en relation avec leur investigation... Oh ! J'y suis ! Ils veulent utiliser le prétexte de cette visite de notre installation pour fureter dans notre baraque, l'air de rien. Ils veulent découvrir si nous avons entreposé dans un coin le matériel de peinture utilisé pour réaliser les fameux graffitis dont ils cherchent les auteurs.

C'est évidemment ça. D'autant qu'hier, Gras-Double et Crâne d'Œuf se sont pointés chez Raquel pour l'interroger elle aussi à ce sujet. Et oui, comme nous, elle fait partie de la crypto sphère locale et devait être sur leur liste de personnes à interroger. Qui plus est, Raquel est très douée artistiquement, ce qu'avaient probablement découvert les flics en se baladant sur Facebook ou Instagram. Pour eux, elle était donc un suspect idéal. Sauf que nos deux amis ont commis l'erreur de dévoiler leurs intentions à Raquel en lui demandant quel type de gouache elle utilisait pour ses tableaux, si elle aimait faire de l'aquarelle... Bref un tas de questions foireuses dans ce goût. C'était cousu de fil blanc, d'autant qu'ils traînaient leurs guêtres dans son appartement en fouinant partout l'air de rien. Évidemment, ils ont fait chou blanc. Ce qu'ils cherchaient n'était pas chez Raquel mais chez nous.

Dès que les deux flics ont quitté ses pénates, elle nous a avertis du danger. Nous ayant aidés à réaliser les fameuses fresques, elle savait que les bombes de peinture et les pinceaux qu'ils cherchaient étaient stockés dans notre garage. Elle nous a prévenus qu'ils risquaient de débouler pour mettre la main sur le matos et nous incriminer. Grâce à elle, nous l'avons aussitôt sorti du garage et dissimulé dans un trou que nous avons creusé à la va-vite, au bout de notre terrain. Un trou condamné par une planche recouverte de sable... Du travail de pro, totalement invisible à moins d'avoir le nez dessus. Pour nous coincer, les flics peuvent toujours rêver.

Comme moi, Will a dû comprendre où Parkers et Sanders voulaient en venir. Comme il n'y a rien à redouter puisque nous avons fait disparaître les pièces à conviction, il leur répond le plus aimablement du monde :

– Bien sûr ! Je serai content de vous montrer ma petite installation. Suivez-moi donc, Messieurs.

Le temps de traverser le rez-de-chaussée et nous voilà dans l'entrepôt jouxtant le garage. C'est là que Will a stocké tout son équipement informatique. Des dizaines d'étagères sur lesquelles sont empilés des racks avec un tas de cartes graphiques qui clignotent dans tous les sens. Face aux étagères, une rangée de ventilateurs qui font un vacarme d'enfer en tournant confère à la scène un aspect digne d'un film de Ridley Scott. Une expression de fierté légitime illumine le visage de Will tandis qu'il s'exclame :

– Et voilà l'antre du mineur !

– Pas mal ! reconnaît le shérif en s'approchant. Mais pourquoi vos racks ne sont pas protégés par des boîtiers ? On ne fait pas comme ça d'habitude ?

– Ça s'appelle des *rigs de minage*... C'est pour refroidir ma CPU davantage. Même avec les ventilos, ça chauffe un max. Il faut savoir que mes bécanes tournent H24.

Tandis que Parkers accapare l'attention de Will en le harcelant de questions sans intérêt, son acolyte du FBI fouine dans tous les recoins. Je suppose qu'il cherche des bidons de peinture ou des pinceaux qui lui permettraient de nous relier aux crypto fresques. Évidemment, il en est pour ses frais puisque nous avons tout planqué ailleurs grâce à Raquel qui nous a prévenus.

Pour autant, Crâne d'Œuf se cramponne à son objectif tel un morpion à sa fourrure :

– Dites-moi, M. Miller, vous avez une voiture ?

– Bien sûr. Pourquoi ça ?

– Eh bien, nous ne l'avons vue en arrivant chez vous. Je m'interrogeais... Elle est parquée quelque part dans un garage ?

– Oui. On peut y accéder par-là, fait Will en désignant une porte métallique qui sépare l'entrepôt du garage. Vous voulez y jeter un œil ?

Sanders fait un signe affirmatif et Will ouvre la porte du garage où il fait entrer les deux flics. Au milieu de celui-ci trône un véhicule rouge flambant neuf qui arrache à Parker un cri d'admiration.

– Waouh ! Mais c'est une Tesla ! Et pas n'importe laquelle en plus...

– On ne peut rien vous cacher, Shérif, se rengorge Will. Vous avez devant vous le dernier millésime de chez Elon Musk. Une Model 3 « Performance », un fauve capable de passer de 0 à 100 km/h en 3,4 secondes et d'atteindre plus de 260 km/h. chrono. Mais rassurez-vous, ajoute-t-il avec un clin d'œil malicieux, je ne l'ai évidemment jamais fait. Je suis un citoyen respectueux des limites de vitesse.

– Évidemment, ironise Gras Double qui n'en croit pas un mot. Mais je reconnais que c'est une belle bête. Je peux vous poser une question ?

– Faites...

– OK. Une caisse dans ce genre, ça doit bien chercher dans les 100 000 dollars avec toutes les options... Comment avez-vous fait pour vous payer un petit bijou comme ça, M. Miller ? Si ce n'est pas indiscret...

– Ce n'est pas indiscret. Tout simplement en minant des cryptos... Je vous le disais tout à l'heure : mes cartes graphiques moulinent même la nuit. Je sais, ça peut vous paraître immoral mais le fait est que je m'enrichis en gardant les doigts de pieds en éventail. Bienvenue dans le monde de la révolution digitale et de la blockchain, Shérif !

Dépassé par ce qu'il découvre de ce monde inconnu, Parkers se tourne vers son collègue du FBI pour solliciter son opinion :

– OK, Sanders, que voulez-vous faire maintenant ?

Pendant que le shérif se renseignait sur la Tesla de Will, j'ai observé le manège de Crâne d'Œuf. Discrètement, il a balayé du regard l'espace autour de lui. Il s'est même agenouillé devant la Tesla, soit disant pour l'admirer mais plutôt je suppose pour vérifier qu'il n'y avait pas de matériel de peinture caché dessous. Mais en vain, et pour cause. Bredouille, il joue sa dernière carte en se rabattant sur moi d'un air sournois :

– Maintenant que nous avons visité la plateforme de minage de M. Miller et succombé au charme de sa Tesla, je serais curieux de découvrir votre environnement de travail. Je ne vous cacherai pas que le trading de cryptos m'intrigue au plus haut point, Mademoiselle Mendes...

Mais bien sûr que ça te passionne, mon coco. Prends-moi pour une gourde !

Je m'empresse de répondre à ce faux derche d'autant plus poliment qu'il ne trouvera pas là non plus ce qu'il est venu chercher.

– Volontiers, Agent Sanders, mais attendez-vous à quelque chose de moins spectaculaire que ce que vous venez de voir à l'instant. Je vous en prie, Messieurs...

Je guide les deux flics jusqu'à la pièce que j'appelle pompeusement mon bureau. Très vite, ils se lassent de contempler mes trois ordinateurs avec leurs écrans plats et d'écouter mes explications sur l'art du trading avec Pro Realtime. Visiblement, l'analyse de tendance avec les chandeliers japonais et le paramétrage du RSI sont des sujets qui ne les fascinent guère. Le seul truc qui retient l'attention du shérif, c'est une espèce de grand aquarium recouvert de grillage qui trône dans un angle de mon bureau.

– Bizarre ce machin, fait Parkers intrigué en se penchant par-dessus. C'est quoi au juste ?

– Attention où vous mettez les doigts, shérif ! C'est un reptilarium. J'y élève une dizaine de serpents à sonnette... Ce sont des petites bêtes attachantes mais mieux vaut ne pas s'y frotter. Si vous les effrayez, ils peuvent devenir féroces. Et alors, gare à vous !

Subitement, l'un de mes crotales, camouflé dans la pierraille, se redresse en faisant résonner sa cascabelle d'un air menaçant. Effrayé, le shérif fait un bond en arrière.

– Bon sang ! s'écrie Gras Double. Un peu plus et je me faisais mordre par cette saloperie !

– *Crotalus Cerberus* ou *Crotale Noir*, fais-je en riant. Vous avez eu de la chance ! Ceci dit, ces animaux s'en prennent rarement aux humains et, le plus souvent, leurs morsures restent sèches. Généralement, ils préfèrent garder leur venin pour leur proie. Sauf bien sûr s'ils se sentent menacés...

– Et s'il m'avait inoculé son venin, j'aurais pu y rester ? marmonne Gras Double en déglutissant péniblement.

– Absolument, Shérif. Ce serpent est l'un des plus mortels qui soit sur la planète. Mais rassurez-vous, on vous aurait emmené à l'hôpital pour vous injecter de l'anti venin. À condition de ne pas avoir lambiné pour vous y rendre, vous vous en seriez sorti sans gros bobo. Peut-être aurait-il juste fallu vous amputer d'un doigt...

En m'entendant, Parkers pâlit rétrospectivement. Il tend sa main devant lui pour s'assurer qu'elle est bien intacte et je remarque qu'elle tremble un peu, ce qui me réjouit en mon for intérieur. Remonté tel un coucou suisse, il me tance :

– C'est dangereux chez vous... Vous auriez pu nous prévenir que vous éleviez des foutus crotales !

– Dangereux chez nous ? Vous ne croyez pas si bien dire, fait Will avant que j'aie pu répondre au shérif. Voulez-vous que je vous raconte une anecdote à ce propos ?

– Quoi ? Ne me dites pas que vous avez d'autres bestioles comme ça dans votre baraque !

Will se marre en voyant l'expression stressée du shérif.

– Rassurez-vous, plus maintenant... L'histoire remonte à l'époque où je courtisais Nina. Plus précisément à la première fois où elle m'avait invité à dîner chez elle. La soirée s'était idéalement passée. À la fin du repas, Nina m'a proposé de rester dormir chez elle...

– Je suppose que vous lui avez répondu que vous étiez d'accord.

– Évidemment. Mais là où ça s'est corsé, c'est quand Nina m'a demandé si cela me dérangeait qu'on passe la nuit à trois.

– À trois ? s'étrangle Gras Double.

– Oui, à trois... Elle m'a dit de regarder sous son lit et j'y ai vu un serpent. Un serpent gigantesque qui roupillait là tranquillement, comme un bienheureux ! Elle m'a dit que c'était son animal de compagnie fétiche. Elle l'avait trouvé dans son jardin puis adopté. Depuis lors, il ne la quittait plus. La nuit, il dormait sous son lit...

En voyant l'étonnement des deux flics, je ne peux me retenir de compléter le récit de Will :

– Vu sa taille imposante, je l'avais appelé Max. C'était un serpent-taupe, une espèce totalement inoffensive... Mais ça, Will l'ignorait. Je voulais juste tester sa motivation à mon égard. Et être sûre aussi qu'il ne quitterait pas mon lit de la nuit !

En se remémorant ce souvenir, Will passe un bras tendre autour de mon épaule.

– Et qu'est-ce qu'il est devenu votre protégé ? Je veux dire ce serpent...

C'est Sanders qui vient de recoller à la conversation en s'enquérant d'un air prétendument distrait. Pendant que Will et moi lui racontions notre histoire de serpent (dont il doit se moquer royalement), j'ai remarqué que son regard s'attardait sur une photo glissée dans un cadre posé sur une étagère. Je feins d'ignorer cette marque d'intérêt étrange de sa part et me contente de répondre à sa question.

– Max ? Hélas, il s'est échappé peu après que Will ait emménagé chez moi. Peut-être m'a-t-il quitté par jalousie, on ne saura jamais... C'est là que j'ai décidé de me lancer dans cet élevage de crotales. C'était ma façon de compenser après la disparition de Max. Même si ça va vous surprendre, j'étais très attachée à cet animal...

– Sympa, ce cliché, murmure Sanders en se saisissant du cadre pour voir la photo de plus près. C'est vous, la petite fille entre les deux adultes ? demande-t-il pernicieusement.

Décidément, ce type me met mal à l'aise.

– Oui. Je devais avoir à peine un an. Les adultes, ce sont mes parents. Ils m'apprenaient à marcher en me donnant la main...

– C'est dommage que la photo soit tronquée. On vous voit bien, vous et votre mère, mais on ne voit pas le visage de votre père en revanche.

– Ce n'est pas un hasard. D'après ce que m'a dit ma mère, mon père n'aimait pas être pris en photo. Il paraît qu'il a toujours été un homme très secret. C'est la seule photo que j'ai de lui. Il passait peu de temps à la maison et je l'ai mal connu. Il a disparu quand j'étais encore très jeune.

– Disparu ? Vous voulez dire qu'il est mort ?

– Oui... C'est ce que tout le monde pense, y compris ma mère. En fait personne n'en sait rien. Simplement, il est parti un jour de la maison, il y a plus de douze ans. Après on n'a plus jamais eu de ses nouvelles. Maman n'aime pas aborder ce sujet... Voilà. C'est à peu près tout ce que je sais sur lui... Bon, je ne voudrais pas paraître impolie mais il me semble que nous avons répondu à toutes vos questions et que là nous nous éloignons un peu de la raison de votre visite. Qu'en pensez-vous ?

Crâne d'Œuf soupire. Il paraît lassé de tourner en rond.

– Vous avez raison, Mademoiselle. Je pense que nous avons épuisé le sujet. En tout cas pour aujourd'hui... Nous ne voudrions pas abuser de votre hospitalité, susurre-t-il d'une voix mielleuse. Nous allons prendre congé.

J'ai du mal à en croire les oreilles : enfin ces deux pots de colle vont débarrasser le plancher !

Dès que les deux flics ont quitté les lieux, je me précipite dans les bras de Will et je l'étreins.

– Ouf ! Ils sont partis ! je m'exclame toute heureuse. Je me demandais quand ça allait arriver.

– C'est vrai. On aurait dit des teignes. Moi aussi, je n'en pouvais plus.

– Le plus pénible des deux, c'était Crâne d'Œuf. Un vrai pitbull...

En entendant le surnom donc j'ai affublé l'agent Sanders, Will éclate de rire.

À cet instant, la sonnette de la porte d'entrée retentit. Interloquée, je considère Will. Après une brève hésitation, j'ouvre la porte. Et là, aussitôt, mon euphorie retombe. C'est Sanders qui s'encadre à nouveau devant moi...

– Au fait, je suppose que vous savez que votre père est le fameux Satoshi Nakamoto ? me balance-t-il telle une claque.

Estomaquée, je le dévisage avec une expression sincèrement incrédule. Et, sans autre commentaire, il tourne les talons pour rejoindre Gras Double.

CHAPITRE 2

Juste avant ma naissance, mes parents on fait le choix de quitter Chicago pour s'installer à Tucson. D'après ma mère, c'était pour que l'enfant que j'allais devenir puisse s'épanouir dans un climat agréable. Mais si vous me demandez mon avis, maintenant que je suis adulte, j'ignore quelle mouche les a piqués ce jour-là. La vérité, c'est qu'en Arizona, l'été est torride. La chaleur sèche du désert peut vous rôtir pendant des semaines d'affilée. Pour une blonde comme moi à la peau claire, ce n'est évidemment pas idéal.

Aujourd'hui, justement, on est en pleine canicule. Le thermomètre s'affole. Une vraie fournaise, un temps à se planquer à l'ombre en sirotant une bonne bière ou un soda glacé. Sauf que Raquel et moi, au lieu de rester à la maison bien gentiment, on a décidé d'aller faire une virée shopping dans le centre-ville. Par cette température, à pied, je sais, c'est carrément du délire. Mais bon, on est comme ça : des filles déjantées, un peu à l'ouest, c'est le cas de le dire. Je suppose que ça fait notre charme...

Pas de bol, j'ai sous-estimé la distance. Ça fait une plombe que nous trimballons, comme des gourdes, nos carcasses desséchées le long de la 4e avenue. Sous nos pas de plus en plus lourds, le trottoir fond comme du caramel. La pression atmosphérique me cloue sur place telle une blatte qu'un géant invisible écrabouillerait sous son talon. Cette pensée me fait sourire. Je viens de comprendre pourquoi le refrain de *La Cucaracha* me trotte dans la tête depuis tout à l'heure.

Courageuses ou inconscientes, je l'ignore, nous continuons d'avancer malgré tout. Je ne sais pas ce qu'éprouve Raquel, moi j'étouffe. Je commence à en avoir marre mais je ne peux m'en prendre qu'à moi-même : l'idée de la balade « courses en plein cagnard » était de moi.

Enfin nous touchons au but : *Hippie Gipsy*, une des boutiques préférées de Raquel. Le temple de la sape funkie. Du baba cool pur jus, avec une déco rétro style sixties-les-années-folles.

(L'ambiance Woodstock ce n'est pas trop mon trip mais j'ai voulu faire plaisir à Raquel car elle est accro au peace and love sous toutes ses formes.)

Quel bonheur : il y a la clim ! À peine sommes-nous entrées qu'un vendeur nous accueille à bras ouverts. Le look rasta et la tête d'un type qui fume de l'herbe à gogo. Le profil de l'emploi... En nous voyant, il se gondole sans raison apparente. Raquel aime bien ce genre de gars cool qui plane. Elle lui décoche un sourire ultra brite qu'il lui rend avec les intérêts. Elle se met à glousser comme une poule qui va pondre un œuf, il se marre aussi. Il lui fait des clins d'œil et ne la lâche plus : « *C'est quoi ton prénom ? Cette jupe bohème, elle te branche ? Et ce couvre-lit mandala, il t'inspire ? Moi, je le trouve super* ». Ce genre de conneries...

Derrière moi, je les entends qui babillent tels des moineaux au printemps. Ce n'est pas possible : il la drague ou quoi ? Évidemment, elle est aux anges. Moi, je prends mes distances. Ce n'est pas que ce clone de Bob Marley me soit antipathique. C'est juste que j'ai envie de faire le tour du magasin sans qu'un pot de glue me colle aux basques en me proposant d'acheter la moitié de la boutique.

Je sais, je suis chiante. Mais on ne se refait pas. Mon côté grosse tronche, tendance autiste, dirait Raquel. Le genre de vanne qui dans sa bouche est un compliment.

Comme j'avance rapidement dans le magasin, je commence à les distancer. Raquel doit choisir entre Bob Marley et moi. Non sans regret, j'imagine, elle choisit de se rallier à moi. Ouf ! Le vendeur aux dreadlocks se rabat sur une autre cliente. Je ralentis un peu le train, Raquel se porte à ma hauteur. On échange un regard complice : désormais la boutique est à nous et rien qu'à nous.

Marchant côte à côte, on écume les rayons comme des chasseurs qui font une battue. Soudain, elle repère un lot de bandanas multicolores et ses yeux se mettent à briller. Je lui fais remarquer qu'elle en a déjà toute une collection mais elle ne m'écoute pas.

Tant pis, je renonce à la convaincre et je poursuis ma quête consumériste en me dirigeant vers le rayon des T-shirts pour femmes. J'en aperçois un qui me plaît, avec le dessin d'une fille qui a une tête de garce et ne s'en cache pas avec son flocage provocant : « *I'm a real bad girl* ». Le transfert m'amuse et je suis à deux doigts de le prendre mais Raquel m'en dissuade :

– Nina, tu rigoles ? Tu as dépassé l'âge, ma chérie ! Ce genre de fringues, à 16 ans oui. À 20 ans non ! Et pourquoi pas une salopette grunge et des bottes de combat, tant que tu y es ?

Quelle super copine, elle vient de ruiner mon envie ! J'hésite mais le cœur n'y est plus. Je finis par me ranger à son avis. Tant pis... On passe au rayon hommes où je flashe sur un T-shirt à l'effigie de Che Guevara. Il faut vraiment que je le prenne ! Non que je sois nostalgique du Che ou que j'aie des idéaux révolutionnaires. Je veux simplement l'offrir à Will. Je sais d'avance qu'il va adorer ce maillot : Cuba, c'est tout pour lui.

C'est vrai : depuis que je le connais, Will rêve de s'installer là-bas un jour. Dès qu'il peut, il met des sous de côté pour ça : « *Tu verras, c'est un pays génial. Les gens sont adorables. Il y a de la musique à chaque coin de rue. Là-bas, tout est à découvrir et tout est à faire. En plus, la vie n'est pas chère* ». Il est convaincu que l'embargo s'arrêtera un jour et que bientôt la barrière entre les États-Unis et Cuba tombera. Sans attendre ce moment, il parle d'ouvrir un restaurant à La Havane ou un cybercafé donnant sur une plage à la pointe ouest de l'île – du côté de Maria La Gorda, un super spot de plongée. « *Dreams, sweet dreams* » lui répond ma sceptique de mère quand il vient dîner chez nous et qu'il lui confie son utopie. Moi, je me garde bien d'intervenir dans leur conversation et de prendre parti pour l'un plutôt que pour l'autre. Pour vous dire la vérité, j'aime bien les rêves de Will et j'aime bien qu'il en ait...

En payant les emplettes à la caisse, comment me douter que ma vie est sur le point de basculer aussi brutalement ?

– Tu n'as pas soif ? me lance Raquel à peine sommes-nous sorties de chez *Hippie Gipsy*.

– Si, carrément ma belle ! En plus, j'ai une petite faim...

– Et si on allait casser une graine au *Bison Witches* ? Leurs *chili con queso* sont trop bonnes. C'est juste de l'autre côté de la rue. Tu connais, je suppose ?

– Et comment !

Aussitôt dit, aussitôt fait. On se trouve une table tranquille et on passe notre commande. Elle opte effectivement pour des *chili con queso*. Moi je prends un « *Chat sauvage* ». Si vous n'en avez jamais goûté, je vous conseille d'essayer. De fines tranches de rosbif et de dinde fumée recouvertes de gouda fondu et garnies de laitue râpée. Le tout accompagné d'une incroyable moutarde russe épicée à base de miel. Une tuerie ! Pour arroser son CCQ, Raquel choisit une pinte de bière pale de la Sierra Nevada et moi, un cidre à la framboise *Wyder*.

On vient juste de nous apporter nos plats lorsque mon téléphone se met à vibrer. C'est Will qui m'appelle.

– Tu es où ?

– Dans un pub du centre-ville, avec Raquel.

– Où ça ?

– Au *Bison Witches*. Tu veux venir ?

– Bien sûr. Je peux être là dans cinq minutes.

– Alors viens ! Dépêche-toi.

Avec sa Tesla, Will a vite fait de nous rejoindre. Il s'installe à côté de nous et se prend des croustilles de tortilla au cheddar. Côté boisson, en connaisseur, il choisit une *Pyramid,* une bière de blé aux abricots qu'il me fait goûter. Quand il la boit, la mousse lui frise les moustaches et j'ai envie de l'embrasser. Sous la table, il me prend la main. Sympa, Raquel fait celle qui ne remarque rien, ou presque. Elle n'est pas dupe et me donne un coup de genou sous la table.

– Les jalapenos, ça donne soif, lance-t-elle espiègle.

– Alors, Raquel ! Quoi de neuf ? demande Will pour faire diversion.

– En fait, ça bouge pour moi un peu côté boulot. Elle me regarde, un peu gênée, avant d'ajouter : Je ne t'en ai pas encore parlé, Nina. Ça vient juste d'arriver...

– Que veux-tu dire ? De quoi parles-tu ?

– Une start-up à New York m'a proposé un job qui est juste incroyable. J'ai jusqu'à la fin de la semaine pour me décider. Mais je crois que je vais leur dire oui avant.

– Waouh ! *Big Apple*, carrément ! Évidemment, c'est tentant. De quel genre de boîte s'agit-il ?

– Une société qui se lance dans la vente aux enchères de tableaux contemporains sous forme de NFTs. Si j'accepte leur offre, je serai en charge du business développement. D'un côté, je devrai dégoter des artistes pour alimenter notre catalogue d'œuvres digitales. De l'autre, faire du buzz pour attirer de nouveaux clients. Soudain, elle pouffe de rire : En me débrouillant bien, je pourrais même faire la promotion de vos graffitis en mode tokens numériques... Avouez que serait cool !

Raquel semble si contente que je n'ose pas lui dire qu'elle va me manquer plus que tout si elle part effectivement s'installer à New York. Mais quand on aime quelqu'un, on doit le laisser libre de ses choix même si cela nous en coûte. Pour autant, si elle doit nous quitter pour aller sur la côte est, je veux m'assurer que ce n'est pas sur un coup de tête :

– Et cette activité, tu es sûre que ça va bien tourner ? C'est tout nouveau, non ?

– Bien tourner, Nina ? Tu es sérieuse ? Le marché des NFTs est littéralement en train d'exploser. Les gens font des NFTs sur tout et n'importe quoi : des dessins, des peintures, des GIF animés, des chansons, des mèmes, des clips vidéo...

– C'est vrai, renchérit Will, ça devient vraiment viral. Tout le monde s'y met. Même des milliardaires comme Jack Dorsey, le fondateur de Twitter. J'ai vu qu'il avait mis en vente son premier tweet sur une plateforme dont j'ai oublié le nom.

– C'est exact, confirme Raquel. La plateforme dont tu parles s'appelle *Valuables*. Je peux même vous dire que son tweet avait atteint plus de 2,5 millions de dollars après une quarantaine d'enchères... Ça donne une idée du phénomène.

– Effectivement, ça interpelle. Et il y a beaucoup de sites dans ce genre ?

– Ne m'en parle pas, mon cher. Il en pousse de partout. Je pense par exemple à *Sorare* qui vend des cartes de collection sur les joueurs de foot. Leur carte dite "unique" de Cristiano Ronaldo pour la saison en cours est partie à pratiquement 300 000 dollars.

– Bon sang ! C'est à peine croyable. À t'entendre, je ferais bien d'arrêter de miner des cryptos et me reconvertir à la vente de NFTs.

– Pourquoi crois-tu que je m'apprête à partir à New York ? C'est une opportunité unique. Les deux f en même temps : *fun* et *fric*. La totale ! On me propose un salaire mirobolant avec en prime des stocks options qui pourraient flamber. Et puis, ça touche au domaine de la peinture qui a toujours été mon dada.

Oh ! Les amis ! Je suis toute excitée à l'idée de commencer cette nouvelle vie là-bas. D'ailleurs, j'ai déjà commencé à me chercher un logement dans Manhattan.

– Un appart à Manhattan, ce n'est pas donné... Sans vouloir refroidir tes ardeurs, tu penses que ça peut vraiment marcher ce business ?

– Et comment ! Vous connaissez *Beeple* ?

– Euh... Je crois que c'est un artiste numérique. Il est plutôt coté, non ?

– Plutôt coté, Beeple ! Tu rigoles, Will. C'est l'un des trois artistes les plus chers au monde. En mars, une de ses œuvres numériques "*Everyday*" s'est adjugée aux enchères pour près de 70 millions de dollars chez Christie's... Tu vois le topo ? Moi, je veux juste monter dans la fusée NFT avant qu'elle décolle sans moi !

En écoutant parler Raquel en mode FOMO, Will devient songeur. Il écluse sa *Pyramid* à petites gorgées avant de nous livrer le fond de sa pensée :

– Cette histoire de NFTs, ça m'ouvre des horizons. Il faut que j'y réfléchisse... Une chose est certaine, c'est que le minage des cryptos, ça devient de moins en moins rentable. Ça l'a été, mais plus maintenant. Du coup, j'ai l'impression d'être enfermé dans une impasse. Il se tourne vers moi : Je voudrais rebondir sur ce que vient de dire Raquel... Jusqu'à présent, on s'est amusés à couvrir les murs de la ville d'un tas de graffitis. Bien sûr, en faisant ça, on défie les autorités, ce qui est rigolo. On se la joue rebelles, crypto-anars et compagnie, ça nous donne bonne conscience. Dans un sens, c'est marrant, mais si on est honnêtes avec nous-mêmes, c'est plutôt stérile à la longue...

Will est en général quelqu'un qui prend la vie du bon côté, un garçon relax, un peu rêveur, parfois presque superficiel. Mais là, je sens qu'il est vraiment sérieux. Je lui réponds en restant sur le même registre :

– Tu as raison mais où veux-tu en venir, *mi querido* ?

– Eh bien, je me dis qu'on pourrait peut-être joindre l'utile à l'agréable...

– Comment ça ?

– En continuant à peindre nos fresques murales mais dorénavant en les vendant aux enchères sous forme de NFTs. Je parle de sites prestigieux ayant pignon sur rue comme Christie's. Il faut bien vivre et payer les traites de ma Tesla, ajoute-t-il en riant... Qu'en penses-tu, Nina ?

– Je pense que c'est une super idée. Elle mérite d'être creusée. Il faut juste qu'on garde notre ADN d'artistes alternatifs et qu'on ne sombre pas dans une sinistre course au pognon pour le pognon. Ceci dit, je t'accorde qu'il en faut un minimum pour se sentir libre et vivre la vie dont on rêve.

– En tout cas, renchérit Will, ce serait toujours mieux que d'attendre les rares dons de passants assez fous pour scanner nos QR codes au bas de nos fresques.

Il réfléchit un instant avant de poursuivre sur sa lancée :

– Mais il n'y a pas que ça...

– Oui ? Quoi d'autre ?

– Eh bien, le problème est que nos graffitis sont éphémères. Quand les gens les effacent ou que la municipalité les retire des murs, ça me file le bourdon. Je deviens comme un môme qui assiste impuissant à la destruction de son château de sable par les vagues. Quel artiste, même amateur, souhaite voir ses œuvres dégradées et anéanties à jamais ? Il y aurait un autre avantage à passer aux NFTs. En tokenisant nos fresques, on les rendrait d'une certaine manière inaliénables...

Là, je viens de découvrir un nouvel aspect de la personnalité de Will. Une fibre artistico-romantiquo-philosophiquo-existentialiste que je ne lui connaissais pas. Bouche bée en l'écoutant, je laisse Raquel lui répondre.

– Je suis d'accord avec toi, lui dit-elle. D'ailleurs tu n'es peut-être pas le seul street-artiste à craindre que tes œuvres soient détruites. Regarde Banksy par exemple... Nombre de ses pochoirs ont été arrachés des murs qu'il avait peints. Certaines de ses œuvres ont même été découpées dans le béton et dérobées sans qu'on sache ce qu'elles sont devenues. Tout comme toi, j'imagine qu'il doit souffrir de voir les fruits de sa création vandalisés de la sorte.

– Oui mais restons modestes : Banksy est un artiste d'une toute autre envergure que moi. Et puis c'est un personnage complexe, un génie de la provocation qui nous surprend sans cesse et s'amuse à nous prendre à contre-pied. Ne lui est-il pas arrivé de saborder certaines de ses propres œuvres ?

-Tu fais allusion à sa performance avec la fille au ballon rouge, cette autodestruction théâtralisée de façon magistrale lors d'une vente chez Christie's ?

Will hoche la tête en signe d'assentiment mais, toujours aussi vif, il pense déjà à autre chose. Le coq à l'âne c'est une de ses spécialités.

– À propos de graffitis et de fresques murales, lance-t-il à Raquel, sais-tu ce qui nous est arrivé hier ?

– Non ! Dites-moi...

– On a eu la visite de Parker et d'un agent du FBI.

– Sanders ?

– Oui, c'est ça. Une vraie teigne, ce Sanders. Avec le shérif, ils cherchaient qui avait bien pu taguer les murs de notre ville adorée.

– Je sais. Je les avais déjà eus sur le dos la veille. La chasse aux sorcières est ouverte : bienvenue au club ! Raison de plus pour moi de me barrer à New York.

– Heureusement que tu nous avais prévenus. On avait planqué nos pots de peinture dans un trou creusé à l'autre bout du terrain. Du coup, ils ont fouiné partout dans la maison mais sont repartis bredouilles... Ceci dit, ils nous ont dans le collimateur. Il n'est pas exclu qu'ils débarquent à nouveau. M'est avis que cette fois-ci ils auront un mandat de perquisition.

– Oui, sans doute, fais-je en écho à Will. On peut le craindre, même si cela impliquerait pour eux d'engager des moyens disproportionnés pour coincer de simples tagueurs. Mais, comme on dit, l'arbre cache la forêt. En fait, je pense qu'il y avait une autre raison à leur visite. Une raison bien plus importante qui pourrait relever de la sécurité du pays...

Évidemment, ma dernière phrase surprend Raquel qui reste muette. Ses sourcils arrondis en accents circonflexes appellent une réponse de ma part. Je la lui donne de bonne grâce :

– Après nous avoir quittés, ce vicelard de Sanders est revenu à la charge. Façon inspecteur Colombo, si tu vois ce que je veux dire. Tu sais ce qu'il m'a balancé ?

– Vas-y ! Je suis curieuse de l'entendre.

– Il m'a demandé si j'étais la fille de Satoshi Nakamoto !

– Satoshi Nakamoto ? L'homme qui a inventé le Bitcoin ?

– Lui-même ! Rien que ça...

– Et c'est vrai ?

– Je n'en sais rien. Ma mère ne m'a pratiquement jamais parlé de mon père. C'est un véritable secret de famille. Elle s'est toujours tue à son sujet.

– C'est dingue ça, s'emballe Raquel. Elle te doit la vérité sur l'identité réelle de ton père. On s'en fout de son omerta bidon ! Pose-lui la question entre quatre yeux. Il faut qu'elle te réponde.

– Tu as raison. Je vais le lui demander ce soir. Justement, on est invités à dîner chez elle avec Will...

– OK. Tu me raconteras ?

– Compte sur moi, ma belle.

– Mais, dis-moi, Nina. À supposer que tu sois la fille de Satoshi Nakamoto, pourquoi ça relèverait de la sécurité nationale ?

– C'est toute la question. Sinon, comment expliquer que le FBI ait dépêché un agent spécial spécialement de Washington pour l'envoyer au fin fond de l'Arizona ? Juste pour interroger d'obscurs tagueurs de murs comme Will et moi ? Et encore, ils ne sont même pas sûrs que nous sommes responsables de ces deux ou trois malheureux graffitis. Ça paraît un peu gros, non ?

Mon argument doit faire mouche à en juger par l'expression de Raquel.

Elle s'apprête à me répondre du genre : « Effectivement, dit comme ça... » lorsque Will pose simultanément une main sur la mienne et l'autre sur celle de Raquel pour nous intimer le silence. En prenant un air de conspirateur, il penche un peu la tête en avant et chuchote de manière à n'être entendu que de nous :

– Les filles, ne vous retournez surtout pas. En tout cas, pas tant que je ne vous l'aurai pas dit. À la table derrière vous, il y a deux types louches qui n'arrêtent pas de nous épier – des rouquins. On dirait des jumeaux. Vous ne pourrez pas les manquer. Je crois qu'ils nous écoutent discrètement depuis tout à l'heure.

– Mon Dieu ! murmure Raquel. Que fait-on ?

– Rien de particulier, répond Will très en contrôle. On va finir notre repas en mâchant chaque bouchée, se lever et payer à la caisse tranquillement. Puis on lèvera le camp. Fin de l'histoire...

CHAPITRE 3

Notre repas au *Bison Witches* est rapidement expédié. Will paye discrètement à la caisse et nous quittons le restaurant sans tambour ni trompette. Puis nous montons dans sa Tesla qu'il démarre sur les chapeaux de roues. Aucun d'entre nous n'a envie de s'attarder là. Dès que nous tournons le coin de la rue, Raquel se lâche :

– Tu les as vus, Nina ?

– Qui ? Les jumeaux? Ces deux rouquins malsains ?

– Ben oui. Les espèces de tâches au fond du restau qui nous reluquaient en scred. Genre pervers à la sortie des écoles...

Raquel est une fille très bien éduquée mais c'est plus fort qu'elle. Elle adore parler en argot. Moi dans ces cas-là, je m'applique à lui répondre en châtiant mon langage. À force, c'est presque devenu un jeu entre nous.

– Oui, je reconnais qu'ils nous fixaient de manière assez bizarre.

– Assez bizarre, Nina ? Tu veux dire super glauque ! En plus, je ne sais pas si tu as remarqué mais ils étaient albinos. Une véritable horreur...

Pendant que je m'efforce de tranquilliser Raquel, Will regarde dans le rétroviseur. Je devine qu'il veut s'assurer que nous ne sommes pas suivis. Probablement tout va bien car il se met à plaisanter.

– Des jolies filles comme vous, forcément ça attire l'attention. Blague à part, c'était peut-être des agents du FBI qui nous espionnaient...

– Quoi ? Tu crois que Sanders a demandé à deux de ses sbires de nous prendre en filature ?

– Je l'ignore. Je m'interroge, c'est tout. En tout cas, ils avaient le physique de l'emploi...

– Ouh là là ! s'exclame Raquel soudain nerveuse. Les amis, arrêtez vos bails, je vais stresser. Vous ne voulez pas qu'on parle d'autre chose ? Au fait, vous avez prévu quelque chose ce soir ?

– Oui. Will et moi allons dîner chez ma mère. Tu te souviens ? Je crois que je te l'avais dit...

– C'est vrai ! J'avais oublié. Et moi qui voulait vous proposer de boire une bière à la maison... Tiens ! Et si à la place, vous veniez demain à la maison pour déjeuner ? Un plan barbecue, ça vous brancherait ?

– Tu penses ! Un BBQ, ça ne se refuse pas.

– Cool ! On en profitera pour célébrer mon départ pour New York ! D'ailleurs il va falloir que je prépare mon paquetage.

– Tu nous diras si tu veux qu'on amène un dessert ou des boissons. En attendant, on te dépose chez toi ? C'est quasiment sur notre route.

– Et comment ! Par cette chaleur, ce n'est pas de refus...

Après avoir raccompagné Raquel à son domicile, nous faisons quelques courses pour ne pas arriver les mains vides chez ma mère. En garant la voiture devant chez elle, nous l'apercevons qui nous attend sous l'auvent surplombant sa terrasse. Elle se berce dans son rocking-chair favori et est en train de lire un livre. En nous voyant, elle le referme et se lève pour nous accueillir sur le porche.

– Ah ! Mes petits chéris ! s'exclame-t-elle. Quelle joie ! Soyez les bienvenus.

Je suis si contente d'étreindre ma mère. Elle me paraît radieuse et je la trouve plus en forme que jamais. Après que nous nous soyons embrassés longuement, elle nous invite à passer à table, ce que nous faisons promptement car maman est une cuisinière hors pair. Tels des ogres affamés, nous dévorons un délicieux rôti de porc farci qu'elle a mitonné pour l'occasion. S'extasiant devant notre solide appétit, elle me donne la recette de son plat. Vient ensuite un miraculeux plateau de fromages importés de France, couronné par une de ses spécialités, un *apple crumble* parfumé à la cannelle. Sans que je sache pourquoi, l'arôme subtil de ce gâteau fait remonter en moi des souvenirs profondément enfouis dans ma mémoire. Je me sens submergée par un sentiment de mélancolie indicible mais, prise d'une espèce de pudeur idiote, je me garde de le laisser paraître.

Le repas à peine achevé, prétextant un appel urgent qu'il doit passer, Will s'éclipse pour me laisser parler seule avec ma mère. C'était convenu ainsi entre lui et moi.

– Tu sais quoi, maman ?

– Non, ma chérie. Dis-moi.

– Ton crumble était absolument génial. Ça m'a replongé dans mon enfance. À ce propos...

– Oui ?

– Tu veux bien me parler un peu de Papa ? Je n'ai strictement aucun souvenir de lui...

Comme à chaque fois que j'aborde ce sujet, ma mère devient évasive. De guerre lasse, j'évoque la visite de l'agent Sanders en mettant en avant sa dernière question. En entendant le nom de Satoshi Nakamoto, je remarque qu'elle accuse le coup. Saisissant l'occasion, j'en profite pour pousser mon avantage.

– Allons, Maman ! Je t'en prie. Après tout ce temps, tu peux me dire la vérité maintenant. Tu me dois bien ça. Suis-je vraiment la fille de Satoshi Nakamoto comme l'a affirmé cet agent du FBI ?

L'heure est aux confessions. Après quelques hésitations et mal d'insistance de ma part, ma mère finit par craquer :

– C'est exact. Cet homme ne t'a pas menti... Tu veux vraiment que je te raconte l'histoire de ton père ? Même si je n'ai plus eu de ses nouvelles depuis longtemps ?

– Oui, s'il te plaît. Je crois que le temps est venu que tu le fasses.

– D'accord. Cela faisait longtemps que je voulais t'en parler. Je suppose que cela devait arriver un jour ou l'autre...

Les coudes enfoncés dans la table, je ne dis rien. Patiemment, j'attends que ma mère me confie ce secret qu'elle a si longtemps gardé pour elle. Après un profond soupir, elle se jette enfin à l'eau :

– Quand j'ai rencontré l'homme qui allait devenir ton père, c'était un tout jeune analyste programmeur. Mais pas n'importe lequel. Tous ses collègues et amis s'accordaient à dire qu'il était excessivement doué en informatique. Dans son milieu, je pense qu'il avait même acquis une certaine notoriété.

– Une des rares fois où tu m'as parlé de lui, tu me l'avais décrit comme un visionnaire...

– Oui. Très tôt, il avait compris que nous étions à l'aube d'une nouvelle révolution, celle du numérique, dont l'impact sur la société dépasserait même celui de la révolution industrielle au 19e siècle. Aujourd'hui ça paraît évident mais à l'époque nous n'étions qu'au milieu des années 90. Il avait une vraie longueur d'avance sur son temps.

– Évidemment, à ce moment, Internet, l'intelligence artificielle, les ordinateurs quantiques ou la finance décentralisée n'étaient encore que des technologies en devenir... Que s'est-il passé ensuite ? Vous vous êtes mariés ?

– Non, nous ne nous sommes jamais mariés. Ton père était réticent à cette idée. Il la jugeait vieux jeu. Par contre, il voulait avoir des enfants... Il nous fallait de la place. On a acheté une maison, celle où nous nous tenons actuellement. Et, comme pas mal de monde à cette époque, nous avons contracté un prêt immobilier...

– C'est alors que je suis née ?

– Oui. J'ai dû m'arrêter de travailler pour m'occuper de toi. Mais à la fin du mois, il fallait payer les traites et nous n'avions plus qu'un seul salaire. Ton papa a eu alors une brillante idée. Enfin, si j'ose dire... Il s'est mis à investir en bourse sur tout un tas de sociétés du monde Internet. Il était convaincu que leur valeur allait augmenter de façon exponentielle. Il croyait que cela nous permettrait de rembourser notre emprunt sans aucun problème.

– Je suppose que ça n'a pas été le cas.

– Tu supposes bien. On s'est pris l'éclatement de la bulle Internet de plein fouet. Nous avons été littéralement ruinés. Beaucoup de sociétés ont mis la clé sous la porte, dont la start-up où travaillait ton père. Il n'a pas trop eu le choix et a dû accepter un job en Angleterre où il s'est alors exilé en me laissant ici.

– Tu ne l'a pas suivi ?

– Non. Ça aurait coûté trop cher et nous n'avions plus un sou. En plus notre maison était difficile à vendre, en tout cas au prix où on l'avait achetée. On a donc décidé que je resterai ici avec toi jusqu'à ce que nos finances s'améliorent.

– Ça n'a pas dû être facile pour toi de vivre ainsi, en élevant seule un enfant...

– C'est vrai que cela a été une période difficile. D'ailleurs, je lui en ai beaucoup voulu.

– Pourquoi ? Il t'a laissé tomber ?

– Non. Il était absolument réglo. Chaque mois, il m'envoyait un virement pour que nous puissions vivre décemment, toi et moi... Je lui en ai voulu parce qu'il avait fait des choix de vie qui nous avaient amenés à nous séparer. Parce qu'il t'avait privé de lui, ton père.

– C'est pour ça que tu te refusais à me parler de lui ?

– Oui... En fait, nous sommes détachés l'un de l'autre progressivement au fil des années. Ses lettres et ses appels téléphoniques se sont fait plus rares. Comme on dit : loin des yeux, loin du cœur.

– C'est triste... Et vous ne vous êtes jamais revus ?

– Une seule fois. C'était en 2009. Il m'a dit qu'il avait quitté sa boîte anglaise et qu'il était rentré aux États-Unis. Il m'a proposé de revenir vivre à la maison mais j'ai refusé. J'avais tourné la page. Je ne voulais plus qu'il me fasse souffrir.

– Pourquoi redoutais-tu qu'il te fasse souffrir ?

– Il avait beaucoup changé et n'était plus le même homme que quand je l'avais connu. Il était devenu un idéaliste épris de liberté, mais de façon extrême. Liberté d'expression, liberté de choisir son mode de vie, liberté de commercer sans entraves, liberté d'imaginer un nouveau type de société où le pouvoir appartiendrait aux citoyens et non pas à des états-nations ou des multinationales surpuissantes. Ce genre de trucs...

– Il n'y a pas de mal à être un idéaliste. Je te trouve bien dure avec lui.

– Pour moi, il planait pas mal. Je craignais qu'il nous entraîne dans une nouvelle chimère. Nous avions déjà assez trinqué comme ça.

– De quoi parles-tu ?

– Le Bitcoin, pardi. Certes, aujourd'hui après coup, son projet s'avère être un succès. Mais quand il m'en a parlé, c'était loin d'être aussi évident. On était en pleine crise des subprimes, avec des faillites à gogo. Je ne lui faisais plus confiance... Je ne voulais pas d'un rêve, je voulais juste être sûre de pouvoir payer les factures à la fin du mois. En fait, nous n'étions plus du tout sur la même longueur d'onde, lui et moi.

Pensive, je me garde de prendre parti pour un de mes parents ou pour l'autre. Il ne m'appartient pas de les juger. Je me dis qu'il vaut mieux que je me contente d'essayer d'en savoir un peu plus et de lever les pans de ce passé qui m'échappe.

– Comment t'a-t-il présenté son projet ? Comment l'idée de créer le Bitcoin lui est-elle venue ?

– La planète venait de traverser une nouvelle crise financière qui avait laissé sur le carreau des tonnes de petites gens. Il voulait réformer la société en conciliant ses idéaux libertaires avec une vision novatrice de l'économie. Son but était de s'affranchir des banques centrales et des pouvoirs politiques en permettant d'effectuer des transactions directement entre personnes. Sans passer ni par des banques ni par des intermédiaires qu'il estimait véreux pour la plupart...

– À t'entendre, cela ressemble presque à une révolution !

– Mais c'en était une. Et c'en est toujours une... J'en avais bien conscience et, en tant que mère, je ne souhaitais pas me remettre en ménage avec un révolutionnaire (c'est ainsi que je le percevais). Cela ne pouvait nous amener que des tracas. Les révolutionnaires sont des gens qui vivent dangereusement...

– Tu ne dramatisais pas un peu les choses ?

– À peine. Un peu plus tard, avant que je perde définitivement sa trace, il m'a confié qu'il avait subi de nombreuses pressions et même qu'il avait été l'objet de menaces à peine voilées. Certains lobbies le considéraient comme un dangereux agitateur, un crypto anarchiste voulant mettre à mal le système capitaliste et s'en prendre à notre monnaie. Dans un pays libéral comme le nôtre, ce n'est pas une très bonne chose.

– Tu penses que c'est pour cela qu'il a disparu ainsi de la circulation ? Sans que nul ne sache ce qu'il est devenu.

– Je pense que oui. Il m'a affirmé que certaines personnes haut placées voulaient attenter à sa vie. Peut-être s'est-il caché dans un trou perdu pour se faire oublier. Une façon de sauver sa peau, voire aussi la nôtre indirectement.

– Ou alors il a effectivement été supprimé... Ce qui expliquerait qu'il n'a jamais plus donné de ses nouvelles.

– C'est l'autre possibilité. Dans les deux cas, ce n'est pas très gai...

– Dis-moi, Maman, comment as-tu fait pour joindre les deux bouts pendant tout ce temps ? Tu t'es débrouillée seule et sans boulot pendant plus de dix ans !

– Grâce à ça ! (Elle glisse la main sous le col de son t-shirt et exhibe ce qui de loin ressemble à un collier.) L'ultime cadeau que m'a légué ton père la dernière fois où je l'ai vu. C'était dans le plus grand secret et en coup de vent. Il voulait que personne ne découvre son existence. Il se disait traqué et craignait pour nos vies...

Elle approche son pendentif de mes yeux et me montre quelque chose qui ressemble à une clé USB. Étonnée, je lui demande de quoi il s'agit. En ménageant ses effets, elle me répond d’un air mystérieux.

– Ceci, ma chère fille, est le premier prototype des portefeuilles « à froid » tels que tu les connais aujourd'hui.

– Tu fais allusion aux marques de wallets comme Trezor ou Ledger ?

– Oui. À ce moment il n'y avait pas encore sur le marché de solution permettant de stocker des cryptos de manière sécurisée. Pour ses propres besoins, ton père a donc inventé ce Satoshi-wallet, un système qui fonctionne d'ailleurs de façon analogue à ceux apparus un peu plus tard dans le commerce.

– Tu veux dire que les clés privées sont protégées pas une phrase de sauvegarde composées de plusieurs mots ?

– Oui, une *seed*. Une phrase de 24 mots qu'il a définie avec moi lors de la configuration. Elle est facile à se rappeler car elle correspond aux paroles de ta berceuse préférée. Celle que je te chantais pour t'endormir ou par exemple quand je te coupais les cheveux. Tu te souviens des paroles ?

– Oui bien sûr, fais-je un peu trop vite car mes pensées sont en train de dériver ailleurs. Le calcul que je viens d'effectuer est astronomique.

– Maman ! Je crois avoir lu quelque part que le nombre de bitcoins qu'aurait minés Satoshi Nakamoto dépassait le million d'unités. C'est vrai ?

– C'est vrai. Je crois que le chiffre exact est 1 125 150.

– Mais alors, au cours actuel du Bitcoin qui frise les 60 000 dollars, ça représente près de 70 milliards de dollars ! Au rythme où croît le marché des cryptos, Satoshi Nakamoto, s'il est encore vivant, sera un jour la personne la plus riche du monde.

– Ce qui risque d'attiser beaucoup de convoitises, et pas forcément de la part de gens bien intentionnés. Une raison de plus qui a pu l'amener à sombrer dans l'anonymat. *Pour vivre heureux, vivons cachés...*

– Ne me dis pas que toutes les clés privées des bitcoins de papa sont stockées sur cet unique wallet ? Cela représenterait une somme colossale. Tu pourrais la perdre ou te la faire voler.

– Non, rassure-toi. Ton père était tout sauf un imbécile. Toutes les clés permettant d'accéder à ses bitcoins n'ont pas été stockées sur ce seul wallet. À l'époque, ton père a réparti un million de bitcoins de manière approximativement égale sur trois portefeuilles différents. Les autres bitcoins que son équipe avait minés, et représentant une fraction moindre de son pactole, ont été récupérés par d'autres artisans importants du projet mais j'ai oublié la plupart de leurs noms.

Ma mère semble désolée d'avoir des souvenirs aussi confus. Nerveusement, elle presse ses tempes entre les mains comme si cela pouvait l'aider à ressusciter les fantômes de ce passé lointain. Ce processus paraît porter ses fruits car soudain son visage s'éclaire.

– Ça y est ! La mémoire me revient, s'exclame-t-elle en claquant soudain des doigts. Je crois que l'un d'eux s'appelait Gabin Adresen... Ah si, bien sûr ! il y avait aussi et surtout Hal Finney, son associé et ami, l'homme qui l'a probablement le plus aidé à développer son projet. Ils étaient particulièrement proches... Mais tout cela est du passé... Où en étions-nous, ma chérie ?

– Tu étais en train de m'expliquer que Satoshi, enfin je devrais dire mon père, à part ces quelques dons qu'il a pu faire à certains de ses collègues ou amis, avait réparti l'essentiel de son patrimoine Bitcoins sur trois wallets. Histoire de ne pas mettre tous ses œufs dans le même panier, je suppose...

– Oui. Le premier wallet était celui-ci. Il me l'a remis pour que je t'élève en te mettant à l'abri du besoin. Le second, Satoshi l'a gardé pour lui. Le troisième, il te le destinait, un peu comme un héritage quand tu aurais atteint ta majorité. C'est en tout cas ce qu'il m'a dit, quand je l'ai revu pour la dernière fois.

– Mais alors, Maman, si je compte bien, au cours actuel du bitcoin, tu es à la tête d'une fortune de près de 20 milliards de dollars ! Et moi aussi, potentiellement !

En entendant ce chiffre, ma mère éclate de rire.

– Nina, tu connais la fameuse histoire de ce développeur qui s'était acheté deux pizzas en les payant au prix de 10 000 bitcoins ?

– Oui, bien sûr ! Qui n'a jamais entendu parler de la mésaventure de Laszlo Hanyecz ?

– C'est bien lui. Le premier achat d'un bien physique réglé en bitcoins... On était en mai 2010 et, de mémoire, le bitcoin valait dans les 0,004 dollar. Cela correspondait à une somme équivalente à un peu moins de 20 dollars par pizza, ce qui était un montant raisonnable.

– Sauf qu'aujourd'hui, avec un Bitcoin à près de 60 000 dollars, ça ferait des pizzas coûtant la bagatelle de 300 millions la pièce. Une paille !

– Voilà, ma chérie. Tu as tout compris. Pendant ces dix dernières années, j'ai vécu comme Laszlo Hanyecz. Sauf que moi je l'ai fait à grande échelle...

En entendant les paroles de ma mère, je sens la terre se dérober sous mes pieds.

– Attends, Maman ! Tu es en train de m'expliquer que tu as dilapidé toute la fortune que t'avait laissée Papa ?

Ma mère est consternée. Visiblement elle ne sait plus où se fourrer.

– Et comment voulais-tu que je fasse pour que nous puissions vivre alors que je n'avais quasiment aucun revenu ? Je devais bien faire bouillir la marmite. Il fallait surtout que je paie les traites pour rembourser la maison. La banque était féroce. Bref, j'ai dû brader tous ces satanés bitcoins, qui ne valaient pas grand-chose à l'époque.

Désemparée par un tel gâchis, je la regarde incrédule. De son côté, elle affiche une expression de grande lassitude. En la regardant, j'ai l'impression que ça lui a fait du bien de se confier ainsi à moi après toutes ces longues années de silence et de solitude.

– Voilà ! Tu sais tout maintenant, ma fille. Je t'ai tout dit...

Elle se met à sangloter et je la prends dans mes bras pour la consoler. En l'entendant pleurer depuis la cuisine où il s'était isolé, Will rapplique aussitôt.

– Tout va bien ? s'enquiert-il.

Silencieuse, ma mère fait signe que oui de la tête. Les larmes qui coulent le long de ses joues l'empêchent de parler. Elle finit par prendre le dessus et s'écrie :

– Mon Dieu ! Je nous ai ruinés. Si tu savais comme je me déteste !

– Il ne faut pas dire ça, maman. Tu n'avais pas d'autre choix. Il ne te reste vraiment plus rien ?

– Juste une dizaine de bitcoins, soupire-t-elle en brandissant son pendentif comme un talisman qui aurait perdu sa magie.

En la prenant par l'épaule, j'essaie de lui remonter le moral en mettant en avant le bon côté des choses.

– Mais c'est énorme. Ça représente pratiquement le prix de cette maison et de son terrain. La plupart des gens n'ont pas autant d'économies !

– Comme tu es mignonne ! concède-t-elle en m'adressant un sourire qui se cache sous ses larmes. On peut le voir comme ça effectivement et je ne me plains pas... Mais tout de même, si je m'étais mieux débrouillée, nous pourrions aujourd'hui être milliardaires ! En tout cas, lorsque je quitterai ce monde, ce qui restera des bitcoins de ton père dans te reviendra de droit. Il te suffira de récupérer mon pendentif avec le wallet avant qu'on m'enterre. Je le porte accroché autour de mon cou en permanence.

– Oh ! Maman ! Arrête de dire des bêtises ! Et les deux autres wallets, que sont-ils devenus ? Et l'ami de papa, que lui est-il arrivé ?

– Le malheureux Hal Finney est décédé des suites d'une longue maladie qui l'a paralysé progressivement, la maladie de Charcot. Un truc atroce qui nécessitait une thérapie extrêmement coûteuse. De ce que je sais, lui et sa femme ont consacré la quasi-totalité de leur argent pour que Hal bénéficie de soins médicaux de qualité jusqu'à sa mort. Enfin si on peut appeler ça ainsi.

– Comment ça ? Il est mort ou il n'est pas mort ?

– Comment dire ? Toute sa vie, Hal Finney a été un fervent enthousiaste de la science qu'il voyait comme une source d'opportunités pour l'être humain. C'est comme ça d'ailleurs qu'il s'était intéressé au projet de ton père et qu'il avait décidé de s'associer à lui pour l'aider à le faire aboutir. Il a d'ailleurs été la première personne à recevoir des bitcoins via une transaction à titre de test. C'est ton père qui les lui a envoyés pour vérifier la viabilité de son concept. À ce moment-là, la santé de Hal n'était pas encore trop dégradée mais progressivement les choses se sont gâtées. Lorsqu'il a senti sa fin approcher, Hal Finney s'est intéressé à une percée scientifique avant-gardiste bien particulière...

Étonnés, Will et moi nous nous regardons.

– Une percée scientifique avant-gardiste bien particulière ? Qu'entends-tu par-là, Maman ?

– Eh oui ! *La cryogénisati*on... Plutôt que de laisser la mort l'emporter définitivement, Hal Finney a émis la volonté d'être cryogénisé. C'était un battant et il espérait pouvoir être ramené plus tard à la vie lorsque les progrès de la médecine lui permettraient d'être guéri de sa maladie. Je suppose que ce qui restait de son capital est passé dans cette opération de cryogénisation. Je me demande même si ton père n'y a pas contribué financièrement en lui faisant don d'une partie de ses bitcoins. Hal et lui étaient extrêmement liés. Il lui devait bien ça.

– Sais-tu où l'ami de Papa a été cryogénisé ?

– Oui. À la fondation *Alcor* à Scottsdale. Pourquoi me poses-tu cette question ?

– Je ne sais pas. Je crois que je voudrais y aller pour jeter un œil. Ce serait un moyen pour moi de me rapprocher d'une certaine manière de Papa, qu'il soit vivant ou non.

– J'ai l'impression que ton père te manque, remarque Will pensif. Je me trompe ?

Je réfléchis un instant avant de me prononcer.

– Je ne peux pas dire qu'il me manque vraiment puisque je n'ai aucun souvenir de lui. Disons qu'en fait j'aimerais le rencontrer. Oui, vraiment... Ne serait-ce que pour remonter à mes propres origines et connaître l'homme qui m'a engendrée. Bizarrement, depuis que je suis petite, je n'ai jamais ressenti ce besoin de manière aussi forte qu'en cet instant précis.

– C'est une aspiration légitime, approuve ma mère en hochant la tête gravement. Je sens cette volonté qui t'anime. Ton père avait d'ailleurs prévu que cela se produirait à peu près à ton âge actuel... En prévision de ce jour, il m'a d'ailleurs transmis quelque chose pour toi. Un fil d'Ariane que tu pourrais tirer le moment venu et qui t'est destiné à toi seule...

– Que veux-tu dire ?

– Eh bien, Nina, tu l'as compris, il y a un peu plus de douze ans, Satoshi a voulu se retirer définitivement du monde, se dissimuler aux yeux de tous à jamais. C'était pour lui une décision difficile à prendre car il ne voulait pas te perdre. Il a donc imaginé une espèce de jeu de piste pour que, des années plus tard, toi, sa fille, tu puisses remonter à lui, mais sans que personne d'autre en ait la possibilité...

– Voilà qui est original ! fais-je, allant de surprise en surprise.

– Après toutes ces années d'éloignement forcé, il voulait te tenir enfin dans ses bras, toi sa fille bien aimée. À cette occasion, il voulait aussi te remettre en mains propres le wallet qu'il te destinait depuis cette époque. Tu l'as compris, cela représente le tiers du capital qu'il s'était constitué à l'époque, soit, de nos jours, une somme de plusieurs milliards de dollars, au bas mot !

Abasourdie, je contemple ma mère, bouche bée.

– Ça te fait quoi ? me demande-t-elle en me fixant droit dans les yeux, comme pour lire mes pensées.

Ces mains se sont posées sur mes épaules pour éviter toute dérobade de ma part. Visiblement, elle veut savoir comment j'assume la nouvelle cataclysmique qu'elle vient de m'asséner. C'est important pour elle, à n'en pas douter. Avant de me prononcer, je déglutis un bon litre de salive.

– Sincèrement, Maman, je ne sais pas quoi dire, fais-je d'une voix rauque sous le coup de l'émotion. Ce que tu viens de m'annoncer, c'est fantastique, mais c'est aussi totalement déroutant. Pour ne pas dire renversant... Je ne m'attendais absolument pas à tout ça. Imagine ce que je ressens ! Je viens d'apprendre que mon père est un fantôme célèbre, qu'il m'aimait alors que j'ai toujours pensé que j'étais le cadet de ses soucis. Et, cerise sur le gâteau, je découvre que je suis potentiellement richissime ! Ça fait beaucoup d'un seul coup, tu ne trouves pas ?

En voyant ma réaction, ma mère, prise de mutisme à son tour, m'étreint contre elle fortement. Elle prend une grande respiration comme si elle se sentait soulagée de s'être déchargée d'un fardeau invisible.

Après m'avoir gardée blottie contre elle, elle finit par se reculer pour me regarder dans les yeux. Elle me lance un sourire radieux, au fond duquel je devine pourtant une certaine lassitude, probablement le résultat d'une tension interne accumulée au plus profond d'elle depuis des années. Je ne m'en étais jamais rendue compte avant cet instant.

– Oui, je comprends ce que tu éprouves, ma chérie, se confie-t-elle dans un souffle. Très franchement, j'aurais voulu te parler de tout ça bien plus tôt mais j'étais liée par la promesse que j'avais faite à ton père. J'ai beaucoup culpabilisé à ton égard, mais, vois-tu, je ne devais absolument rien te dire tant que tu ne serais pas majeure. Et surtout tant que je ne t'estimerais pas prête à endosser une telle situation. C'est ce qu'il m'avait fait jurer… Tu me pardonnes ?

Elle vient de relever le visage et son regard est vrillé dans le mien tandis qu'elle guette ma réponse. Les mots que je veux prononcer en retour ont du mal à franchir le cap de mes lèvres. Je n'y parviens pas. En hochant la tête, je lui fais signe que oui. Au bout d'un moment, je finis par retrouver l'usage de la parole :

– Oui, Maman. Bien sûr que je te pardonne… Mais surtout, je t'aime !

Qu'aurais-je pu lui répondre d'autre ? En serrant ses mains dans les miennes, elle me regarde d'un air ravi et me demande s'il y a des questions particulières que j'aimerais lui poser à propos de mon père. Aussitôt, je me saisis de la perche qui m'est tendue :

– Oui, il y a quelque chose qui m'intrigue. Je veux que tu me dises la vérité sur un sujet bien précis… Je te mets à l'aise par avance : tu n'as pas besoin de prendre de gants.

– Je t'écoute, Nina. Que veux-tu savoir de si particulier ?

– C'est simple : sais-tu si aujourd'hui Papa est encore de ce monde ?

– Très honnêtement, je l'ignore. Mais, ma chérie, je crains que la réponse soit « non ». Il se serait sûrement manifesté bien avant. En fait, je pense que les nombreux ennemis qu'il comptait ont dû l'éliminer depuis déjà longtemps. Il dérangeait trop de monde en menaçant de mettre à bas le système financier qui régit la planète…

– Mais alors ? Comment savoir ce qu'il est devenu ? Et comment retrouver mon wallet, à supposer que ses assassins ne l'aient pas dérobé ?

Ma mère m'adresse un sourire entendu, comme si elle s'attendait à ces interrogations.

– Ton père avait tout prévu, même sa propre fin. Il t'a donc laissé un indice te permettant de remonter jusqu'à lui ou en tout cas jusqu'à ton propre wallet – un seul indice, en me précisant que celui-ci serait ténu pour mettre ton intelligence et ta motivation à l'épreuve. Il m'a fait promettre de ne pas te le dévoiler tant que tu ne serais pas prête à te lancer dans cette quête.

– Quelle drôle d'idée !

– N'oublie pas que Satoshi était une personne qui cultivait le secret et aimait les énigmes. Et puis, il voulait aussi s'assurer que cet indice resterait lettre morte aux yeux des individus qui souhaitaient sa disparition et pourraient tenter de remonter jusqu'à lui, soit pour l'éliminer soit pour accaparer sa fortune.

Les paroles de ma mère déclenchent en moi un élan de curiosité subit et je la saisis par le coude.

– Allez, Maman ! Maintenant tu m'en as a trop dit ou pas assez !

Comme ma mère ne réagit pas assez rapidement à mon goût, je tire par le bras avec insistance. En voyant ma détermination, elle se résigne.

– Je reconnais bien là ton impulsivité, soupire-t-elle. Décidément, tu ne changeras jamais, Nina. Mais attention ! Tu ne sais pas où tu t'embarques. Il faudra que tu restes prudente, tu dois me le promettre…

Sans attendre que je le fasse – elle me connaît trop bien, elle se lève et se dirige vers un bureau où elle a coutume de ranger certains de ses documents. De l'un des tiroirs, elle sort une enveloppe qu'elle me remet d'un air solennel. À l'endroit où figure habituellement l'adresse du destinataire, sont écrits ces quelques mots : « *Pour Nina, quand elle sera en âge de comprendre* ». Je comprends que c'est mon père qui en est l'auteur.

– Tu peux l'ouvrir. C'est pour toi...

Impatiente, je déchire l'enveloppe sans tarder. Elle contient une feuille de papier que je déplie, les mains tremblantes. Le recto est vierge. Sur le verso, un citron est dessiné au crayon de couleur. Un citron, un simple citron tout jaune… Incrédule, je tourne et je retourne plusieurs fois de suite la feuille de papier sur elle-même. Je me dis que j'ai manqué quelque chose mais je dois me rendre à l'évidence : il n'y a que le dessin de ce fichu citron dépourvu d'intérêt. C'est tout, absolument tout. Si je m'attendais à du sensationnel, c'est bigrement raté.

Penchés sur mon épaule, je sens que Will et ma mère éprouvent la même déconvenue que moi. Il me faut plusieurs minutes pour me ressaisir.

– Papa n'a rien laissé d'autre pour moi ?

– Non, Nina. Rien d'autre. Juste cette enveloppe.

Désemparée je laisse mon regard errer dans la pièce, à la recherche d'un quelconque indice qui nous aurait échappé.

Mes yeux tombent sur la même photo que celle qui avait attiré attention de l'agent Sanders, alias Crâne d'Œuf. Celle où mon père et ma mère me tiennent par la main pour m'apprendre à marcher. Comme sur la photo chez moi, elle a été tronquée et on ne distingue pas le visage de mon père. Sans beaucoup d'espoir, je tente quand même le coup :

– Aurais-tu d'autres photos de Papa ou un autre exemplaire de celle-ci en bon état ?

– Hélas non. La dernière fois que je l'ai revu, il a tenu à toutes les récupérer pour les faire disparaître. Il voulait conserver l'anonymat et être ainsi certain que personne, sauf toi plus tard, ne retrouve jamais sa trace. C'est la seule qu'il a accepté de me laisser, et encore, à condition de rogner l'angle où on voyait son visage. À ma connaissance, il n'existe de cette photo que deux exemplaires : celle-ci, qui est l'original et la copie qui est chez toi.

– Pas de format numérique ou de négatif ?

– Non ! Désolée.

– C'est fou ! fais-je en hochant la tête abasourdie.

– Oui, comme je te l'ai dit, Satoshi a toujours aimé cultiver le secret.

Au fond de moi, je suis outrée et je m'exclame, hors de moi :

– Quand même ! C'est un peu fort. Ça confine à la paranoïa.

Ma mère écarte les bras de son corps en signe d'impuissance.

– Je sais, mais c'est ainsi. J'espère que tu comprends mieux maintenant pourquoi j'ai toujours évité d'aborder le sujet ton père avec toi.

– Oui mais paradoxalement, cela me donne encore plus envie de remonter sa piste. Tu verras que j'arriverai à le retrouver d'une manière ou d'une autre. Pas question de renoncer. Bien au contraire !

En m'entendant, Will me prend affectueusement contre lui en adressant un clin d'œil à ma mère.

– Ce n'est pas à vous, Madame, que je vais apprendre que Nina est du genre obstiné.

– Là-dessus, nous sommes entièrement d'accord, acquiesce ma mère en riant. Et encore, je pense que vous êtes en dessous de la vérité, mon cher Will !

– Ouh là là ! Vous voulez me faire culpabiliser, ma parole ! dis-je en prenant l'air faussement gênée. Je sens que je vais devoir me faire pardonner, fais-je en plaisantant. Cela tombe bien, je t'avais amené un cadeau pour toi Maman. Un peu plus et j'allais oublier de te le donner...

– Un cadeau ! Mais il ne fallait pas, ma chérie !

– J'espère qu'il va te plaire. C'est très hype.

Je plonge la main dans le sac de sport où Will et moi avions rangé le cadeau. D'un geste théâtral, j'en sors une grande boîte entourée d'un ruban de couleur.

Fébrile, ma mère en ressort l'objet qui s'avère être une enceinte connectée.

– Mon Dieu ! s'exclame-t-elle en applaudissant toute émue. Mais vous me gâtez trop ! Déjà, il y a à peine six mois, vous m'aviez offert un visiophone. Moi qui n'ai pratiquement aucun visiteur à part vous...

Excitée, comme un enfant à qui on a offert un nouveau jouet, elle examine le gadget sous toutes ses coutures.

– J'espère que ce n'est pas trop compliqué de faire marcher ce bazar-là, s'inquiète-t-elle.

– Ne t'en fais pas, Maman. On va t'aider ! Tu verras, ce n'est pas sorcier. Je te parie que bientôt tu ne pourras plus t'en passer...

Effectivement, il ne nous faut pas plus une demi-heure pour connecter l'enceinte intelligente de ma mère et qu'elle se familiarise avec son fonctionnement. Nous sommes sur le point de la quitter et l'embrassons sur le pas de la porte, lorsque soudain, elle pointe l'index vers le haut comme si elle se rappelait subitement de quelque chose.

– Oh ! À propos de ton père, je viens de me souvenir d'un truc. Une phrase étrange qu'il a prononcée quand il m'a remis cette enveloppe pour toi. Il m'a chargée de te préciser que si tu voulais retrouver sa trace, il faudrait que tu sois une personne particulièrement *sympathique*...

Stupéfaite, je répète les derniers mots de ma mère en lui demandant si je les ai bien compris.

– Oui, me confirme-t-elle. Tu as bel et bien entendu : « *Sympathique* » ! Ne me demande pas ce que ça veut dire. Je n'en sais fichtre rien. Il n’a pas voulu m’en dire plus.

CHAPITRE 4

Le lendemain, nous nous rendons chez Raquel pour le barbecue. Pendant que Will allume le feu sous la grillade, je résume la conversation avec ma mère.

– Tu veux mon opinion ? me demande Raquel. Satoshi n'a pas utilisé le terme « *sympathique* » par hasard. À mon avis, c'est une clé pour décrypter son rébus...

– Son rébus ? Tu veux parler du citron dessiné sur ce malheureux bout de papier ?

– Oui, Nina. Il faut interpréter le mot « *sympathique* » en prenant du recul.

– Je ne demande pas mieux, mais comment ? J'ai tourné le problème dans ma tête toute la nuit.

– Je ne sais pas. Il faut faire preuve d'imagination...Tu as essayé d'entrer dans Google la combinaison des deux mots « citron » et « sympathique » pour voir ?

Un sentiment de honte me fait monter le rouge aux joues. Comment n'y ai-je pas pensé ? C'est si évident.

– Je t'avoue que non.

– Alors, qu'attend-t-on ?

Vive comme l'éclair, Raquel pianote avec dextérité sur le clavier de son smartphone. En voyant le résultat s'afficher sur l'écran, son visage s'éclaire.

– Bingo ! s'écrie-t-elle. Voilà : « *L'encre invisible ou encre sympathique est une substance utilisée pour l'écriture qui est invisible, ou le devient rapidement, et qui peut être rendue ultérieurement visible par certains moyens d'action. Un exemple célèbre est l'écriture au jus de citron* ».

Incrédule, je contemple ma copine telle une extra-terrestre.

– Raquel ! Tu es un génie ! fais-je en levant les mains au ciel.

– Tout ça, c'est bien mais comment s'y prend-on pour révéler un texte écrit à l'encre sympathique ? s'interroge Will, pragmatique.

Grâce à Wikipédia, Raquel a tôt fait de trouver la réponse à cette question.

– Apparemment, il suffit de chauffer le papier. Il faut juste faire attention de ne pas le brûler... Avec la chaleur du barbecue, en gardant une distance minimale, ça doit être faisable.

– On tente le coup ? fais-je en brandissant l'enveloppe contenant le dessin du citron.

– On tente le coup !

Quelques instants plus tard et le tour est joué. Comme par magie, le rayonnement des braises a révélé une ligne manuscrite, jusque-là invisible à nos yeux. Bien que certaines lettres ne soient pas très nettes, nous réussissons à déchiffrer le texte sans trop d'efforts. Il s'agit d'une URL que Raquel saisit aussitôt dans le navigateur de son smartphone. Nous tombons sur un fichier audio – l'enregistrement d'une voix qui me paraît surgie d'outre-tombe :

– Bonjour Nina ! Je suis ton père, Satoshi Nakamoto... Bien sûr, ce n'est pas mon vrai nom mais tout le monde m'appelle ainsi. Si tu écoutes ces paroles aujourd'hui, sans que nous ne nous soyons revus après toutes ces années, cela signifie que je ne suis plus de ce monde... La raison pour laquelle tu n'as pas eu de mes nouvelles auparavant, c'est que je me suis lancé corps et âme dans une aventure incroyable, un projet révolutionnaire que j'ai appelé Bitcoin. Pour lui, j'ai tout sacrifié, y compris mon amour pour toi et pour ta mère. J'espère que tu me comprendras et ne m'en voudras pas de m'être ainsi éloigné de vous...

Tétanisée, au fur et à mesure des paroles qui s'égrènent, j'entends Satoshi confirmer les dires de ma mère : « Son désir de réformer un système monétaire mondial qu'il juge dangereux et liberticide, les menaces exercées sur lui par des gens puissants pour qu'il renonce à son projet, et finalement sa décision de disparaître des radars pour faire aboutir sa vision progressiste autant que pour protéger sa famille. »

– Considère ce message, continue-t-il, *comme mon testament. Or, qui dit testament, dit héritage. Pour me faire pardonner, j'ai décidé de te léguer une partie des bitcoins que j'ai minés à ce jour, un tiers exactement. Le second tiers ira à ta mère et le dernier je le garde pour mes vieux jours. Les pièces qui te reviennent de droit, soit environ 350 000 bitcoins, seront*

stockées sur un Satoshi wallet que tu devras découvrir. Pour dénicher ce qui, à l'âge de ta majorité, sera sans doute un joli pactole, tu devras auparavant résoudre plusieurs énigmes. Je les ai composées exprès à ton attention. Le cryptographe que je suis n'a pu résister à te soumettre à une épreuve prouvant que tu es bien ma digne fille... Eh oui, Nina ! Cet héritage, tu devras le mériter. Ce ne sera pas forcément une tâche aisée de remonter jusqu'à ce wallet mais j'ai confiance en tes capacités intellectuelles et je suis sûr que tu y parviendras. Bon sang ne saurait mentir...

L'enregistrement se termine par une consigne, la seule piste qu'il me laisse :

– *Tu rendras visite à mon ami Hal Finney, un type fantastique à qui je dois beaucoup. Sans Hal mon projet n'aurait jamais vu le jour. C'est aussi une des rares personnes en qui j'ai toute confiance. Je lui ai confié, afin qu'il te le transmette, un indice qui te guidera dans cette chasse au trésor. Une précaution que j'ai prise au cas où je décéderais sans t'avoir revue : même si l'argent n'est pas la chose la plus importante au monde, ce serait dommage que ce pactole soit perdu. Voilà. Je te souhaite bonne chance dans ta quête et te dis à bientôt. Dans l'au-delà s'il y en a un. Ton père qui t'aime...*

En entendant ces derniers mots, je ne peux me retenir de fondre en larmes.

– Ça va ? s'inquiète Will en me prenant contre lui pour me consoler.

– On ne peut mieux, fais-je, tendue comme un arc. Et d'une, je viens d'apprendre que mon père, que j'espérais revoir depuis toujours, a tiré sa révérence. Et de deux, pour me faire passer la pilule, il m'a légué un trésor de plusieurs milliards de dollars. Sauf que le dépositaire de l'information, Hal Finney, est mort... Dixit maman hier.

Je reste un moment anéantie avant que Will m'aide à reprendre le dessus.

– Il ne faut pas désespérer, m'encourage-t-il. On va interroger les personnes qui ont connu Hal Finney, ses amis, ses voisins... Je suis certain que quelqu'un pourra nous renseigner.

Pendant ce temps, Raquel s'est remise à consulter son écran.

– De ce que je lis, commente-t-elle, Hal Finney était un développeur génial, l'un des pionniers du protocole PGP de chiffrage sur Internet. Il faisait partie d'un groupe de cyber activistes appelés les cypherpunks. C'est comme ça qu'il aurait connu Satoshi Nakamoto. Je vois aussi que Finney est mort en 2014 des suites d'une maladie neurodégénérative.

– Oui, je sais tout ça. Maman nous l'a raconté hier. Je peux même te dire qu'à son décès, Hal Finney a été cryogénisé dans une fondation spécialisée en espérant être ramené plus tard à la vie.

– Effectivement, ça va être difficile de parler à ce monsieur, plaisante Raquel avec un brin d'humour noir. Mais, avec Will, peut-être pourriez-vous essayer de rencontrer son épouse ? Apparemment, elle vit en Californie...

– Non, Raquel. Nous n'allons pas faire ça. Je ne suis pas d'accord.

– Et pourquoi pas ?

– Je me refuse à harceler cette pauvre femme en réveillant en elle de douloureux souvenirs de son passé. Non, il faut trouver un autre moyen.

– Je crois que j'ai une idée, s'écrie soudain Will en claquant des doigts.

Interloquées, Raquel et moi le dévisageons.

– À quoi penses-tu ?

– On va se rendre à Scottsdale dans le centre où Finney a été cryogénisé. Puisque c'est là que ce monsieur a vécu ses derniers moments, on pourrait y glaner des informations utiles. Avec un peu de chance, elles nous mettront sur la piste de ton trésor égaré sans qu'on importune la famille de M. Finney...

L'idée est bonne et il ne nous faut pas longtemps pour nous décider.

Dès le lendemain midi, le temps d'acheter quelques souris pour nourrir les crotales et de déboucler quelques positions sur mon site de trading, nous voilà partis pour Scottsdale avec la Tesla. Raquel aurait aimé être du voyage mais elle devait prendre un vol pour New-York dans la soirée, ayant reçu un mail de sa start-up NFT la conviant à un entretien d'embauche de toute urgence. Elle semblait bien partie pour avoir le poste et signer le contrat. Elle avait déjà la tête ailleurs et nous lui avons souhaité bonne chance pour décrocher son job.

La route est dégagée et, avec Will, nous roulons vers Scottsdale sans encombre. Il nous faut deux heures à peine pour parvenir à la fondation Alcor où Hal Finney s'est plongé dans son dernier sommeil. Au passage, je constate que le site d'Alcor est situé à côté d'un endroit appelé Paradise Valley. Tandis qu'il se gare sur le parking, j'en fait la remarque à Will.

– Un nom prédestiné pour une fin de vie pleine d'espoir, se marre-t-il en douce.

Nous entrons dans un imposant bâtiment où une hôtesse d'accueil nous remet un badge après avoir vérifié notre identité. Elle nous invite à patienter en attendant qu'un chargé de clientèle nous prenne en charge. Vêtu d'une tenue de médecin, celui-ci, un dénommé Bryan, se présente à nous comme l'un des membres du personnel soignant. Prudemment, nous ne lui révélons pas tout de suite la raison de notre venue. Nous lui disons que nous sommes des cryptos enthousiastes vivant en Arizona. Ayant appris que l'un des principaux artisans du projet Bitcoin, Hal Finney, reposait à Alcor, nous avons souhaité découvrir ce lieu.

– Très bien. Je serai ravi de vous montrer nos installations, nous répond Bryan aimablement. Vous verrez, c'est passionnant. Peut-être même qu'à l'issue de cette visite, vous aurez envie de joindre notre communauté de près de 1400 membres, nous glisse-t-il en clignant de l'œil comme pour nous appâter. Prudents, nous ne relevons pas son commentaire et le laissons dérouler son topo sur la fondation Alcor. Après tout, c'est pour cela que nous sommes venus, pas pour finir dans un genre de frigidaire.

Bryan s'y colle donc. Il nous explique que Alcor a été créée en Californie en 1972 par Linda et Fred Chamberlain, celui-ci étant maintenant cryoconservé à Alcor aux côtés de 180 et quelques autres patients. Légère pause dans son discours et sourire engageant de sa part comme pour nous convaincre, encore une fois, de rejoindre cette joyeuse cohorte. Bien entendu, ni Will ni moi ne réagissons à cette proposition implicite. Cela ne semble pas gêner notre guide outre mesure qui poursuit son laïus le plus naturellement du monde.

– Alcor est le leader incontestable de la *cryonie* – ou cryoconservation si vous préférez. Grâce à notre politique d'innovation permanente, nos patients bénéficient de la technologie la plus avancée au monde. À propos, savez-vous ce qu'est la cryonie ?

– En principe, oui. En détails, non.

– Eh bien, la cryonie est un procédé réversible permettant de préserver la vie à des températures inférieures à zéro. Le but pour nos clients est, dans le futur, de pouvoir se rétablir en bonne santé dès que la technologie médicale aura fait des progrès suffisants. Chez Alcor, les corps des patients sont vitrifiés puis conservés dans des *dewars* cryogéniques sous azote liquide, à une température constante de -196 °C.

Will et moi échangeons des regards surpris.

– Vous avez dit vitrifiés ?

– Oui. La vitrification consiste à transformer en un solide vitreux une substance organique – un corps humain en l'occurrence. Pour cela, nous utilisons des concentrations élevées de cryoprotecteurs et refroidissons les tissus biologiques à des températures très basses. En évitant la formation de glace, cette opération permet de préserver la structure biologique de façon optimale, bien mieux que le ferait une simple congélation.

En même temps qu'il nous parle, Bryan nous fait pénétrer dans une partie du local réservée aux visiteurs. De grandes baies vitrées permettent de visualiser l'installation sans rentrer dans les zones blanches. En écoutant les explications de notre guide, j'ai l'impression d'être retournée sur les bancs de la fac.

– Après la vitrification, les patients sont conservés dans des réservoirs individuels en aluminium, eux-mêmes placés dans des dewars. Les dewars sont des conteneurs en acier inoxydable, isolés sous vide, qui contiennent de l'azote liquide.

Tout en continuant de parler, Bryan nous conduit au pied d'un de ces conteneurs.

– Alors ! Qu'en dites-vous ?

Notre guide a du mal à dissimuler sa fierté et, très franchement, il y a de quoi. Dignes d'un film de science-fiction, les dewars me font penser à des versions géantes du robot D2R2 dans Starwars. Impressionnée, je ne peux m'empêcher de témoigner mon admiration.

– Effectivement, c'est bluffant !

– Oui, il faut bien le reconnaître, renchérit Bryan. Détail amusant, les dewars d'Alcor sont appelés « *Bigfoots* » en raison des grandes roulettes situées en bas de ceux-ci. Chaque Bigfoot peut contenir les corps entiers de quatre patients ou les cerveaux de dix neuro-patients, selon les besoins.

Soudain, Bryan s'arrête devant l'un des conteneurs sur la surface duquel il pose la main d'un air solennel.

– C'est dans celui-ci que Hal Finney repose, nous annonce-t-il. À son décès, le 28 août 2014, M. Finney a été immédiatement transporté dans le caisson de cryogénisation qui lui était réservé à l'avance chez Alcor. Il est ainsi devenu le patient n°128 de notre institut. L'opération s'est parfaitement déroulée. Je peux vous affirmer que son corps est idéalement préservé et que son cerveau est intact. Pour ma part, je suis convaincu que M. Finney reviendra parmi nous avant la fin du siècle.

– Souhaitons-le lui, répond Will un rien dubitatif. Le processus de restauration doit être au moins aussi compliqué à mettre en œuvre que celui de la conservation. Il doit falloir s'entourer de tout un tas de précautions. D'ailleurs, je suppose que la cryogénisation n'est pas un traitement à la portée de toutes les bourses...

– Bien sûr, Monsieur, acquiesce Bryan. Mais ne croyez pas que nos services soient réservés uniquement à une élite fortunée. En fait, nous sommes en mesure de proposer des offres très attractives à tout type de clientèle. Cela va de la conservation du corps complet à celle de la tête uniquement...

– Ah... murmure Will, un peu mal à l'aise.

– Si je puis me permettre cette question un peu directe, souhaiteriez-vous connaître nos tarifs de cryoconservation et de restauration ? Et puisque vous vous intéressez aux crypto monnaies, sachez que nous acceptons les règlements en bitcoins...

Will est embarrassé par la question de Bryan, je le sens bien. Tel un chevalier blanc, je vole à son secours et détourne la conversation dans une autre direction.

– À propos de bitcoins, est-ce que ce moyen de paiement a été utilisé dans le cas de M. Finney ?

– Absolument ! Une bonne partie du financement de la léthargie cryogénique de M. Finney a été financée par des dons en bitcoins de ses fans.

Profitant de l'occasion, je rebondis sur la phrase de notre interlocuteur :

– Puisque nous parlons de M. Finney et de bitcoins, puis-je vous poser à mon tour une question un peu directe ?

– Je vous en prie, Mademoiselle.

– Voilà. C'est un peu délicat... Comme vous le savez sans doute, M. Finney a collaboré étroitement avec Satoshi Nakamoto pour concevoir le Bitcoin. Ils étaient d'excellents amis évidemment. À l'époque, Satoshi Nakamoto a remis à M. Finney un objet pour qu'il en assure la garde et le transmette à sa fille s'il venait à disparaitre. Ce qui est hélas le cas depuis maintenant plus de dix ans...

Bryan me considère avec attention comme s'il me jaugeait.

– Et cette fille, je suppose que c'est vous ?

– Vous avez deviné.

– Qu'attendez-vous de moi ?

– Je voudrais savoir si, avant son décès, M. Finney aurait remis cet objet à votre fondation afin que je puisse le récupérer.

– Connaissez-vous la nature de cet objet ?

– Je vous avoue que je l'ignore.

– Mmh. Ce que je peux vous dire, c'est que nous conservons les biens de nos clients dans un coffre-fort individuel afin de pouvoir les leur restituer à leur réveil.

C'est le moment de sortir le grand jeu. En recourant à tous mes talents de comédienne, je me jette à l'eau :

– Oh, Monsieur ! Pensez-vous qu'on pourrait vérifier si l'objet que je recherche se trouve dans ce coffre-fort ? Je vous en saurais vraiment très obligée...

Bryan hésite un instant mais j'ai l'air si pitoyable qu'il finit par céder.

– D'accord. Je vais me renseigner...Venez, nous allons repasser par l'accueil. Je vous demanderai de bien vouloir m'y attendre pendant que je me rends au service des coffres-forts.

À la réception, nous attendons le retour de Bryan pendant près d'un quart d'heure. Ce temps me paraît une éternité et en le voyant réapparaître, je deviens fébrile. Ma tension monte d'un cran quand je m'aperçois que le représentant d'Alcor tient dans une de ses mains un petit coffret en bois.

– Effectivement, dit Bryan, sentant son heure proche, M. Finney nous avait confié cet objet pour que nous le remettions à une jeune femme se présentant comme la fille de Satoshi Nakamoto. Ce qui est votre cas...

Brûlante d'impatience, je me retiens de trépigner.

– Alors, je peux récupérer ce coffret maintenant ?

Difficile de croire que je touche au but. Ça paraît trop beau pour être vrai.

– Oui. Bien sûr... Oh ! Il y a juste une dernière formalité dont vous devez vous acquitter.

– Ah... Laquelle ?

– Il faut simplement que je vérifie que votre prénom correspond à celui que nous avait indiqué M. Finney à l'époque. Simple précaution pour respecter les dernières volontés de notre client...

– Bien sûr. Je m'appelle Nina. Voulez-vous voir ma pièce d'identité ?

Une seconde de suspense puis expression joviale de Bryan qui me tend le coffret avec un large sourire.

– Inutile, Mademoiselle ! Nina, c'est bien le nom qui avait été noté dans nos registres. Eh bien, en tant que représentant de l'institution Alcor, j'ai le plaisir de vous remettre officiellement cet objet. Il est à vous !

Pendant un bref instant, j'ai l'impression de m'envoler au paradis. Pour un peu, j'embrasserais ce fichu croque-mort de Bryan. Mais *business is business*. Après les effusions, vient la paperasse... Il me demande de signer un document attestant que j'ai pris possession du coffret, ce que je m'empresse de faire. Puis, sans tarder davantage, Will et moi fonçons vers le parking pour quitter le site d'Alcor au plus vite.

Dès que nous sommes assis dans la Tesla, les doigts tremblants, j'ouvre la petite boîte que m'a léguée mon père. Dedans, il y a deux bracelets formés d'une suite de perles blanches et noires formant un motif irrégulier. Chacun de ces bracelets comporte un élégant fermoir doré sur lequel est gravé une lettre. Pour le premier bracelet, c'est la lettre W. Pour le second, c'est la lettre N.

– Drôle de cadeau ! dis-je en trahissant ma surprise. Pourquoi Satoshi m'a-t-il offert ces deux bracelets ? Et pourquoi ces deux lettres ?

Will paraît aussi déconcerté que moi. Soudain, l'esprit traversé par une intuition, il s'enflamme :

– N et W ! Mais ce sont les initiales de nos prénoms !

L'hypothèse de Will est séduisante mais je me vois obligée de tempérer son ardeur.

– Allons ! J'y ai pensé aussi, mais sois sérieux ! Je veux bien pour le N puisque mon père savait que je m'appelais Nina. Mais réfléchis ! Toi, à l'époque, il ne te connaissait pas. Cela fait à peine un an que je t'ai rencontré. Satoshi était peut-être génial mais ce n'était pas un devin.

Will est quelqu'un d'obstiné. Bien que mes arguments se tiennent, il ne démord pas de son idée :

– C'est vrai Nina, mais tu avoueras que la coïncidence est pour le moins troublante...

– Je te l'accorde. Allez, vieux filou, j'ai compris où tu veux en venir...

– Comment ça ?

– Eh bien, c'est évident, non ? Tu veux que je t'offre le bracelet avec la lettre W et que moi, je prenne celui avec la lettre N...

Avant que Will ait pu protester, je lui passe autour du poignet le bracelet avec son initiale. Puis j'en fais de même pour moi avec celui qui porte la lettre N.

– Et voilà ! je m'exclame d'un ton théâtral. Désormais, mon cher Will, nous sommes unis dans cette quête, pour le meilleur comme pour le pire ! Je déclare officiellement ouverte la chasse au trésor du sieur Satoshi Nakamoto !

Et sur cette phrase grandiloquente, nous éclatons de rire comme des enfants.

CHAPITRE 5

Après notre visite chez Alcor, nous repartons en roulant en direction de Tucson. Même si nous ne savons pas comment utiliser les bracelets légués par Satoshi, j'ai le sentiment d'avoir fait un grand pas en avant. Je suis de bien meilleure humeur qu'en partant ce matin et j'ai envie de faire un brin de causette avec Will même si je sais qu'il aime bien rester concentré quand il conduit.

– Ce n'était pourtant pas gagné à l'avance, dis-je en me remémorant la fin de notre échange avec Bryan. À un moment, j'ai vraiment eu peur qu'il nous envoie sur les roses.

Même si je sollicite le regard de Will, ses yeux restent fixés sur la route qui défile devant nous.

– Quand tu lui as demandé si Hal Finney lui avait remis un objet qui t'était destiné avant de se faire cryogéniser ?

– Oui, exactement. C'est à peine s'il m'a demandé de prouver mon identité.

– C'est sûr. En même temps, le fait que tu sois au courant prouvait bien que tu étais la bonne personne. Mais nous y sommes parvenus et c'est ça qui compte. Non ?

– Absolument.

Peu à peu, je sens se dissiper la tension qui m'avait envahie en début d'après-midi. Comme cela fait du bien ! Prise d'un désir subit, je jette un regard malicieux en direction de Will.

– Tu sais quoi, mon chéri ? Je pense qu'on mérite de s'en griller une petite. Il faut bien que nous célébrions notre succès...

Sans attendre sa réponse, j'allume une cigarette de ma production personnelle. Après en avoir tiré une bouffée, je la glisse entre les lèvres de Will. À tour de rôle, nous tirons sur le joint en laissant échapper des volutes bleutées au plafond de la Tesla. Tandis que nous fumons avec délice, notre bolide file sur le ruban rectiligne de l'Interstate 10 et les kilomètres défilent à vue d'œil. Après quelques inhalations, j'ai l'impression de planer sur la route comme dans un rêve.

– Il ne nous manque qu'un peu de musique, fais-je, perchée sur un nuage.

– Et si on s'écoutait *Money for Nothing* ? lance Will en scannant sa playlist.

Quelques secondes plus tard, la guitare et la voix de Mark Knopfler se mettent à résonner dans l'habitacle, me rendant presque instantanément euphorique.

Sans attendre d'être arrivés à Tucson, j'ai envie de tenir ma mère au courant de nos bonnes nouvelles et de partager ma joie avec elle. Alors que nous venons de laisser Wymola derrière nous, je demande à Will de mettre Dire Straits en sourdine pour un instant.

– Tu veux bien baisser le son pendant que j'appelle Maman ?

J'ai de la chance car ma mère décroche dans la foulée. Je commence à lui raconter le résultat de notre journée à la fondation Alcor mais elle me coupe :

– Oh ! Excuse-moi, mon visiophone vient de vibrer. Ne quitte pas, je vais voir qui c'est...

– Vas-y, Maman. Je reste en ligne.

– Ah ! Ce sont les deux messieurs roux qui s'occupent du recensement. Ils étaient déjà venus avant-hier et avaient commencé à me poser tout un tas de questions sur notre famille.

– Le recensement !?

– Oui, sauf que M. et Mme Smith, mes voisins, étaient passés à ce moment-là pour prendre le thé. Nous avons dû interrompre notre entretien en plein milieu. Ils ont dit qu'ils reviendraient pour le conclure avant la fin de la semaine. Comme si le gouvernement ne pouvait pas attendre ou n'avait pas déjà toutes ces données sur nous !

Malheureusement, la communication est mauvaise et la voix de ma mère me parvient hachée.

– Attends, Maman ! Tu as dit que ces hommes étaient *roux* ?

– Oui, ma belle. Aussi roux que des carottes râpées. Et avec vraiment de drôles de bouilles. Si tu les voyais ! En plus, ils se ressemblent comme deux gouttes d'eau...

À ces mots, je sursaute. L'épisode de la veille au *Bison Witches* me revient à l'esprit. Je ne peux m'empêcher de faire le rapprochement avec les deux jumeaux albinos qui nous épiaient là-bas en douce. Je veux mettre ma mère en garde mais elle ne m'écoute pas. Au lieu de cela, je l'entends qui appuie sur la commande d'ouverture de la porte.

– Allez ! Il faut que j'aille accueillir mes visiteurs. Je t'embrasse ma chérie... On se rappelle demain si tu veux.

Et elle me raccroche au nez sans me laisser le temps de répliquer quoi que ce soit. J'essaie de la rappeler mais sans succès.

– Que se passe-t-il ? s'enquiert Will.

– Un problème de réseau. À moins qu'elle ait mis son téléphone en mode avion...

Je précise la situation à Will qui réagit aussitôt.

– La présence de ces deux rouquins chez ta mère ne me dit rien qui vaille. Il faut qu'on se rende tout de suite chez elle.

Je hoche la tête en signe d'assentiment et il accélère en dépassant la limite de vitesse. Heureusement, aucune patrouille de police ne nous intercepte. Un quart d'heure plus tard, nous nous garons devant chez ma mère. Je sonne à la porte plusieurs fois mais sans réponse. Un mauvais pressentiment m'envahit. Anxieuse, je désigne un plan de géraniums placé à l'angle de la terrasse.

– Regarde sous ce pot de fleurs, Will. Dépêche-toi, je t'en prie...

Par chance, le double des clés est bien à sa place. Il ne nous en faut pas plus pour nous glisser chez ma mère. Aussitôt nous courons d'une pièce à une autre en l'appelant à tue-tête.

– Maman ! Où es-tu ?

Mais personne ne répond à nos cris. Finalement nous entrons dans le salon où nous sommes accueillis par une vision de cauchemar : en plein milieu de la pièce, comme flottant en lévitation, ma mère nous contemple de ses yeux révulsés. Elle est pendue par le cou à une corde accrochée à la rambarde de l'étage et son corps tourne lentement sur lui-même. À ses pieds, gît un tabouret renversé. Elle devait être montée dessus avant de perdre contact avec le sol.

Tétanisée, je sens mes jambes qui flageolent et je me laisse tomber dans le canapé. Will, lui, réagit vivement. Il se précipite vers ma mère et l'empoigne par les jambes pour la soulever. En haletant sous l'effort, il s'adresse à moi :

– Nina ! Prends un couteau dans la cuisine... Monte à l'étage et va couper la corde... Vite !

Tel un automate, je me lève en prenant appui sur le rebord du canapé. Un flux d'adrénaline soudain m'aide à reconnecter mes neurones. Me munissant d'un couteau, je me rue en haut de l'escalier. Non sans peine, je sectionne la corde fatidique tandis que Will continue de supporter le poids de ma mère à bout de bras.

Dès que le corps de la malheureuse est libéré, nous le déposons délicatement sur le sol. Fébrile, je dessers le nœud coulant autour de son cou puis je prends son pouls. Hélas, comme je le craignais, son cœur ne bat plus. Will, qui a un brevet de secourisme, prend le relai. Il lui fait un massage cardiaque et essaie de lui insuffler de l'air mais toutes ses tentatives pour la ranimer restent vaines. Finalement, nous devons nous rendre à l'évidence. Maman est passée de vie à trépas.

Et dire que nous sommes arrivés à peine quelques minutes trop tard... Je me sens défaillir et si je ne fais pas une crise de nerfs, c'est uniquement grâce à Will. Au bout d'un moment, la douleur cède le pas à la colère et je m'écrie :

– C'est une mascarade ! Jamais Maman ne se serait suicidée. Je n'y crois pas un instant.

– Qui a pu commettre un tel crime ?

– C'est pourtant clair, Will. Ce sont ces foutus jumeaux roux qui l'ont assassinée. Après quoi ils ont maquillé leur acte odieux en suicide.

– Probable, mais pourquoi auraient-ils fait ça ? Pas par animosité. Ta mère n'avait aucun ennemi que je sache. Un meurtre crapuleux ? Un cambriolage ayant mal tourné ?

– Non, pas un cambriolage. Ils n'ont pas eu assez de temps pour cela.

– Tu as raison. La maison n'a visiblement pas été fouillée. Un cambriolage, ça laisse des traces et il n'y en a aucune.

– Attends...Maman avait dit qu'ils étaient déjà passés la voir dans la semaine. Ils l'avaient interrogée sur notre famille...Tu te souviens ?

– Oui. Sans oublier qu'ils nous espionnaient au *Bison Witches*... Leur crime était donc prémédité. En venant ici, ils avaient une idée précise en tête.

– Et s'ils étaient venus ici pour chercher un truc en relation avec mon père ?

– C'est plausible. Même les fédéraux s'intéressent à lui en ce moment. C'est dire...

– Bon sang, Will ! Le Satoshi wallet !

Je me précipite vers la dépouille de ma mère pour observer son cou. Les marques laissées par la corde y sont bien visibles. Quant à son pendentif, lui, il a disparu.

– Ils ont pris son Satoshi wallet. C'est ça qu'ils étaient venus chercher. Elle ne s'en séparait jamais. Elle me l'a dit hier.

– Oui. Ils devaient convoiter les bitcoins que Satoshi lui avait donnés sans savoir que ce pactole avait en fait fondu comme neige au soleil.

– Admettons, fais-je dubitative. Mais alors, il y a quelque chose que je ne m'explique pas...

– Quoi donc ?

– Comment ont-ils déterminé qu'elle pouvait posséder une telle fortune ? Par quel tour de passe-passe l'ont-ils ciblée, elle qui vivait à moitié recluse ? À part nous et ses voisins, elle ne voyait personne.

– Tout comme le FBI, ils ont dû découvrir qu'elle était l'épouse de Satoshi Nakamoto. Or tout le monde sait que Satoshi a miné des centaines de milliers de bitcoins dans les mois qui ont précédé sa disparition. Ils se sont imaginés que ta mère en avait un paquet, ce qui était d'ailleurs vrai, au moins à une époque. Du coup, ils lui sont tombés dessus pour lui extorquer son magot.

– Mouais... Il y a juste un truc qui cloche dans ton raisonnement, Will. Personne ne savait qu'elle était la femme de Satoshi. C'était un secret qu'elle gardait jalousement. Même moi, sa propre fille, je l'ignorais.

– Alors, il faut trouver une autre explication. Seuls ces foutus jumeaux albinos pourraient nous la donner. Mais je doute fort qu'ils le fassent spontanément.

En méditant sur les mots de Will, une pensée me traverse l'esprit.

– Eux, non. Mais un témoin du meurtre, oui !

– Et des témoins, à part bien sûr les deux rouquins eux-mêmes, tu en connais beaucoup ?

– Eh bien, oui ! Il y en a un juste ici.

– Ah bon ! Et où çà donc ?

– Ici, te dis-je !

Et, tel un prestidigitateur, je désigne l'enceinte connectée que nous avons offerte la veille à ma mère...

L'avantage avec du matériel qu'on a installé soi-même, surtout si on l'a fait récemment, c'est qu'il est relativement facile de le faire fonctionner. En un tournemain, nous passons sur la fonction replay. Le son est de bonne qualité et on entend distinctement le dialogue entre ma mère et ses deux visiteurs. L'air de rien, ils commencent par vérifier qu'elle est seule et qu'elle n'attend personne. Dès qu'ils en ont acquis la certitude, ils deviennent agressifs et la conversation se tend.

Surprise, ma mère leur demande s'ils sont bien les officiers d'état-civil qu'ils prétendent être, ce qui provoque leur hilarité. Les jumeaux rentrent alors dans le vif du sujet. Ils disent qu'ils veulent savoir ce qu'est devenu Satoshi Nakamoto, un nom qu'elle feint de ne pas connaître. Ils lui font vite comprendre qu'ils ne sont pas là pour badiner. « Inutile de finasser », affirment-ils. Ils savent qu'elle est son épouse ! Mais elle, sans se démonter, les met au défi de prouver ce qu'ils avancent.

– À supposer que je sois bien la femme de Satoshi Nakamoto, j'aimerais savoir comment vous m'avez identifiée. Qu'est-ce qui vous fait croire ça ?

– Nous ne le croyons pas, nous en sommes certains, répond l'un des deux hommes d'une voix rugueuse.

– Comment nous vous avons identifiée ? raille l'autre individu. Ce n'était pas très compliqué. À l'époque, les bitcoins de Satoshi ont été produits avec un logiciel de minage modifié. Ce logiciel générait des blocs avec un pattern en dents de scie au lieu du format rectiligne habituel. De ce fait, les bitcoins minés par votre mari se caractérisent par une signature spécifique. C'est un peu comme en balistique, où on peut identifier une arme à l'empreinte laissée sur les balles quand elles passent par le canon.

– Votre théorie me paraît alambiquée, jeune homme, rétorque ma mère. Voire même fantaisiste... Vous avez une imagination débordante. Vous devriez vous lancer dans l'écriture de crypto polars. Vous feriez un tabac !

– Ah ! Ah ! Sauf que ce n'est pas moi qui imaginé cette théorie. C'est l'équipe du site *Whale Alert,* en s'appuyant sur les analyses d'un chercheur bien connu de la cryptosphère. Sergio Lerner, vous connaissez ?

– Pas vraiment, non. Mais, dites-moi... Quel rapport entre le pattern tarabiscoté de votre Satoshi quelque chose et le fait que je serais, selon vous, son épouse ?

– Eh bien, là aussi, c'est simple... Récemment, vous avez vendu une partie de vos cryptoactifs contre des dollars. Je me trompe ? Or, à chaque fois que des baleines comme vous font des transactions importantes ou bougent des bitcoins particuliers, par exemple des bitcoins hackés, le site de *Whale Alert* le signale. Remonter alors jusqu'à vous, grâce à votre adresse IP, n'était pour nous qu'un jeu d'enfant.

Silence... Confondue, ma mère paraît lâcher prise :

– J'avais besoin de refaire la charpente de la maison et de changer de voiture, reconnaît-elle. Ça coûtait un bon paquet d'argent. Je n'ai pas pu faire autrement...

– Nul n'est parfait ma petite dame, se gausse l'un des lascars.

Celui-ci paraît plus agressif que son frangin. Quand il parle, on dirait qu'il grogne comme un ours. En l'entendant, un surnom pour lui me vient à l'esprit : *Bear*. Quant à son jumeau, j'ai envie de l'appeler *Bull*. Je sais, ce n'est pas très original venant de la part d'une tradeuse. Mais bon, il faut bien faire un peu d'humour pour se remonter le moral...

Pendant que je divague, le ton est monté d'un cran. D'un ton rogue, Bear demande à ma mère où sont cachés ses bitcoins.

– Ça m'étonnerait que vous ayez laissé traîner vos cryptos sur un exchange. Vous devez avoir stocké vos BTC sur un cold wallet. Histoire de sécuriser votre magot...

– Oui, enchaîne Bull. C'est évident. Si vous nous dites où vous avez planqué votre wallet, on vous laissera tranquille. Sinon...

– Sinon quoi ? Vous allez me torturer jusqu'à ce que je crache le morceau ? s'emporte ma mère outrée.

– Rassurez-vous, madame. Nous ne sommes pas des brutes. Enfin, pas tant que ça. (En arrière-plan, retentit un ricanement qui salue cette mauvaise blague.) On va juste vous le demander encore une fois. Si vous nous le dites, tant mieux pour vous. Sinon, nous considérerons que vous ne nous êtes pas utile. Dans ce cas, je vous laisse imaginer la suite. Vous comprendrez vite que nous ne plaisantons pas...

Il s'en suit alors toute une série de bruits. Le raclement d'un siège qu'on traîne par terre. Un bruit de pas comme si quelqu'un montait à l'escalier. Des protestations émises par ma mère... Je suppose que les deux jumeaux lui ont attaché les mains dans le dos et l'ont fait monter sur un tabouret. Sûrement celui que nous avons trouvé renversé à ses pieds en rentrant dans le salon. Je devine que l'un des hommes lui passe la corde autour du cou et découvre alors le Satoshi wallet qu'ils cherchaient. Triomphant, il exulte en brandissant sans doute son trophée :

– Regarde, ce que je viens de dégoter, frérot ! On dirait qu'on est vernis...

Pendant un temps qui me paraît infini, les deux ignobles jumeaux laissent éclater joie. Leurs abominables éclats de rire finissent par se tarir et c'est, me semble-t-il, Bear qui s'adresse alors à ma mère. Probablement se tient-il face à elle, juchée sur son tabouret en équilibre instable.

– Il ne nous manque plus que votre *seed* pour accéder au compte. Je vous écoute...

Évidemment, ma mère ne cède pas malgré les menaces de son tortionnaire. Au bout d'un moment, Bear s'emporte. Il traite ma mère de tous les noms et, au paroxysme de la rage, décoche un coup de pied dans le tabouret. On entend distinctement celui-ci tomber au sol et je suppose que c'est à cet instant précis que ma mère se retrouve pendue. Elle doit avoir la nuque brisée sur le coup car Bull se met à crier. Au volume de ses glapissements, tout donne à penser qu'il est plutôt en rogne :

– Mais tu déconnes ou quoi, frangin ? Tu viens de liquider la mamie... Bravo ! Nous ne connaîtrons jamais son code. Adios, le pognon. Ciao bambino...

– T'inquiète, le raisonne Bear. Je sais ce que je fais. De toute façon, cette vieille peau n'aurait jamais craché le morceau. Ou alors ça aurait pris des heures. Pas possible avec des voisins pouvant rappliquer à tout bout de champ. Tu te souviens la première fois que nous sommes venus chez elle ?

– Oui. Je me rappelle. Il y a un couple qui s'était radiné pour prendre le thé.

– Tu vois ! En plus, ta mamie commençait à me gonfler grave. Fallait que je me défoule, c'était plus fort que moi.

– Ouais, peut-être, mais ça ne me dit quand même pas comment on va récupérer l'oseille.

– Ça, ce n'est pas un souci. Maintenant qu'on a le wallet, je te garantis qu'on va y arriver facile. Le cryptage doit dater d'il y a plusieurs années. Avec un minimum de CPU, on va craquer ça les doigts dans le nez. Une bonne bécane et l'affaire est dans le sac. Tu verras, fais-moi confiance.

En entendant ces paroles, j'ai envie de pleurer. Non seulement ces types sont méchants, mais en plus ils sont cons. Ils ont tué ma mère pour rien ou presque. À supposer qu'ils arrivent à leurs fins, ce qui n'est d'ailleurs pas prouvé, ils vont être bien déçus. C'est la seule chose qui me console un peu : ces salopards vont se rendre compte qu'il ne reste pratiquement plus de bitcoins sur son Satoshi wallet. Eh oui, pas de chance pour eux. Maman avait déjà tout dépensé depuis longtemps. Lorsque le Bitcoin ne valait encore pratiquement rien.

À partir de cet instant, l'écoute de l'enceinte connectée ne nous apprend plus grand-chose. On entend juste les deux salopards qui ont tué ma mère faire le ménage derrière eux pour effacer leurs traces puis décamper sans demander leur reste.

– Bon sang ! fulmine Will. Ils n'y sont pas allés par quatre chemins. En tout cas, avec cet enregistrement, on a de quoi les faire incriminer sans problème. Il faut prévenir les flics tout de suite pour qu'ils interceptent ces criminels au plus vite.

Il commence à composer le numéro de la police mais je l'en empêche.

– Non, Will. On ne va pas faire ça. Raccroche !

– Et pourquoi ça ?

– C'est pourtant clair. Je n'ai pas la moindre envie d'être mêlée à l'investigation policière qui va automatiquement s’en suivre.

– Ah ?

– Mais oui. Réfléchis ! Le shérif nous a dans le collimateur à cause de cette histoire de tags. Si on se manifeste en tant que témoins, à tous les coups, il va nous coller en garde à vue. Ne serait-ce que pour le plaisir de nous pourrir la vie.

– C'est vrai, reconnaît Will en interrompant son geste. Je n'avais pas pensé à ça. Ce type est un sacré vicelard. Il serait même capable de vouloir nous faire porter le chapeau pour le meurtre de ta mère. Au motif que tu vas hériter d'elle, par exemple.

– Sans compter que le shérif et sa clique sont un ramassis d'incapables. À quoi ça servirait de les rencarder ? Jamais ils ne boucleront l'enquête ni ne coffreront les vrais coupables. Même si on les leur servait sur un plateau d'argent, ils n'y arriveraient pas.

– Oui. La police du comté, c'est une foutue bande de bons à rien. Les meurtriers de ta mère risquent fort de passer à travers les mailles du filet.

– Je ne te le fais pas dire ! Mais j'ai une deuxième raison de ne pas appeler les flics. Celle-là est plus personnelle...

– Ah... Je peux savoir ?

Après un silence, je lâche ma bombe :

– Je veux me faire justice moi-même !

– Tu veux dire que... ?

– Oui, Will. C'est exactement ça. Je veux faire moi-même la peau à ces deux ordures. Et crois-moi, ça va saigner.

Ébahi, mon compagnon me dévisage avec incrédulité. Il essaie d'exprimer son désaccord mais je ne lui en laisse pas le loisir car je suis archi déterminée. Poursuivant sur ma lancée, je lui explique comment nous allons nous y prendre :

– Quand j'aurai refroidi les albinos et que la police retrouvera leurs corps, il ne faut absolument pas qu'elle sache que ce sont les assassins de ma mère. Mieux, leur mort doit avoir l'air d'avoir une cause naturelle. De cette manière, la justice ne pourra en aucun cas nous relier à eux et nous accuser de quoi que ce soit.

– Mais Nina ! Tu ne peux quand même pas faire une telle chose ! Tuer des gens, fussent-ils des assassins, ce n'est pas digne de toi.

– Eh bien, si ! fais-je en tapant du poing résolument. Tu as vu ce que ces types ont fait à ma mère ? C'est ignoble. Je dois la venger. Je n'aurai pas plus de pitié envers eux qu'ils n'en ont eu envers elle.

Désemparé, Will me regarde. Il ne sait plus à quel saint se vouer. Quant à moi, c'est tout le contraire, une haine sourde me consume. Je le prends par les épaules et le fixe dans les yeux en martelant mes mots :

– Comprends-tu ce que je ressens ? Puis-je compter sur toi ?

Même s'il ne partage pas mon point de vue, Will finit par capituler. Il m'aime trop pour s'opposer à moi. Il sait aussi à quel point je peux être entêtée. Faiblement, il me fait signe que oui.

– Qu'attends-tu de moi, Nina, au juste ?

– Comme je te l'ai dit, il ne faut pas que la police détermine que ma mère a été tuée par les deux rouquins. Sinon, ma vengeance tombera à l'eau. Je veux que tu m'aides à supprimer tous les éléments pouvant les compromettre. À commencer par cet enregistrement que nous venons d'écouter.

– D'accord, et ensuite ?

– Ensuite, on va effacer nos propres traces dans la maison. Ce serait un comble que la police nous soupçonne à la place des vrais coupables. Quand ce sera fait, on rentrera bien sagement chez nous, ni vus ni connus.

– OK je vais t'aider. Mais avant, j'aimerais juste savoir un truc. Comment comptes-tu t'y prendre pour zigouiller ces satanés lascars ?

– Tu le sauras plus tard. Je t'expliquerai mon plan quand on aura fini de tout nettoyer ici... Allez ! Au boulot ! On n'a pas beaucoup de temps devant nous.

CHAPITRE 6

Cela fait deux jours que je rumine, tiraillée entre le chagrin et le désir d'assouvir ma vengeance. Deux longs jours...

Le seul problème est que je ne sais pas où trouver les deux jumeaux. Je suis retournée au *Bison Witches* pour interroger le serveur. J'espérais qu'il me mette sur leur piste mais j'ai fait chou blanc. J'ai un tour dans le centre-ville à leur recherche mais Bear et Bull semblent s'être volatilisés. Ce que je crains, c'est qu'ils aient disparu pour de bon maintenant qu'ils ont mis la main sur le Satoshi wallet de ma mère.

Will, lui, a un autre avis. Il pense que les deux affreux vont réapparaître dès qu'ils s'apercevront que le wallet est quasiment vide ou s'ils ne parviennent pas à le craquer, ce qui est loin d'être exclu. Will est convaincu qu'ils viendront alors d'eux-mêmes à nous en espérant que je connaisse la seed de ma mère pour tenter de m'extorquer cette information. En attendant, il m'exhorte à rester vigilante pour ne pas tomber dans leurs griffes et connaître le même sort que Maman. Du coup, nous avons renforcé la sécurité de notre maison en installant un système d'alarme. Par précaution, nous y avons ajouté une caméra de vidéo protection.

D'autres personnes que moi redouteraient ce danger invisible mais ce n'est pas mon cas. Dans cette épreuve, qui s'apparente à une guerre de tranchées où chacun campe sur ses positions, la haine est une amie précieuse. Elle m'aide à tenir le coup. En fait, pour moi, le pire c'est l'attente : je n'ai jamais été patiente. Alors, puisque c'est la seule chose à faire, je m'occupe comme je peux. Désœuvrée, je passe l'essentiel de mes journées à trader sur Binance et Kraken. Le reste du temps, sur les réseaux sociaux, je contacte des gens qui ont pu connaître mon père et les interroge à son sujet afin de remonter la piste vers lui.

Côté trading, ça va plutôt bien. En ce moment, le cours des cryptos est à la hausse. Le bitcoin flambe et se rapproche de son ATH qu'il devrait pulvériser bientôt. Ayant investi en début de cycle, je devrais engranger une belle plus-value, à condition de ne pas être trop gourmande et de sortir de position avant une inévitable consolidation. Comme le dit l'adage boursier : « *Les arbres ne montent pas plus haut que le ciel.* » C'est ce que se plaît à répéter Neo, l'un de mes youtubeurs préférés sur les chaînes cryptos.

Côté contacts, à force d'opiniâtreté, j'ai réussi à échanger par mail avec des sommités comme Adam Back, Gavin Andresen, le scientifique en chef de la fondation Bitcoin ou Roger Ver, alias Bitcoin Jésus. Malheureusement aucun d'entre eux n'a pu, ou n'a voulu, me renseigner à propos de ce qu'était devenu Satoshi.

Lassée, j'ai donc décidé de changer de stratégie en lançant un appel au peuple sur les diverses communautés crypto dont je fais partie. Je suis même allée jusqu'à offrir une prime de mille dollars (assortie de ma reconnaissance éternelle !) à toute personne pouvant m'aider à retracer le parcours de Satoshi et à remonter à lui jusqu'au moment de sa disparition en 2010...

On verra bien ce que donnera cette bouteille lancée à la mer. C'est à mon avis la seule chance de parvenir à mettre la main sur le Satoshi wallet que m'a légué mon père. Effectivement, depuis 48 heures, Will et moi avons beau scruter les bracelets que nous avons récupérés à la Fondation Alcor, leur contemplation ne nous apprend rien. Pire, j'ai bien peur qu'il en soit ainsi à jamais.

Pendant que je traîne sur les réseaux sociaux avec mes potes de la crypto sphère, Will se consacre quant à lui à une activité pour le moins originale. Il s'est lancé dans la customisation de sa Tesla pour en faire, selon ses propres dires, une *unité de minage mobile*. Il part du principe que nous pourrions avoir à quitter précipitamment notre domicile, par exemple si la police voulait nous arrêter ou si les deux rouquins débarquaient chez nous pour nous liquider. Dans les deux cas, il veut pouvoir prendre illico la tangente dans sa Tesla, en continuant son activité de minage même si nous sommes en cavale.

Je sais, ça paraît délirant de vouloir transformer une voiture en ferme à Ethers. C'est pourtant bel et bien la tâche à laquelle Will s'est attelé depuis hier en installant une dalle de panneaux solaires sur le toit de son véhicule. Ce dispositif est destiné à booster l'alimentation en énergie électrique d'un ensemble de six cartes graphiques Nvidia RTX 3080 et leur système de ventilation qu'il a placé dans le coffre. Le tout se mettant en route au démarrage du moteur. En prime, humour ou symbole ultime de sa dévotion au dieu du minage, il a gravé sur sa plaque d'immatriculation ces deux mots : « HASH 'N CASH ». Même si j'en ai déjà vu d'autres avec Will et si je suis habituée à son sens inné de la provocation, je ne suis pas sûre d'oser remonter dans la Tesla avec une telle casserole accrochée derrière nous. Il ne me reste plus qu'à espérer qu'il ait changé d'avis d'ici quelques jours. Nous verrons bien. J'ai d'autres chats à fouetter...

Avec toutes ces foutaises, vous allez vous dire que j'ai oublié ce qui est arrivé à ma mère et que mon deuil est un peu rapide. Vous devez penser que je suis une fille indigne, ayant abandonné le cadavre de sa mère sans même signaler son décès aux autorités.

En fait, avec Will, nous pensions qu'il serait découvert tôt ou tard par ses voisins. Il fallait aussi que la police croie à un suicide pour que je puisse venger ma mère sans être soupçonnée par la suite. Aussi effroyable que cela puisse paraître, nous avons donc dû la rependre ce jour-là au bout de sa corde... Vous vous en doutez, cela n'a pas été une partie de plaisir, bien loin de là. C'était même assez gore et je ne souhaite à personne d'avoir à faire un jour une telle chose.

Évidemment, je suppose que l'idée organiser une telle mise en scène vous surprend, venant de la part d'une jeune femme de mon âge... Eh oui, si vous pensiez que j'étais une gentille petite fille bien comme il faut, vous allez vite déchanter en apprenant à me connaître. À tous les coups, vous devez vous demander de quelle étoffe est faite cette nana qui couvre de graffitis les murs de sa ville et qui dissimule le décès de sa mère en la laissant pourrir sur place. Pire encore, qui s'apprête à zigouiller deux bonshommes...

Tant pis, on ne se refait pas. J'assume mes travers. Pour autant, comprenez-moi : quand j'ai vu ma mère ainsi pendue, j'ai totalement perdu la tête. Depuis lors, une rage homicide s'est emparée de moi. Désormais, il faut à tout prix que je venge sa mort. Will et moi n'avions alors pas d'autre choix que d'intervenir sur la scène de crime comme nous l'avons fait.

Était-ce une bonne décision que de vouloir taire la vérité et de la camoufler ainsi ? Très franchement, je l'ignore. En tout cas, je suis rongée non seulement par le chagrin mais aussi par le remords. La pensée d'avoir abandonné ma mère sur place ne cesse de me tarauder. Mais bon, maintenant le vin est tiré, il faut le boire. Ces pourris méritent cent fois le sort que je leur réserve...

J'en suis à ce point de mes réflexions lorsque Will entre dans le salon. Je lui demande s'il a fini son travail sur la Tesla, il me répond que oui. J'ai besoin de partager ma détresse avec lui et lui confie le fond de mes pensées :

– Tu ne peux pas savoir à quel point je culpabilise. Avec la chaleur, j'espère que le corps de Maman n'est pas en train de se décomposer. Je me demande si on ne devrait pas se manifester auprès de la police. On pourrait passer un appel anonyme...

– Je comprends que cette situation te tracasse ma chérie, mais franchement, je ne pense pas que ce soit judicieux. Je suis plutôt d'avis de suivre notre plan initial et de laisser passer un jour ou deux. D'ici là, avec un peu de chance, le facteur se rendra compte de ce qui lui est arrivé. Ou un de ses voisins. Il vaudrait mieux que le signalement à la police soit le fait de quelqu'un d'autre que nous.

– D'accord, Will. On se donne encore deux jours, mais pas plus. Après ça, je préviendrai les flics.

– Ça marche... Entre-temps, je pense qu'on devrait se changer les idées en allant nous balader quelque part.

– Pourquoi pas... Ça nous ferait sûrement du bien.

– Que dirais-tu de faire une randonnée du côté de *Ventana Canyon* ?

– Génial ! On pourrait même prendre les tentes et camper là-bas une nuit.

– Très bien. Alors, prépare ton sac à dos. On est partis !

Même s'il fait chaud, rien de tel qu'une virée dans le désert pour se remonter le moral. Je ne connais rien de plus beau qu'un coucher de soleil derrière une colline parsemée de cactus candélabres. Après notre escapade, mes soucis semblent s'être envolés et j'ai retrouvé ma bonne humeur. Mais, à peine sommes-nous rentrés chez nous que je déchante. Quelqu'un sonne à la porte et quand je l'ouvre voici que l'inévitable Gras Double s'encadre sur le seuil. Sous la visière de son Stetson poussiéreux, il affiche une bobine de poupon encore plus constipé que d'habitude.

En prenant sur moi, je m'efforce d'être aimable :

– Shérif Parker ! Quel bon vent vous amène ?

– B'jour, Mam'zelle Mendes, me salue-t-il en crachant le jus de sa chique sur le côté. Hélas, ce n'est pas un très bon vent, j'en ai peur...

Même si je me doute de la raison qui amène le shérif chez moi, je prends l'air surprise.

– Que voulez-vous dire, M. Parker ?

– Eh bien... Votre mère vient d'être retrouvée morte chez elle.

Je déglutis péniblement en jouant la comédie de mon mieux.

– Pardon ? Vous dites que ma mère est *morte* ?

– Oui. Désolé... Ce sont des voisins qui m'ont alerté. Ils s'étonnaient de ne pas voir de lumière briller ni d'entendre de bruit chez elle depuis plusieurs jours.

– Ah... Et comment cela est-il arrivé ?

– On l'a retrouvée pendue à une balustrade de l'escalier dans son séjour...

– Mon Dieu ! Elle s'est suicidée ?

– Probablement, vu qu'on n'a pas trouvé de trace de lutte de chez elle. Ni de traces d'effraction. Bien qu'elle n'ait pas laissé de message expliquant les raisons de son geste, c'est la conclusion vers laquelle s'oriente l'enquête... À propos, je peux vous poser une question, Mam'zelle Mendes ?

– Je vous en prie.

– Très bien... Au fait, vous permettez que je vous appelle Nina, maintenant qu'on se connaît mieux ?

– OK, Shérif. Je vous écoute...

– Eh bien, Nina. Quand avez-vous vu votre mère pour la dernière fois ?

– Il y a peu. Une petite semaine tout au plus. Pourquoi me demandez-vous ça ?

– Oh... Je voudrais juste savoir si vous avez remarqué quelque chose de particulier chez elle récemment. Avait-elle, selon vous, le comportement d'une personne qui envisage de mettre fin à ses jours ?

– Ah... Non, je ne dirais pas ça... Enfin, maintenant que vous me posez la question, elle m'avait paru un peu moins en forme qu'à l'accoutumée. Elle s'est plainte de ne pas trop avoir le moral. Mais de là à commettre l'irréparable, non, je n'aurais jamais imaginé ça...

– Je vois, marmonne Parker en griffonnant de vagues notes dans son calepin.

– Mmh. Je ne sais pas si ma réponse vous aide. J'ai l'impression de ne pas vous être très utile.

– Si si, Mam'zelle ! lâche le shérif avec son accent typique du sud. Ça tendrait plutôt à accréditer l'hypothèse d'un suicide.

– Zut, fais-je, en me tassant comme si je culpabilisais d'un coup... J'aurais dû la rappeler ou retourner la voir. Histoire de ne pas la laisser seule pendant plusieurs jours. Ah ! Si vous saviez comme je m'en veux !

Pour la première fois de sa vie, j'ai l'impression que le shérif Parker éprouve un vague sentiment de compassion à mon égard. Pour un peu, il poserait une main protectrice sur mon épaule. Décidément, je devrais envisager une carrière à Hollywood. Il gobe mes boniments cash :

– Il ne faut pas vous mettre martel en tête, ma p'tite Nina. Vous ne pouviez pas deviner ce qui allait arriver. Vous faire un sang d'encre n'y changera rien.

– Oui, c'est sûr. Mais quand même !

– Il ne faut pas que cette histoire vous traumatise. Il faut que vous pensiez à quelque chose d'autre, sinon vous allez déprimer.

– Oui, Shérif. Mais à quoi d'autre pourrais-je donc penser ? À propos, savez-vous quand auront lieu les funérailles ?

– Avec votre témoignage et au vu des éléments préliminaires de l'enquête, je pense qu'on va éviter de procéder à une autopsie. Je dirais dans soixante-douze heures au maximum... Le temps pour le croque-mort de faire son boulot. Soyez tranquille, je le connais bien. Il va vous faire des obsèques aux petits oignons...

– Bon sang, c'est effroyable ! fais-je en portant les mains à mes tempes telle une personne égarée. Je ne me sens pas très bien... Est-ce que vous avez d'autres questions à me poser, Shérif ?

– Non, ma p'tite Nina. Je n'ai plus rien à vous demander. Rassurez-vous, tout va bien se passer. Allez donc vous reposer un peu, je sens que vous en avez besoin.

– Ça ne sera pas de refus... Alors je vous dis à une prochaine fois ?

– Oui, à une prochaine fois, Mam'zelle Mendes. Évidemment, je ne manquerai pas de vous tenir au courant s'il y a du nouveau d'ici là... Au fait, passez le bon jour à votre petit ami de ma part. Dis-lui que je serais content d'aller faire un tour dans sa Tesla un jour s'il m'y invite...

Après que le shérif m'ait saluée en portant l'index à la visière de son Stetson et tourné les talons, je referme la porte. Aussitôt, je file partager la teneur de notre échange avec Will. Je le retrouve dans le garage en train de peaufiner le bricolage de sa Tesla pour la transformer en usine roulante à Ethers.

– C'est plutôt une bonne nouvelle, commente-t-il. Parker a avalé ton boniment. Si je comprends, tu as accrédité sa propre thèse du suicide.

– Assurément. Comme ça, j'aurai les coudées franches par rapport aux deux jumeaux. D'ailleurs, je pressens qu'on ne va pas tarder à avoir de leurs nouvelles. Ce qui me convient bien...

– Tu veux toujours remonter jusqu'à eux pour venger ta maman ?

– Oui... Il y a juste un hic...

– Lequel ?

– Si ta théorie que je pourrais être leur prochaine cible est correcte, encore faudrait-il qu'ils déterminent où je demeure. Mais je doute fort qu'ils y parviennent. Je vis sous ton nom et non celui de ma mère.

– Pas très compliqué. Ils n'ont qu'à interroger son voisinage. Elle a dû parler de nous autour d'elle.

– Tu es sérieux ? Ils prendraient un sacré risque en faisant ça. Non, si j'étais eux, je m'y prendrais autrement...

– Ah oui ! Et comment ?

– Tout simplement en allant aux obsèques de ma mère. Ils sont à peu près sûrs de m'y trouver.

– Alors il ne faut surtout pas que tu y ailles ! Ce serait mettre ta vie en danger.

– Tu rigoles ? Pas question que je manque ses funérailles ! Mais ne t'inquiète pas. Je ne compte pas être leur proie. Au contraire, même, je vais leur servir d'appât...Je vais t'expliquer comment je compte procéder pour renverser les rôles et les piéger. Écoute-moi attentivement car je vais avoir besoin de ton aide...

CHAPITRE 7

Jamais je n'aurais cru qu'il y ait autant de monde pour l'enterrement de ma mère. Outre quelques membres éloignés de la famille que je suis parvenue à contacter malgré le délai court et ses voisins qui se sont passés le mot comme une traînée de poudre, nombre de mes amis sont venus me soutenir en ce moment difficile. Même le shérif Parker et l'agent Sanders se sont déplacés pour l'occasion...

Après la mise en bière, le prêtre a agité son goupillon d'eau bénite deux ou trois fois puis a récité son laïus religieux qu'il a conclu par la phrase consacrée : « *La terre retourne à la terre, la poussière retourne à la poussière.* »

Maintenant qu'il en a terminé, nous en sommes arrivés à l'instant que je redoutais le plus, celui de l'inhumation.

Le dos courbé et la tête basse, comme s'ils avaient honte d'être encore en vie, les gens défilent à la queue leu leu pour me présenter leurs condoléances. Malgré le chagrin qui me paralyse, je les remercie de leurs paroles réconfortantes et leur adresse le moins pitoyable de mes sourires. Les uns après les autres, ils jettent de loin des poignées de terre qui tombent sur le cercueil en faisant un bruit sourd. Quand ils me tournent le dos, ils font des signes de croix à tout va comme s'ils craignaient pour leur propre destin ou si j'allais leur porter la poisse.

C'est à pleurer.

Ma mère avait une véritable passion pour la lecture, et j'ai voulu faire un geste symbolique en sa mémoire. J'ai proposé aux personnes qui étaient les plus proches d'elle de choisir un livre choisi parmi ceux qui peuplaient ses étagères et de le déposer sur le cercueil avant que la terre le recouvre entièrement. Pour ma part, j'ai choisi *Le Petit Prince* qui compte parmi mes romans préférés, une histoire qu'elle avait coutume de me lire quand j'étais petite enfant pour dissiper mes craintes et m'aider à m'endormir tranquillement. À tort ou à raison, j'espère qu'il en sera de même pour elle, car ses derniers moments ont dus être particulièrement angoissants.

À cette pensée, je me remets à songer aux jumeaux roux. Prise par le rituel de la cérémonie, j'avais temporairement oublié ces deux pourritures. Me demandant s'ils sont bien venus comme je le prévoyais, derrière mes lunettes noires, je scrute chacune des personnes venues rendre un dernier hommage à ma mère. Je ne distingue pas leur présence mais j'espère que Will le pourra.

À ma demande, il s'est placé en retrait sur une petite butte qui domine le cimetière. Dissimulé aux yeux de tous, muni de jumelles, il peut observer de loin la scène sans que quiconque le remarque. Cachée sous mes cheveux, une petite oreillette me permet de communiquer discrètement avec lui à distance. Sous un repli de mon chemisier, un micro-cravate sans fil, acheté sur Amazon, complète le dispositif.

Au moment où je n'y croyais plus, la voix de Will retentit dans l'oreillette :

– Ils sont là, Nina. Je les vois !

Quelque part dans mes veines, une décharge d'épinéphrine jaillit. Ça y est, nous y sommes ! Le jeu du chat et la souris vient de commencer. La question étant : *Qui est le chat et qui est la souris ?*

– Où ça ? dis-je en chuchotant dans mon micro.

– Plus loin. À l'entrée du cimetière... À l'écart pour ne pas se faire repérer.

– Oui, ce sont des pros. Ne les lâche pas des yeux !

– Compte sur moi...

J'ai hâte que la cérémonie se termine pour que nous puissions exécuter le plan que j'ai imaginé. En attendant, il faut donner le change... Patiemment, j'endure le défilé des personnes qui me saluent à tour de rôle. Les derniers à le faire sont Gras Double et Crâne d'Œuf. Je ne peux pas dire que leur présence me réjouisse mais au moins ils ont le mérite d'économiser leur salive et se contentent de me saluer d'un air contrit. Cela nous fera gagner du temps...

Quand tout le monde est enfin parti, je me dirige jusqu'à ma voiture, une antiquité que je conduis rarement. Je n'avais pas le choix : Will avait besoin de sa Tesla pour prendre les deux jumeaux en filature.

À peine ai-je quitté le cimetière que je remarque un véhicule collé dans mon rétroviseur.

– Les rouquins sont derrière toi, me confirme Will dans mon oreillette. Une Toyota grise qui te colle au train. Ils s'étaient planqués en attendant que tu repartes pour te filer en douce.

– Et toi, tu es où ?

– Ne t'inquiète pas. Je les suis de loin comme prévu. Tout va bien de ton côté ?

Maintenant que Will est calé dans le sillage de ces deux salopards, il faut que je les sème pour qu'ils ne sachent pas où j'habite. C'est là que les choses se compliquent...

– Au poil ! On arrive au carrefour où Raquel m'attend avec son pick-up...

Eh oui ! Cette bonne vieille Raquel a pris l'avion exprès depuis New-York pour nous prêter main forte. De la même manière que Will, elle s'est abstenue d'assister directement à la cérémonie afin de nous aider à coincer les jumeaux. C'est ça les amis !

Le croisement franchi dans un appel de phares, j'accélère pour mettre de la distance entre moi et la Toyota des rouquins. Ils sont sur le point de s'engager sur le carrefour à leur tour lorsque le pick-up de Raquel, surgi soudain de leur droite, leur coupe la route, les obligeant à freiner brusquement. Les deux véhicules pilent sèchement et s'immobilisent à une petite longueur de capot l'un de l'autre.

– Espèce de gourde ! rugit Bull à l'adresse de Raquel. Ce n'est pas parce qu'on a la priorité qu'il faut la forcer ! Un peu plus et c'était l'accident...

Derrière des lunettes de soleil qui lui mangent le visage, Raquel joue les idiotes. En se déhanchant sur ses talons, elle descend de son pick-up pour constater des dégâts imaginaires. Prenant exprès son temps, tel un footballeur qui mène au score, elle s'en donne à cœur joie à jouer la montre de façon éhontée.

– Je suis désolée, minaude-t-elle avec une expression de pucelle effarouchée. Et moi qui viens juste d'avoir mon permis. J'ai eu si peur ! Quelle chance qu'il n'y ait pas de blessés ni de tôle froissée.

Les albinos, eux, sont aimables comme des portes de prison :

– Tes commentaires, on s'en fout, grognasse. Tes excuses à la noix, aussi. Vire ta caisse, et au trot. Sinon c'est moi qui vais la déménager !

– Bien sûr, bien sûr, Monsieur. Je comprends... Vous êtes trop aimable.

Tandis que Raquel retarde mes suiveurs, moi je prends le large. Lorsque je parviens au passage à niveau situé à un kilomètre de là, la sonnerie annonçant le passage d'un train retentit. En voyant la barrière sur le point de s'abaisser dès que je serai passée de l'autre côté, je sais que les jumeaux ne me rattraperont plus. Il ne restera plus à Will qu'à les filer discrètement jusqu'à leur point de chute pour que nous remportions définitivement cette première manche.

CHAPITRE 8

Will a réussi à suivre les jumeaux jusqu'à leur destination sans se faire repérer. En rentrant à la maison, il s'empresse de partager la nouvelle avec moi :

– Ils crèchent dans un motel miteux sur Benson Highway. C'est à quelques miles d'ici à peine.

– Bravo ! Tu ferais un bon flic !

– Je t'en prie, n'importe qui mais pas moi ! Ceci dit, je reconnais que j'ai plutôt assuré. Je connais même leur numéro de chambre.

– Ah oui ? Tu commences à m'impressionner, là.

– Ce n'était pas très compliqué : ils se sont garés juste devant leur piaule pour décharger leurs affaires.

– Logique. Elle est située à l'étage ou au rez-de-chaussée ?

– Au rez-de-chaussée. Côté arrière du motel.

– Tant mieux. Ce sera plus simple pour y rentrer. Au fait, tu penses que sauras ouvrir leur porte quand ils ne seront plus dans les parages ?

– Facile. J'ai fait ce genre de truc pour faire des blagues à mes potes sur le campus des tas de fois quand j'étais étudiant. Avec un bon tournevis, j'en ai pour trente secondes grand max.

– Tu es certain ?

– Absolument... Après, ce sera à toi de jouer pendant que je monte le guet.

– Cool. Alors, je vais préparer le petit « cadeau » que j'ai prévu pour eux. Ils devraient apprécier... Ensuite, on file là-bas. Il faut qu'on soit sur place pour être prêts à intervenir dès qu'ils s'absenteront.

– Oui. Je suppose qu'ils iront dîner tôt ou tard. Il est déjà 17 heures...

Il ne nous faut pas longtemps pour nous rendre jusqu'au motel où se sont posés les deux rouquins. Nous nous garons à l'abri d'un renfoncement, en retrait de la façade, pour ne pas nous faire remarquer. En nous relayant, nous commençons notre planque, les yeux rivés sur leur chambre à attendre qu'ils en sortent. C'est moi qui prends le premier tour. Vers 18 heures, notre patience est enfin récompensée. Bear et Bull pointent enfin leur vilain museau dehors. À côté de moi, Will qui a passé une mauvaise nuit, s'est assoupi, la visière de sa casquette descendue sur les yeux. Cela fait déjà un petit moment qu'il s'est mis à ronfler.

– Eh ! fais-je en lui donnant un coup de coude pour le tirer de sa torpeur. Nos amis paraissent vouloir prendre l'air. Ça va être à nous de jouer...

Après un coup d'œil autour d'eux, probablement pour vérifier qu'ils ne sont pas surveillés, les deux affreux montent dans leur Toyota et démarrent. Une fois qu'ils ont quitté les lieux, Will et moi nous nous donnons encore quelques minutes avant de quitter notre poste d'observation. Puis, tels des chasseurs aguerris, nous nous dirigeons vers leur chambre à pas de loup.

Par chance, le parking à l'arrière du motel est désert, ce qui nous laisse le champ libre. Muni de son tournevis, Will s'affaire pour ouvrir la porte. Malheureusement, il a du mal à y arriver et prend plus de temps que prévu. Redoutant de voir quelqu'un débarquer à l'improviste, je deviens nerveuse et le houspille :

– Tu m'avais dit trente secondes chrono... On va se faire rattraper par la patrouille...

– Désolé. C'est un peu plus compliqué que ce que je pensais.

Enfin, Will réussit à crocheter la serrure. En soufflant un grand coup pour évacuer son stress, il jette un regard derrière lui et me cède le passage.

– C'est bon ! Tu peux y aller, me dit-il. Moi, je retourne à la voiture pour faire le guet.

– OK. Surtout, n'oublie pas : si quelqu'un se pointe, même si ce n'est pas eux, tu me préviens en m'appelant sur mon smartphone. Je compte sur toi !

Tandis que Will repart s'installer derrière le volant de la Tesla, je me faufile dans la chambre. Doucement, je referme la porte derrière moi et laisse mes yeux s'accoutumer à la pénombre. Mieux vaut être prudente et ne pas allumer la lumière.

Au bout de mon bras, je tiens un sac en toile de jute – le fameux « cadeau » que je réserve aux assassins de ma mère. Précautionneusement, je le glisse sous l'un de leurs lits en le laissant exprès dépasser légèrement. Je m'apprête à ressortir pour rejoindre Will quand soudain j'avise des bagages, visiblement les leurs, entassés dans un coin de la chambre.

La tentation est trop forte ! J'ouvre une des valises et me mets à la fouiller de fond en comble. Cela dure un peu plus que ce que j'aimerais car à chaque objet que je soulève, je dois veiller à le remettre scrupuleusement en place. Ce serait dommage d'éveiller les soupçons et de faire ainsi capoter mon plan. Sans parler de laisser des indices de nature à me compromettre si la police enquêtait par la suite...

Le contenu de la première valise ne m'apprend rien et je passe à la seconde. Je finis par tomber sur un cahier à spirale, enfoui entre deux chemises. Curieuse comme une pie, je le feuillette aussitôt. Rapidement, je comprends que j'ai dégoté quelque chose d'intéressant : une suite de pages où sont recensées une dizaine de personnes avec leur nom et adresse ainsi, très souvent, que des commentaires. Dans certains cas, des photos ont été apposées, prises au téléobjectif à en juger par le grain des clichés.

Environ la moitié des fiches sont biffées d'une croix en travers, un symbole ne laissant planer aucune ambiguïté quant à ce qu'il est advenu de ces personnes-là. Parmi elles, l'un des noms me saute au visage, c'est celui de ma mère. Le cœur battant, je continue à tourner les pages. Je tombe ainsi sur mon propre profil, avec mon nom et simplement un point d'interrogation en face du champ adresse. Quant à ma photo, elle me semble avoir été prise au *Bison Witches* – évidemment à mon insu. Contrairement à la fiche de ma mère, la mienne n'est pas porteuse d'une croix. En tout cas, pas encore...

Ne pouvant analyser tout ce contenu sur place, je décide de prendre en photo chacune des pages du cahier. Je les passerai en revue plus tard quand je serai dans un lieu sans risque.

Cette tâche effectuée, je remets soigneusement le cahier à sa place, juste entre les deux chemises. Enfin, je referme la valise et la repose exactement là où elle était.

Maintenant, je dois songer à quitter le motel sans tarder sinon je pourrais me faire pincer. Le problème, c'est que j'ai lambiné. Je n'ai pas pris conscience qu'il s'était passé près d'une heure depuis le départ des jumeaux.

Soudain, j'entends le bruit d'une voiture qui rentre sur le parking. Fait inquiétant, elle se gare juste en face de l'endroit où je me tiens. Bien que les rideaux soient heureusement tirés et que je suis a priori invisible de l'extérieur, je ne peux m'empêcher de reculer... Et si c'étaient les jumeaux qui revenaient plus tôt que prévu ? Si oui, pourquoi Will ne m'a pas prévenu de leur retour ?

Un frisson parcourt mon échine quand j'entends effectivement résonner leurs voix et le bruit d'une clé tournant dans la serrure. Prise au dépourvu, je veux me cacher mais je n'en ai pas le temps. Ils rentrent dans la pièce et nous nous trouvons nez à nez.

– Tiens donc ! On dirait qu'on a de la visite, m'apostrophe Bear en grondant.

– Ah ah ! ricane Bull. N'est-ce pas justement cette charmante jeune femme que nous recherchions et qui nous a filé entre les pattes à la sortie du cimetière ? La fille de la dame à qui nous avons rendu visite il y a quelques jours...

Profitant que les albinos se sont un peu écartés de la porte, je tente de m'échapper mais ils me barrent le passage.

– Ce n'est pas très gentil de vouloir nous fausser compagnie, ironise Bull.

– Il ne faudrait pas qu'elle récidive, renchérit son frangin avec une expression carnassière.

En exhibant un couteau à cran d'arrêt qu'il ouvre d'un geste sec, il m'accule contre un mur.

Avant que je n'aie pu réagir, les bougres se saisissent de moi et me forcent à m'asseoir sur une chaise. Puis, coupant la cordelette qui sert à tirer les rideaux, ils l'utilisent pour m'attacher à mon siège.

– Mieux vaut ne pas essayer de crier pour appeler à l'aide, souligne Bear en promenant la pointe de sa lame sur ma joue. Je m'en voudrais d'abîmer un aussi joli minois. De toute façon il n'y a personne dans le coin. Cette aile du motel est quasiment déserte... Bon, ceci étant, maintenant il va falloir qu'on cause.

On a quelques questions à te poser, jeune fille. Si tu nous réponds bien gentiment, on te laissera partir sans bobo. Sinon...

– Sinon vous me ferez la même chose qu'à ma mère ? Vous me prendrez haut et court ? En camouflant ma mort en suicide ?

– Allons ! s'exclame Bear. Et qu'est-ce qui te fait penser que nous avons fait une telle chose, mon enfant ? grogne-t-il en baissant la voix comme pour me rassurer.

Aïe ! J'ai dit ce qu'il ne fallait pas. À la vitesse de l'éclair, je réfléchis à ce que je vais répondre à ce psychopathe... Mentionner aux deux rouquins l'existence de l'enceinte connectée qui les a enregistrés chez ma mère ferait de moi un témoin gênant à leurs yeux. Ils auraient alors toutes les raisons de vouloir m'éliminer. Du coup, je choisis de brouiller les cartes en faisant machine arrière :

– Simple intuition de ma part. J'ai pu me tromper, bien entendu...

– Bien entendu ! ironise Bear en écho, sans que je sache si mon rétropédalage l'a convaincu ou s'il a des doutes. Je vois qu'on a affaire à une joueuse... Eh bien, puisque tel est le cas, ma petite Nina, je vais te proposer un jeu. Tu connais celui des questions pour un champion ?

L'albinos paraît d'humeur badine et semble décidé à me faire la causette. Cela va plutôt dans le bon sens pour moi. Plus il prendra du temps pour essayer de me tirer les vers du nez et plus j'ai de chances que Will ou quelqu'un du motel se manifeste et me sorte de ce pétrin avant que les choses partent en sucette.

– Non. Jamais entendu parler...

– Eh bien, c'est simple ! À tour de rôle, chacun des joueurs pose une question et l'autre doit lui répondre. On est obligé de dire la vérité à chaque fois... Si l'un ment et que l'autre croit le deviner, il doit s'écrier : « menteur ! » S’il a raison, il gagne. En revanche, s'il se trompe, il perd. Est-ce que les règles sont claires, ma belle ?

– Je crois que oui... Quel est l'enjeu ?

– Si tu remportes la partie, tu seras libre. Si tu perds, je déciderai de ton sort. On est d'accord ?

– Oui... De toute façon, je crois que je n'ai pas trop le choix.

– Je te le confirme... Alors, on y va... Oh ! J'oubliais un petit détail mais qui a son importance : je n'ai jamais perdu à ce jeu...

– Il faut toujours une première fois !

– Je vois que Mademoiselle a de la répartie.

– C'est ce qu'on me dit souvent...

– De plus en plus drôle. On vous réinvitera en deuxième semaine si vous gagnez.

– Ah ah ! fais-je en riant comme si je goûtais une seule seconde à l'humour de ce débile profond... Eh bien, sur ces bonnes paroles, qui ouvre le bal ?

– Je vous laisse commencer, Mademoiselle. Comme on le dit : « Honneur aux dames ». Interrogez-moi et je vous répondrai aussi honnêtement que je le peux...

– Très bien... Et si on faisait les présentations déjà... Moi, c'est Nina. Et vous ?

– C’est très mignon. Quant à nous, nos amis ont coutume de nous appeler par nos petits noms : John et Jack.

J'ai envie de demander à l'albinos si lui et son frère ont beaucoup d'amis mais je me retiens. Ça pourrait le vexer. Je choisis de répliquer avec une pointe d'humour alors qu'en fait je suis morte de peur.

– Comme c'est charmant ! Vos parents ont vraiment été bien inspirés de vous donner d'aussi jolis prénoms...

– Toujours aussi drôle, Nina !

– J'essaie, j'essaie... Bon, Messieurs. À votre tour de me questionner. Je vous écoute...

– D'accord... Que faites-vous dans la vie ? Quel est votre job, jeune fille ?

– Je suis tradeuse, spécialisée dans le domaine des cryptos.

– Mmh... C'est bien ce qu'on pensait.

– Ah... Et vous, quel est votre métier ?

– Si on peut appeler ça un métier, nous sommes ce qu'on appelle des Black Hats. Des gens peu recommandables qui sévissent sur le web pour extorquer de l'argent à leurs victimes.

– Je vois...

– Oui. C'est d'ailleurs ainsi que nous avons ciblé votre mère. Selon nos critères, elle avait le profil idéal : celui d'une veuve fortunée et crédule.

En entendant ce commentaire sordide, je tique mais mes interlocuteurs ne paraissent pas le remarquer. Tant mieux.

Inutile de braquer ces dingues. Bull poursuit tranquillement son laïus comme s'il débitait des mondanités lors d'un dîner en ville :

– Mais nous reparlerons de votre maman un peu plus tard si vous le voulez bien, ma petite Nina... En attendant, il y a une question qui me brûle les lèvres...

– Ah oui ? Et laquelle ?

– En fait, j'aimerais connaître la raison qui vous a poussée à vous introduire dans la chambre de notre motel... J'aimerais aussi savoir comment vous avez réussi à remonter jusqu'à nous.

– Oh ! Je vous arrête. Ça fait deux questions, là !

– C'est vrai. Alors, répondez déjà à la première...

– D'accord. Eh bien, je voulais vous faire un petit cadeau. Mais je n'ai pas eu le loisir de le déballer. Vous êtes arrivés trop tôt... Vous voudriez savoir ce que c'est ?

– Chouette ! J'adore les cadeaux, intervient Bull. (Visiblement, des deux frangins, c'est lui le moins malin. Quand il parle, on dirait un enfant enfermé dans un corps d'adulte qui s'exprime.) Il est où ce cadeau ?

– Ah... C'est une surprise... fais-je avec une moue malicieuse. Il faut que vous cherchiez un peu... Mais vous allez sûrement y arriver. La chambre n'est pas si grande...

Habilement, je jette un regard rapide sous le lit, comme si je me trahissais malgré moi. Bull qui a suivi mon mouvement de tête, repère le sac en toile de jute qui dépasse de sous la courtepointe, juste ce qu'il faut. Croyant m'avoir prise en faute, il exulte :

– Je l'ai trouvé, frérot !

Et, avant que Bear ait pu l'en empêcher, il se met à quatre pattes pour récupérer le prétendu cadeau.

– Non ! N'y touche pas ! réagit son frère en tentant de l'en empêcher.

Mais il est trop tard. *Timeo Danaos et dona ferentes*. Bull, qui a mis la main dans le sac, la retire en criant de douleur :

– Putain ! J'ai été mordu par je ne sais pas quoi !

– Quoi ? demande Bear surpris par la réaction de son frère.

À cet instant, un de mes serpents à sonnette que j'avais glissé dans le sac, s'en extirpe en remuant sa cascabelle. La chambre est exiguë et il avance à moins d'un mètre de Bull qui recule, terrorisé.

– La vache ! hurle le débile en se tenant la main. C'est un foutu crotale. Fais-lui la peau, Jack ! Vite, avant qu'il me morde à nouveau...

Moi, même si je suis en mauvaise posture, attachée que je suis ma chaise, je jouis du spectacle. Peut-être qu'ensuite les deux hommes auront envie de se venger de moi et de me faire payer le prix fort pour le piège que je leur ai tendu. Mais chaque chose en son temps... Pour le moment je profite pleinement de la situation et j'avoue que c'est plutôt fun...

Si Bull a commis l'erreur de tomber dans mon piège, au moins, je dois reconnaître que son frère est beaucoup plus à la hauteur. En un éclair, Bear a dégainé un pistolet qu'il a sorti de je ne sais où. Il est aussi monté sur le lit pour rester hors de portée des crocs de ma bestiole. On sent le pro...

– Vas-y ! Tire ! l'exhorte Bull en geignant d'une voix pitoyable.

– Attends ! Je dois d'abord monter mon silencieux, rétorque Bear en vissant sur le canon de son arme un truc qui ressemble pour moi à un vulgaire tube métallique. Tu ne veux quand même pas que je rameute tout le motel ?

Face à Bull tétanisé par la peur, mon crotale est devenu franchement menaçant. Il agite l'extrémité de sa queue dans un bruit de crécelle. Dévoilant ses crocs à venin, il se dresse en position d'attaque mais Bear prend les devants. Le tueur met en joue le reptile et tire dessus à deux reprises, presque à bout portant. Décapité, le corps de l'animal est projeté contre un des murs. En retombant au sol, il se tortille encore un instant, comme s'il était encore en vie.

Assourdi par le silencieux, le son de la détonation a été à peine audible. Je ne peux pas compter dessus pour que l'alerte soit déclenchée et qu'on vienne me sauver la mise. En fait, ma seule chance que quelqu'un débarque et qu'il entende les gémissements de Bull. De fait, tel un forcené, celui-ci hurle à tue-tête sans se soucier du voisinage le moins du monde.

– Bon sang ! se plaint-il à son jumeau. Ça fait un mal de chien. Il faut qu'on me soigne, et en vitesse.

Comme Bear semble hésiter à se décider, j'en profite pour planter le clou un peu plus :

– Votre frère a raison, il faut que vous l'emmeniez à l'hôpital illico. Sinon, il risque de faire une hémorragie interne ou une attaque cardiaque...

– Ce sont des conneries, marmonne Bear, sceptique. Après nous avoir fourré dans ce guêpier, maintenant vous essayez de nous enfumer pour qu'on vous laisse seule ici...

– Des conneries ? Non, je ne crois pas. Ce que je peux vous dire, c'est que plus vous attendrez et plus la plaie de votre frangin va s'envenimer. Et si vous tardez trop, le toubib devra peut-être même l'amputer de la main. Quant à ce qui est de prendre la tangente, ficelée comme je suis, reconnaissez que je ne peux pas aller bien loin...

Mon topo fait son effet, surtout le couplet sur l'amputation. Il n'en faudrait pas beaucoup plus pour que Bull tourne de l'œil. D'une voix faible, il supplie son frère en s'accrochant à lui :

– Non, Jack ! Pas l'amputation ! En plus, c'est ma main droite...

– D'accord, finit par lâcher Bear à contrecœur. Mais on ne va quand même pas appeler le 911 pour qu'une ambulance débarque ici. Putain ! Qui peut-on contacter dans ce trou ?

Charitablement, je réponds à la question de Bear (en espérant, il est vrai, pouvoir profiter de l'occasion pour me détacher et filer à l'anglaise) :

– Allez à l'hôpital de Banner nord. Aux urgences, ils ont l'habitude de ce genre de situation. Ils injecteront à votre petit John adoré la dose d'antidote qui va bien et il sera tiré d'affaire. Je vous le garantis.

Aussitôt, Bull se saisit de la perche que je viens de lui tendre :

– Vite, Jack ! Je sens que je vais m'évanouir... Filons ! Pour ce qui est de la nana, on verra en revenant.

– OK, on y va, finit par concéder Bear... Mais, ajoute-t-il en se tournant vers moi, ma petite Nina, je vous conseille de rester tranquille pendant notre absence. Sinon, gare ! On reprendra notre petite conversation quand nous reviendrons et nous réglerons nos comptes à ce moment-là...

Et, Jack soutenant John qui commence à défaillir sérieusement, ils quittent la chambre en claquant la porte sur eux.

Une seconde plus tard, j'entends le vrombissement du moteur de leur voiture qui s'éloigne. Je pousse un soupir de soulagement. Pour autant, je sais que je ne suis pas au bout de mes peines. Il faut encore que je défasse mes liens, ce qui est loin d'être gagné.

Je commence à chercher une solution lorsque je m'aperçois que j'ai à affronter un autre problème. Un problème bien plus angoissant et bien plus difficile à résoudre...

Le truc, c'est que, pour faire bonne mesure, j'avais enfermé dans le sac en toile de jute non pas un seul crotale, mais deux crotales. Or, là, le second reptile s'est décidé à en sortir...

Tranquillement, il se promène dans la chambre comme pour l'inspecter. Il commence sa balade en allant humer la dépouille de son congénère que Bear a réduit en bouillie un instant plus tôt. Il s'immobilise devant celle-ci et la contemple en faisant des mouvements de langue circonspects. Tout cela ne paraît pas l'inspirer car il s'écarte en ondulant rapidement.

Maintenant, le crotale se dirige vers moi...Ligotée sur ma chaise, je ne peux évidemment pas faire grand-chose. Je tente de lui parler d'une voix douce en espérant qu'il aille faire un tour ailleurs. Je lui rappelle que je suis la personne qui le nourrit chaque jour et que je suis une de ses amies dévouées. Hélas, cela ne semble pas apaiser mon petit camarade. Au contraire même, je dirais. Il commence à faire vibrer l'extrémité de sa queue, un signe d'agressivité souvent préalable à une attaque.

Je me dis que c'est vraiment trop bête de mourir ainsi, mordue par l'un de ses propres serpents, un animal qu'on a élevé avec la plus grande affection pendant de longs mois. Après avoir échappé à un tandem de tueurs en série, ce serait un comble.

Résignée, je commence à faire ma prière et à recommander mon âme à Dieu quand soudain retentit un grattement à la serrure de la porte. Comme par enchantement, elle s'ouvre d'un coup pour laisser apparaître mon cher Will, son satané tournevis à la main.

Immédiatement, Will saisit la situation. Il a le réflexe de jeter sa casquette vers le serpent puis de lui lancer son tournevis à la tête. Profitant que l'attention du reptile est ainsi détournée, il me soulève, attachée à ma chaise, et me tire hors de portée de l'animal. Reculant prudemment, il fait machine arrière jusqu'à franchir le seuil de la porte. D'un coup de pied sec, il la referme sur nous dès que nous sommes à l'extérieur.

Moi, au lieu de le remercier de m'avoir sauvé la vie, je lui adresse une bordée de reproches :

– Bon sang, Will ! Mais qu'est-ce que tu fichais pendant tout ce temps-là ? Tu n'étais pas censé me prévenir si les deux jumeaux rappliquaient ? Et maintenant ce crotale qui voulait me faire goûter de son venin...

– Je suis affreusement désolé. Je m'étais endormi dans la voiture. Avec cette chaleur, tu comprends ?

– Pas vraiment, non. Ta sieste a failli me coûter cher. Il y a longtemps que tu t'es réveillé ?

– Non... C'est le raffut de leur Toyota quittant le parking sur les chapeaux de roue qui m'a tiré de mon somme. D'ailleurs, que leur est-il arrivé pour qu'ils filent comme çà ? On dirait qu'ils avaient le diable aux trousses.

– Tu n'es pas loin de la vérité. Je te raconterai un peu plus tard... En attendant, détache-moi de cette chaise. Mieux vaut ne pas s'éterniser ici. On avisera plus tard.

CHAPITRE 9

De retour au bercail, je raconte à Will ce qui m'est arrivé dans le motel alors qu'il était censé faire le guet. Évidemment, je lui fais la leçon :

– Les choses auraient pu vraiment mal tourner pour moi pendant que tu t'étais assoupi.

– Oh ! Nina ! Je suis tellement désolé ! s'excuse-t-il platement. Si tu savais à quel point je m'en veux !

Il a l'air de regretter sincèrement son erreur. Magnanime, je me résous à lui pardonner sa faiblesse.

– Tout n'était pas entièrement de ta faute, fais-je pour tempérer sa culpabilité. De mon côté, j'ai traîné au lieu de me dépêcher à quitter les lieux. Je n'ai pas été assez prudente.

Malgré ces paroles d'apaisement, il m'apparaît si consterné que je me sens toute attendrie et ma rancœur à son égard se dissipe totalement. Nous tombons dans les bras l'un de l'autre en nous embrassant.

– Heureusement que tu t'es réveillé finalement. Si tu n'étais pas intervenu, je serais morte à l'heure qu'il est. Soit j'aurais été mordue par le crotale, soit ces foutus albinos m'auraient torturée jusqu'à ce que...

– Torturée ! Ces types sont des assassins mais ce ne sont quand même pas des nazis. Pourquoi auraient-ils fait ça ?

– L'argent... Ils voulaient connaître la seed du Satoshi wallet de ma mère. Ils étaient prêts à tout pour l'obtenir.

– Et comme tu ne la connaissais pas, je suppose qu'ils auraient fini par te liquider...

– Absolument. Comme ma mère. Enfin, à ceci près qu'elle n'avait pas voulu la leur donner. Mais à la fin, ça serait revenu au même.

Will se met à se gratter le menton, un geste qui trahit chez lui une certaine réflexion.

– Il me semblait que ta mère t'avait parlé l'autre fois d'une berceuse qu'elle te chantonnait lorsque tu étais gamine. Une berceuse dont les les paroles étaient en rapport avec cette fameuse seed... Je me trompe ?

– Non, tu ne te trompes pas. Elle a bien dit ça.

– Et ?

– Et c'est vrai que je me rappelle vaguement d'une berceuse qu'elle me chantait pour m'aider à m'endormir quand j'étais petite.

– Mais aujourd'hui, tu ne t'en souviens plus ?

– C'est ça le problème. À l'époque, j'étais juste une môme. Depuis, il s'en est passé des années. L'eau a coulé sous les ponts...

– Tu veux dire que tu as tout oublié de cette chanson ? Absolument tout ?

– Oui et non... Je me souviens de l'air mais j'ai oublié les paroles. Ce soir-là, quand Maman y a fait allusion, j'aurais dû lui demander de me la chanter.

– Eh oui... Ça t'aurait rafraîchi la mémoire. Forcément...

– Exact... Le truc c'est que je ne l'ai pas fait sur le coup. J'étais trop occupée à lui poser des questions sur mon père. Pour une fois qu'elle voulait bien se confier à moi... Je suis vraiment stupide !

En m'entendant dire ça, mon petit ami me prend gentiment par les épaules en posant son front contre le mien.

– Allons, Nina ! Ne te mets pas martel en tête. De toute manière, ce Satoshi wallet est resté aux mains des deux rouquins. Te souvenir des paroles de cette chanson, ne t'aurait servi à rien.

L'argument de Will est imparable et je suis bien obligée de le reconnaître :

– Ce n'est pas totalement faux.

– Content de te l'entendre dire. En plus, il ne restait pratiquement plus de bitcoins dessus. Tu vois : en fin de compte, tout ça n'est pas si grave.

– Peut-être, mais c'est une question de principe. Ça m'énerve d'avoir complètement oublié ces paroles qui me relient à mon enfance. Quand même ! Perdre la mémoire à mon âge, c'est grave.

Will hausse les épaules. C'est sa façon à lui d'exprimer qui n'est pas forcément d'accord avec moi et elle part d'un bon sentiment. Il ne veut pas que je m'en veuille ou que je sois triste.

– Tu as vraiment tout zappé ? me demande-t-il en me passant affectueusement la main dans les cheveux.

– Je me souviens juste qu'il était question de poissons qui nageaient dans une rivière. C'est tout. Tu avoueras que c'est plutôt vague comme souvenir...

– Mais non ! C'est déjà un début. Je suis certain que la mémoire te reviendra à un moment ou un autre... Ça arrivera quand tu t'y attendras le moins. C'est toujours comme ça.

Ces encouragements ne me convainquent qu'à moitié. Je hausse les épaules à mon tour et décide de changer de sujet. Mon côté impulsif reprend le dessus.

– D'accord. Admettons... Peut-être qu'un jour je me rappellerai de ces paroles. Mais bon, là tout de suite, ce n'est pas la priorité.

– Que veux-tu dire, Nina ?

– Il y a une question plus importante qui se pose à nous.

– Ah ! Laquelle ?

– Que fait-on *maintenant* ?

Will écarte les mains d'un air entendu.

– C'est exactement ce que j'allais te demander, Nina.

Avant de répondre, je prends une grande inspiration. Il faut que je sois vraiment convaincante pour qu'il se décide à tout abandonner, là tout de suite.

– Lorsqu'ils reviendront de l'hôpital et rentreront dans la chambre de leur motel, les jumeaux vont s'apercevoir que j'ai pris la poudre d'escampette. Ça risque de ne pas leur plaire... Si on ajoute à ça, la morsure que mon crotale a infligée à Bull, ils vont vouloir se venger, et pas qu'un peu. S'ils remettent la main sur moi, je doute qu'ils fassent dans la dentelle...

– Encore faut-il qu'ils te retrouvent...

Will ne me semble pas prendre toute la mesure du problème. Il faut vraiment que je lui fasse comprendre que nous devons filer au plus vite.

– Ce n'est pas tout... En fouillant dans les affaires des jumeaux avant qu'ils me coincent, je suis tombée sur un cahier d'un genre particulier.

– Un cahier ?

– Oui, une espèce de registre avec une liste d'une dizaine de personnes à interroger. À interroger puis à abattre ensuite... Ma mère et moi faisions partie de cette liste...

À ces mots, sur lesquels je m'arrête à dessein, Will me paraît enfin saisir la gravité de la situation. Silencieux, il me laisse poursuivre avec attention.

– J'ai découvert dans ce cahier qu'ils avaient établi le lien de parenté entre moi et ma mère. Je suis la seule personne à avoir compris qu'elle avait été en fait assassinée et ils le savent. Je représente une menace sérieuse pour eux. Ils ne peuvent pas du tout se permettre de me laisser en vie. Je pourrais être un témoin beaucoup trop gênant.

La grimace de Will est éloquente. Il a enfin compris que nous n'avions pas affaire à des plaisantins. J'en profite pour enfoncer le clou :

– Les jumeaux savent beaucoup plus de choses sur moi que tu l'imagines. Ils vont nous tomber dessus en moins de temps qu'il ne faut pour dire ouf. Nous devons décamper d'ici au plus vite. C'est une question de survie. On prend un minimum d'affaires avec nous et on taille la route sans se retourner.

– D'accord. Mais pour aller où ? Tu y as réfléchi ?

– Oui, j'ai un plan. Fais tes bagages, je vais t'expliquer quand on sera en route.

À peine une demi-heure plus tard et nous abandonnons nos pénates tels des champions de Formule 1 quittant leur stand après leur changement de pneus. Pour un peu, nous laisserions derrière nous un nuage de gomme sur l'asphalte surchauffée.

– Je crois que je ne me suis jamais préparé aussi vite de ma vie, commente Will calé au volant de la Tesla. Dire que je n'ai même pas eu le temps de boire une malheureuse bière avant de partir. Quelle misère !

– Ne t'en fais pas, mon chou. On s'arrêtera dès qu'on aura laissé suffisamment de miles entre nous et nos poursuivants. À ce moment, tu pourras t'enfiler autant de pintes que tu veux. Je te le promets.

– Heureusement que j'avais installé ma ferme à Ethers dans le coffre pour parer à toute éventualité... Tu peux me dire quelle direction je dois prendre ?

– Oui, bien sûr ! Las Vegas...

– Las Vegas, l'enfer du jeu ? Et pourquoi donc ? Tu viens de te découvrir une nouvelle passion pour le Blackjack ?

– Pas vraiment. C'est juste que j'ai fait la connaissance de quelqu'un là-bas qui pourrait nous mettre sur la piste de mon père.

Comme Will écarquille de grands yeux, je lui en dis un peu plus :

– Tu te souviens que j'ai passé pas mal de temps ces derniers jours à contacter des gens qui auraient pu être en relation avec Satoshi Nakamoto ?

– Et comment ! Tu as même proposé une prime de 1000 dollars à qui t'aiderait concrètement.

– Exact... Eh bien, il s'agit d'un de ces types-là. Sauf que lui, il ne le fait même pas pour de l'argent.

– Un homme désintéressé ! C'est presque trop beau pour être vrai, ironise Will un tantinet sceptique.

– En fait, je crois qu'il est plutôt riche. Il a travaillé sur le projet Bitcoin à l'origine de celui-ci. C'était juste un obscur programmeur à cette époque-là. Sauf que lui, il n'a pas fait la même erreur que certains de ses collègues. Il a conservé tous les bitcoins que Satoshi lui avait offerts pour le rémunérer de ses efforts. Du coup, maintenant il roule sur l'or. C'est ce qu'il m'a expliqué.

– Je suppose qu'il a changé de job maintenant. Ou même qu'il ne bosse plus.

– Oui. Tu vas rire, il m'a dit qu'il s'était reconverti comme trader. Trader spécialisé dans les cryptos, bien sûr...

– Bien sûr... Vous vous êtes parlés au téléphone ?

– À peine. On a surtout échangé par mail. Il m'a donné son adresse à Las Vegas en me disant que je pouvais passer le voir pour parler de Satoshi quand on voulait. Il nous a même invités à rester chez lui quelques jours. Apparemment, il a une grande baraque, avec piscine et tout le confort. Il s'appelle Fred...

– C'est un rapide, ton Fred ! Il te drague où je rêve ?

– Will ! J'espère que tu n'es pas jaloux quand même ! Ce type doit avoir l'âge de mon père. En plus...

– En plus, quoi ?

– En plus, il n'y a aucun risque de ce côté-là.

– Comment ça ?

– Eh bien, Fred m'a confié qu'il était gay. Il vit en couple avec un compagnon. Tu n'as aucune concurrence à craindre sur le plan amoureux ! De toute manière, tu sais bien que je n'aime que toi...

J'ignore si cette confession et de nature à rassurer Will mais le fait est qu'il semble se détendre un peu. À juste titre, il me fait remarquer que je devrais quand même peut-être donner un coup de fil à ce mystérieux Fred pour le prévenir de notre arrivée. Je le fais aussitôt. Lorsque je raccroche, c'est pour confirmer à Will que Fred nous attend chez lui.

– Il a l'air vraiment cool. Ils nous attendent ce soir pour le dîner. Aux chandelles, a-t-il précisé, c'est plus romantique ! Quant à notre chambre, il va demander à sa femme de ménage de la préparer. Il m'a juste demandé si ça nous dérangeait de dormir dans un lit à baldaquin ! Et moi qui en ai toujours rêvé !

Réjouis de la nouvelle, nous poursuivons notre route dans la joie et la bonne humeur. Bien sûr, nous écoutons la sempiternelle musique de Dire Straits dont Will ne peut se passer pour les longs trajets...

Que dire d'autre de ce voyage, somme toute monotone, à l'exception peut-être d'un moment de doute où nous nous demandons si nous ne sommes pas suivis par une voiture ? Pour dissiper ce doute, nous faisons une courte pause sur une aire de repos. Quand nous repartons, nous constatons avec plaisir que le véhicule suspect a totalement disparu de notre champ visuel. Nous nous disons que nous avons dû imaginer des choses qui n'avaient pas lieu d'être et, au fil des kilomètres, nous finissons par totalement oublier cet incident.

DEUXIÈME PARTIE

NEVADA – Sept. & Oct. 2021

CHAPITRE 10

Lorsque nous arrivons à Las Vegas, la soirée est déjà bien entamée. Malgré la nuit tombante, grâce au GPS, nous localisons aisément la demeure de Fred. Elle se situe dans le quartier résidentiel de Southern Highlands, en retrait d'un condo luxueux dominant la vallée. Nous traversons celui-ci lentement, sensibles à la beauté du paysage qui défile au gré des lacets et se révèle à nous dans la pénombre naissante : les villas du domaine s'étalant à flancs de colline avec leurs vues imprenables, la guirlande du Strip qui scintille au loin, l'étendue verdoyante d'un terrain de golf planté dans le décor rocheux telle une oasis.

– J'ignorais l'existence d'endroits aussi classieux dans Vegas, lâche Will sincèrement admiratif.

– Moi aussi, fais-je sur le même ton. Ce terrain de golf est si vert qu'on dirait un mirage en plein désert. C'est à se demander s'il est bien réel.

– Oui. En tout cas, pour vivre dans ce coin, ton ami Fred doit avoir de sacrés moyens, constate mon compagnon.

Encore quelques virages et Will m'indique que nous sommes enfin parvenus à destination.

– Je te laisse le soin de signaler notre arrivée, me dit-il en éteignant la musique. Après tout, ce Fred, c'est toi qui l'a dégoté...

Je ne relève pas l'allusion et me contente de nous annoncer à l'entrée de la propriété de Fred. Commandé à distance, le portail s'ouvre comme par magie en nous dévoilant la perspective harmonieuse d'un vaste parc arboré. En faisant crisser doucement les graviers sous nos roues, nous remontons une allée bordée de cyprès et débouchons sur une esplanade agrémentée d'une fontaine à l'italienne. Face à nous, trône une superbe villa aux allures de demeure toscane – façade blanchie à la chaux et toit recouvert de tuiles vers laquelle nous nous dirigeons après avoir garé la Tesla à l'ombre d'un palmier.

– Waouh ! C'est encore plus beau que ce que je pensais, lâche Will, tandis que nous descendons du véhicule. Décidément, ma chérie, tu choisis bien tes relations.

Au pied du perron qui mène au niveau de l'entrée, se tiennent deux hommes à l'allure détendue. Visiblement, ils nous attendent. Bien que n'étant pas si jeunes que ça (je leur donnerais la quarantaine à vue de nez), l'un et l'autre sont vêtus de façon originale. Le premier, qui ressemble à Chuck Norris en plus baraqué encore, porte un jean délavé et un chapeau de cuir façon cow-boy. Le second, qui me fait penser à Dustin Hoffman sauf qu'il a des cheveux blonds, est beaucoup plus mince que son compagnon. Il arbore une chemise hawaïenne à fleurs et un bermuda de style Rip Curl, une tenue relax qui lui donne un air de surfeur de la côte ouest à la retraite. Des gaillards aussi dissemblables que possible mais qui me semblent étonnamment complices... Instantanément, ils attirent ma sympathie et j'ai l'impression que c'est réciproque.

– Enchanté, nous lance le Texas ranger d'un ton cordial. Je suppose que vous êtes Will et Nina ? Moi. C'est Fred et voici mon ami Steve. Soyez les bienvenus chez nous. Et voici nos chiens, Thor et Loki, ajoute-t-il en désignant deux dogues gigantesques surgis de nulle part.

Les quadrupèdes s'approchent d'un air amical en agitant la queue avec vigueur. Entreprenants, ils se mettent à nous renifler sous toutes les coutures. L'un d'eux va jusqu'à fourrer son museau dans l'entrejambe de Will et lui donne des coups de museau appuyés comme pour mieux jauger sa virilité.

– Ne vous inquiétez pas, fait Steve amusé, ils ne vous feront aucun mal. Ils ont été nourris juste avant votre venue !

Le commentaire malicieux de notre hôte ne semble pas rassurer Will. Maladroitement, il tente de se dégager mais en vain. D'une voix blanche, il réplique :

– Ah oui ? En tout cas, ce sont de beaux spécimens. Euh... De quelle race s'agit-il d'ailleurs ?

Fred sent que leur invité n'est pas tout à fait à son aise. Moins taquin que son compère Steve, il intervient pour empêcher l'animal d'importuner Will. Attrapant le molosse par le collier, il le tire fermement en arrière.

– Ce sont des Grands Danois. D'excellents chiens de garde mais aussi des animaux très sociables comme vous le constatez. À voir la manière dont Loki a flairé vos parties génitales, je pense que vous vous êtes fait un nouvel ami. Et même un très bon ami...

– Oui, souligne Steve. Non seulement ces chiens-là sont puissants, mais ils sont aussi extrêmement loyaux et dévoués. Ils peuvent aller jusqu'à donner leur vie pour protéger leur maître ou ceux qu'ils aiment.

– Bon, reprend Fred avec un grand sourire, tout ça c'est bien mais il se fait tard... Maintenant que les présentations sont faites, que diriez-vous de faire le tour de la maison ?

En se plaçant entre Will et moi, il passe les bras chaleureusement autour de nos épaules.

– Après la visite guidée, ajoute-t-il, nous passerons à table. Un bon dîner nous attend. Vous devez avoir faim ! J'espère que vous aimez la cuisine épicée ? Juanita (c'est notre femme de ménage et cuisinière) nous a concocté une de ces paellas relevées dont elle a le secret. Vous nous en direz des nouvelles.

Laissant Thor et Loki gambader dans le jardin, nous emboîtons le pas de nos hôtes qui nous font découvrir leur villa, ou devrais-je dire leur palais, tant ses proportions sont imposantes. Nous commençons la visite par le séjour cathédrale, où je remarque un étrange tube métallique suspendu au plafond. Sa hauteur de près de dix mètres lui donne un air de missile balistique. Alors que je lève les yeux étonnée, Steve devance ma question :

– Vous devez vous demander ce qu'est cette espèce de périscope géant... Eh bien, c'est un insert de cheminée à foyer fermé. Le tout dernier cri. Avec Fred, nous sommes tout de suite tombés amoureux de son design futuriste. Évidemment nous avons succombé à son charme et nous nous sommes portés acquéreurs. Pourtant il faut reconnaître que son prix n'était pas tout à fait donné.

Contournant la cheminée, nous avançons jusqu'à un mur couvert de trophées de chasse : têtes de sangliers et de cerfs empaillées, peaux de léopards et de panthères, défenses d'éléphants... Bien que je désapprouve le fait de tuer des animaux et d'exhiber ainsi leurs dépouilles, je m'abstiens de tout commentaire. Voyant que je semble mal à l'aise, Fred se sent obligé de nous expliquer leur provenance en donnant quelques détails :

– Steve et moi nous nous sommes connus pendant la deuxième guerre du Golfe. On nous avait envoyé combattre en Irak et nous faisions partie du même bataillon. C'est horrible à dire mais là-bas, j'ai pris goût aux armes. J'en ai d'ailleurs toute une collection. Je vous la montrerai plus tard.

Hélas pour moi, j'ai été blessé quelques mois plus tard après mon arrivée. On m'a démobilisé et je suis rentré au pays. Heureusement, je me suis vite rétabli de ma blessure. Dès que j'ai été sur pied de nouveau, je me suis reconverti à la chasse. Comme j'avais quelques économies de côté, je me suis mis à faire des safaris un peu partout dans le monde. Histoire de me changer les idées en continuant à tirer des cartouches. Je sais, ce n'est pas très glorieux mais j'étais jeune à l'époque. Depuis, j'ai évolué et je ne chasse plus... Ensuite, ça été au tour de Steve de quitter l'armée. Il m'a rejoint à Vegas où je m'étais installé entre-temps.

Fred et Steve échangent un regard de connivence. En les observant, je me dis que l'évocation de ces souvenirs a dû faire remonter les cicatrices d'un passé qu'ils avaient enfoui au plus profond d'eux-mêmes.

– Je vois, fais-je, désireuse de parler d'autre chose. Et si on passait à table maintenant ?

– Excellente idée ! répond Fred d'un ton enjoué. Allons-y avant que la paella refroidisse. Ce serait vraiment dommage.

Comme si elle attendait exprès ce moment, une jeune femme fait son apparition dans la pièce. Je devine que c'est Juanita, la cuisinière. Sans nous faire prier, nous la suivons jusqu'à la salle à manger où la table a été dressée, probablement par ses soins. Après un dîner copieux arrosé d'un fabuleux Cabernet Sauvignon *Far Niente* 2018, nos hôtes nous guident jusqu'à l'étage où se trouvent les chambres. La nôtre, avec son lit à baldaquin – comme promis, est pourvue en prime d'une baignoire-îlot sur pieds délicieusement rétro. En caressant de la main son double dos à rebord roulé, j'exprime mon sincère ravissement :

– Quelle baignoire de légende ! Je crois que je ne vais pas résister au plaisir de prendre un bain avant de me coucher.

À voir ma mine, Fred et Steve comprennent que je suis fatiguée et que je rêve d'un peu de repos. En riant de ma spontanéité, ils nous souhaitent bonne nuit. Avant qu'ils se retirent, nous convenons de nous retrouver le lendemain pour le petit déjeuner.

Après un sommeil réparateur, nous rejoignons Fred et Steve dans la cuisine. Ils sont déjà attablés devant des assiettes d'œufs au bacon fumants et nous saluent joyeusement en nous priant de nous asseoir à leurs côtés.

Clins d'œil à l'appui, nos hôtes nous montrent qu'ils ont troqué leurs habits de la veille contre des T-shirts dignes de geeks crypto-évangélistes. Celui de Fred est floqué avec des lettres rouges sur fond noir, écrites en police gothique : *The Blockchain Revolution*. Avec sa devise aux relents quasi philosophiques : *Data is Life*, celui de Steve mérite tout autant le détour. Avec Will, nous rions de bon cœur. L'ambiance est bon enfant et, très franchement, la compagnie de ces deux gaillards originaux me comble d'aise.

Tandis que Juanita nous sert du café et du jus d'orange, puis des œufs au bacon, j'en profite pour remercier nos hôtes de leur hospitalité. Éludant mes civilités d'un revers de la main comme si leur accueil allait de soi, Fred me demande nos plans pour la journée.

– C'est bien naturel, Nina ! Mais dites-moi plutôt, vous avez des choses prévues pour aujourd'hui ?

– En fait, comme vous le savez, Will et moi, nous sommes ici pour une raison bien précise... Si j'ai bien saisi ce que vous m'avez écrit dans un de vos mails, vous avez effectivement connu Satoshi Nakamoto... Pourriez-vous m'en dire un peu plus sur lui ? Je suis preneuse de toute information qui pourrait me permettre de remonter jusqu'à mon père. Cela fait plus de dix ans qu'il a disparu et je désespère de retrouver sa trace un jour. À l'heure qu'il est, probablement est-il mort et enterré dans quelque obscur cimetière je ne sais où. Quoi qu'ait été son destin, je voudrais au moins lui rendre les derniers hommages...

En nous resservant de café, Fred m'explique qu'il comprend tout à fait ma démarche et qu'il sera heureux de m'aider dans ma quête autant qu'il le pourra. Rentrant dans le vif du sujet, il m'explique qu'après son service militaire, il s'est reconverti dans l'informatique pour gagner sa vie. Devenu analyste programmeur, il a contribué alors au projet de création du Bitcoin.

– Satoshi était quelqu'un d'extrêmement secret. Je dirais même de presque paranoïaque dans sa manière d'éviter les rencontres physiques à tout prix. Alors que j'ai travaillé pour lui pendant plus d'un an, il a toujours refusé qu'on se voie en personne. Ce n'est pourtant pas faute de lui avoir demandé, je vous l'assure.

– Mais alors, comment communiquiez-vous ?

– Par mail. Uniquement par mail... Je n'ai jamais su à quoi il ressemblait. Était-il d'origine japonaise comme son nom peut le laisser penser ? Ou d'origine anglaise comme le croient certaines personnes qui ont analysé ses tournures de phrases et les expressions qu'il utilisait dans ses messages ? Franchement, je l'ignore.

– Pourtant, quand vous m'avez contactée, vous m'avez laissé entendre que vous disposiez d'un élément qui pourrait m'aider à le retrouver. Ou en tout cas sa trace...

– C'est exact, Nina. Sinon, je ne vous aurais pas proposé de venir jusqu'ici. En fait, quand il a décidé de se retirer du projet Bitcoin, Satoshi m'a écrit pour me dire qu'il comptait se mettre au vert...

– *Au vert* ?

– Oui, il voulait disparaître pour de bon. Il m'a expliqué que son existence et celle de sa famille était menacées s'il continuait sur sa lancée. Selon lui, son projet dérangeait des gens influents. Des politiciens haut placés redoutant que le Bitcoin fasse un jour concurrence au Dollar...

– ... Et que son avènement altère l'équilibre du monde capitaliste, celui-là même qui régit nos petites vies douillettes... J'ai déjà entendu cette thèse.

– Oui, Nina. Avec des conséquences économiques potentiellement dramatiques...

– Surtout pour les gens riches !... Pour en revenir à cette retraite au vert, n'en a-t-il pas dit où il envisageait se retirer ?

– Il m'a juste confié qu'il voulait finir ses jours dans un lieu isolé. Un endroit perdu dans les montagnes où il pourrait tranquillement s'adonner à l'une de ses passions – la pêche à la mouche.

– *La pêche à la mouche !* Je ne lui connaissais pas cette passion. Ma mère ne m'en a jamais parlé... C'est tout ce qu'il vous a dit ?

– Oui, c'est tout.

– Vraiment ? Avouez que c'est plutôt maigre comme piste.

– En fait, ce n'est pas tout... Enfin, pas *absolument* tout...

À ces mots, je sursaute, pleine d'espoir. Mon cœur fait un bond dans ma poitrine.

– Pardon ?

– Après que Satoshi m'ait annoncé sa volonté de s'évanouir dans la nature, je n'ai plus jamais eu de ses nouvelles. Sauf une fois. Une seule fois où il m'a fait parvenir ceci par la poste... C'était environ quinze jours plus tard après son dernier message.

Fred fait signe à Steve de lui passer une chemise cartonnée qu'il avait préparée à l'avance pour moi. Il l'ouvre et en sort une photo qu'il me tend précautionneusement.

– Elle est pour vous, Nina, me dit-il avec un sourire. Allez-y ! Vous pouvez la prendre.

Curieuse, je me saisis du cliché et le contemple avec intérêt. Au centre de l'image, un homme en cuissardes, pris en photo de dos, est en train de pêcher dans une rivière. Dans un coin de l'image, je distingue le reflet de ce qui pourraient être les piles d'un pont de pierre mais qui est situé hors cadre et qu'on ne voit donc pas. Sur la rive en face, un saule se mire dans l'eau. Au pied de cet arbre, il y a un rocher qui me fait penser à une marmite géante. À part ces détails insignifiants, je ne remarque rien de particulier. En quête d'annotations qui pourraient me renseigner sur l'endroit où a été prise la photo, je retourne celle-ci machinalement. Malheureusement je constate que le verso est vierge de toute inscription. Cachant ma déception de mon mieux, je lève un regard interrogateur sur Fred.

– Vous pensez que c'est Satoshi Nakamoto lui-même sur laa photo ?

– Ça me paraît évident. Personnellement, je ne connais personne d'autre aimant la pêche à la mouche. Cette photo, c'était sa façon à lui de me dire qu'il avait trouvé l'endroit de ses rêves, pour y finir ses jours, je suppose... Une manière élégante de tirer sa révérence.

Je tends la photo à Will pour qu'il la regarde à son tour. En même temps, je réfléchis tout haut.

– Vous dites qu'il vous a adressé cette photo par la poste ? Il y avait-il un cachet sur l'enveloppe ?

– L'enveloppe avait été postée de Chicago mais ça ne veut absolument rien dire. Il a très bien pu la confier à quelqu'un pour qu'il l'expédie depuis là-bas afin de brouiller les pistes.

– C'est plus que probable, dois-je admettre. Mais alors, que faire ? Ce cliché peut avoir été pris n'importe où aux États-Unis. Au Colorado, au Montana, dans les Appalaches...

– Ou même au Canada ou en Europe. Il y a des coins comme ça en France et en Angleterre. Ou encore en Irlande. La terre est vaste !

– Oui. Il faudrait des centaines d'analystes spécialisés pour examiner tout le stock d'images disponibles, scruter les banques de données en ligne et en chercher une qui ressemble à cette photo. En plus, le résultat ne serait même pas garanti. Je ne suis même pas sûre que le FBI et la NSA y parviendraient. Et pourtant, ils en ont des bonshommes qu'ils pourraient aligner !

– Oui, murmure Will en se grattant les méninges. Sauf qu'aujourd'hui ils ne feraient pas appel à des agents pour effectuer ce travail...

Comme nous le contemplons avec intérêt, Will précise sa pensée :

– Aujourd'hui, on ne confie plus ce genre de boulot à des humains. C'est trop pénible et ça ne débouche sur rien. On demande à des IA de s'en charger. Elles font ça très bien et beaucoup plus rapidement.

– C'est vrai, reconnaît Fred, que les algorithmes de reconnaissance d'images basés sur des réseaux de neurones sont devenus très performants. Le seul problème c'est que le pékin lambda ne dispose pas de ces technologies. Sans parler de la puissance de calcul nécessaire pour faire tourner de tels logiciels. Je doute que ce soit à notre portée.

Avec un geste d'impuissance, Steve abonde dans le sens de son compagnon.

– Il faudrait que nous ayons des relations dans une agence gouvernementale ou une entreprise spécialisée dans le traitement d'images. Hélas, ce n'est pas notre cas. J'ai bien peur, Nina, que vous n'arriviez jamais à savoir où cette photo a été prise.

Le pragmatisme de nos hôtes entame mon moral. En sentant le défaitisme s'emparer de moi, j'ai presque envie de pleurer. Je considère mon mug d'un air morne comme si la caféine pouvait m'aider à sortir de l'impasse. Mais Will, lui, ne se laisse pas abattre. D'un air inspiré, il rebondit sur la phrase de Steve :

– En fait, je crois que Nina et moi, nous connaissons une telle personne...

Surprise de cette affirmation, je relève le menton de ma tasse de café vivement. Je n'ai pas envie d'avoir de faux espoirs et je réagis avec une incrédulité teintée de sarcasme.

– Ah oui ? J'ignorais que tu avais des amis à la CIA ou à la NSA, mon cher Will.

– Pas vraiment, fait-il, amusé que j'ai pu penser ça de lui. Mais dans une boîte dont boulot est de stocker du pixel en quantité, oui.

– Et tu penses à qui ?

– Mais à Raquel bien sûr ! Sa start-up NFT à New-York doit forcément avoir développé des programmes pour analyser et classifier les images. Après tout, c'est un peu leur fonds de commerce, tu ne crois pas ?

Il faut avouer que je n'avais pas envisagé cette option. Will vient de marquer un point. Comme souvent je me radoucis aussi vite que je m'étais emportée.

– J'aime bien ton idée, Will. Le mieux, c'est de poser la question directement à Raquel – ça ne coûte rien de lui demander. Je peux m'en occuper et l'appeler. Ça me fera plaisir de lui parler.

Notre proposition conjointe réjouit Fred qui renchérit aussitôt.

– Excellente initiative. J'espère que votre amie pourra effectivement vous donner un coup de main. En tout cas, tenez-moi au courant. Ça m'intéresse.

– Bien sûr ! Nous n'y manquerons pas.

Il me semble que nous sommes arrivés au bout de ce qu'on peut tirer de cette photo, en tout cas pour ce matin. Fred aussi, sans doute, car il contemple brièvement la table de la cuisine avant de nous demander si nous avons encore faim. Nous lui faisons signe que non et, en se levant, il nous invite à terminer la visite entamée la veille.

– Si ça vous dit, je voudrais vous montrer notre collection d'armes. Je vous en avais parlé hier soir avant que tout le monde aille se coucher. Vous vous en souvenez ?

– Oui évidemment ! Avec plaisir.

Accompagné de Steve, Fred nous guide vers une salle placée en retrait de l'escalier. La porte est verrouillée et il l'ouvre en tapant un code sur un boîtier. S'effaçant devant nous, il me laisse passer la première.

– Et voici l'armurerie, ma pièce préférée ! exulte Fred tel un enfant content de recevoir des amis chez lui pour une fête ou un anniversaire.

Fièrement, il se campe devant un râtelier où sont rangées des armes d'un calibre conséquent.

– C'est ici que j'ai entreposé tous mes anciens fusils de chasse. Je ne m'en sers plus mais ils sont encore fonctionnels. Celui que vous voyez là – le plus grand, est utilisé pour la chasse au Big Five. Il convient en particulier pour l'éléphant. Je ne vous cacherai pas que c'était mon joujou favori à l'époque où je faisais des safaris. Il tire des munitions .700 Nitro Express dont l'impact est si puissant qu'il peut stopper la charge d'un pachyderme en pleine course...

En imaginant la scène, un frisson d'horreur me parcourt l'échine et je ferme les yeux. Je tourne la tête dans une autre direction mais c'est pour tomber de Charybde en Scylla. Je me retrouve face à Steve qui, à son tour, me fait l'article :

– Si la chasse au gros gibier est le domaine de prédilection de Fred, je dois dire que le militaire, c'est plus mon rayon. À chacun sa spécialité ! Ce râtelier-là est réservé aux armes de guerre. Ce fusil d'assaut-là, vous le connaissez sûrement. C'est un M16 A4 à culasse rotative, utilisé par l'armée américaine en standard. Cadence de tir jusqu'à 900 coups par minute. Ça vous expédie à 800 mètres des bastos à près de mille mètres par seconde. Il n'y a pas beaucoup de casques qui résistent à ça. Plutôt sympa, non ?

Moi qui aime les animaux et qui déteste les armes, me voilà servie ! Toute tendue, je serre les poings dans les poches de mon survêtement et fixe Steve droit dans les yeux en espérant qu'il flanche. Pas de chance, j'obtiens exactement le résultat opposé. Steve prend mon attitude rigide et mon regard appuyé pour une marque d'intérêt. Insensible à ce que ressens, tout à sa passion, il poursuit sur sa lancée.

– Si on passe aux pistolets, j'ai plusieurs modèles en magasin. Pour ma part, j'aime beaucoup le Sig-Sauer P220, de fabrication suisse. Un semi-automatique à la fois fiable et précis comme les horloges faites dans ce pays. C'est vrai qu'ils produisent du bon matériel en Europe.

Steve soupèse son arme et manipule la sécurité comme un camelot qui fait l'article. Impossible de l'arrêter. Pour un peu, il s'emballerait.

– Regardez par exemple ce Glock, polyvalent et robuste comme tout. Ou encore ce HK P9S double action : la qualité allemande dans toute sa splendeur ! Et que dire du CZ 75 calibre 9 mm. ? Tenez-le si vous voulez, vous allez voir comme il est confortable !

Fred n'a pas non plus remarqué mes mimiques de tiédeur non feinte. Il en rajoute une couche :

– Mais ton préféré, Steve, c'est quand même le Beretta, non ?

– Ah oui, évidemment ! Le Beretta 92 FS, une véritable arme de légende. Idéal pour le maniement à deux mains ! Impossible de s'en passer quand on est un professionnel.

Pas ma faute si les armes ce n'est pas mon truc. Will a observé que je commençais à tirer la grimace. Me connaissant bien, il sait que je peux vite partir en vrille. Habilement, il opère une diversion.

– On sent que vous maîtrisez tous les deux ce sujet à merveille, applaudit-il en feignant l'enthousiasme. C'est vraiment très instructif et nous pourrions passer des heures à vous écouter. Malheureusement, je vois que le temps tourne et je pense que Nina aimerait aborder avec vous plusieurs autres points... Je me trompe, ma chérie ?

Je m'empresse de saisir la perche tendue par Will, tout en essayant d'être la plus diplomate possible :

– Absolument ! J'irais bien me dégourdir un peu les jambes dans le parc. Il est si beau ! Après quoi, j'aurais effectivement quelques questions à poser à nos amis...

J'ai adressé un grand sourire à Fred et Steve pour ne pas les froisser mais ils paraissent déçus de mon manque d'intérêt pour les armes, surtout ce dernier. Faisant contre mauvaise fortune bon cœur, ils surmontent leur désappointement et hochent la tête en signe d'assentiment. Quelques instants plus tard, en les suivant, nous quittons enfin cette satanée armurerie.

Dehors, nous retrouvons les chiens qui nous accueillent en nous faisant la fête. Loki surtout semble heureux de retrouver Will. Frénétique, il se dresse sur ses pattes arrière et lui lèche le visage à grands coups de langue. En voyant mon compagnon malmené par cet ami encombrant, je réprime difficilement une crise de fou rire. Au passage, Fred et Steve nous expliquent qu'ils ont l'habitude de laisser Thor et Loki errer librement dehors.

– Comme toutes les villas du coin, nous disposons d'un système d'alarme couplé avec des caméras de vidéosurveillance. Ceci dit, nous aimons laisser nos deux mastodontes patrouiller dans le parc. Avec eux, pas de risque d'être cambriolés !

Après avoir nourri les chiens, nous rentrons à la maison où Fred nous propose de passer au salon. Tels des coqs en pâte, nous nous installons dans le canapé où Juanita, toujours aussi prévenante, nous sert le thé sans que nous n'ayons rien eu à lui demander.

– Eh bien, jeune femme, me taquine Steve gentiment, j'ai l'impression que mon speech sur les armes à feu ne vous a pas branchée plus que ça. Je fais erreur ?

Ne sachant trop quoi répondre, je glousse d'un air embarrassé. Heureusement, Fred vole à mon secours.

– Allons, Steve ! Cesse d'importuner cette pauvre Nina avec tes histoires de tromblons et d'escopettes. Franchement, il n'y a que toi que ça intéresse ici !

Là, c'est au tour de Steve de laisser échapper un petit bruit de gorge, comme une fontaine qui glougloute ou quelqu'un qui a avalé de travers.

– Je reconnais que je suis parfois bavard, reconnaît-il un peu gêné.

– *Parfois ?* l'enfonce Fred en riant. Si tu avais un brin de jugeote, mon pote, tu te douterais qu'un tel sujet ne passionne pas notre chère Nina. Rares sont les femmes qui aiment qu'on leur parle d'armes ! Surtout les jolies femmes...

– OK ! concède Steve, beau joueur. Passons à autre chose... Alors, de quoi, voulez-vous que nous parlions, Nina ? me demande-t-il, soucieux de se racheter. Voulez-vous me poser une question, à moi ou à Fred ?

– Eh bien, oui. Je voudrais poser une question à Fred...

– Je vous écoute, Nina.

– OK Fred... J'aimerais savoir comment vous êtes passé du métier de militaire à celui de spéculateur. Ça a été un sacré virage dans votre vie, non ?

Fred me regarde en se marrant. À côté de la table basse autour de laquelle nous sommes assis, il y a une commode sur laquelle sont posés des verres à whisky alignés comme des soldats à la parade. D'un geste vif, Fred rafle quatre d'entre eux qu'il pousse vers nous sans nous demander notre avis. En même temps, il s'empare d'une bouteille de bourbon.

– Jeune fille, si vous voulez connaître l'histoire de ma vie, il faudra d'abord que nous trinquions ensemble.

Et, avant que je n'aie pu objecter quoi que ce soit, il nous verse à chacun une bonne rasade du précieux liquide ambré.

Dans le même temps Steve, qui doit être rôdé à ce genre de cérémonial, ouvre la porte d'un petit frigidaire accolé à la commode. Quand il se retourne, dans une main, il tient un bol rempli de glaçons et dans l'autre une pince pour les servir.

– On the rocks ? me demande-t-il sur un ton enjoué.

À voir leur expression goguenarde à tous les deux, je me dis que dois tirer une drôle de tête. Il est vrai que l'alcool, d'habitude, ce n'est pas trop mon truc. J'ai dû me trahir...

– Volontiers, dis-je en tendant dans mon verre pour ne pas paraître impolie.

– Comment devient-on spéculateur ? reprend Fred en écho à ma question. Il contemple le sien par en-dessous, pensif comme si la réponse se trouvait noyée sous la banquise recouvrant la surface de son whisky. Eh bien, comme je vous l'ai dit, je suis allé faire la guerre en Irak, puis j'ai été démobilisé. De retour dans la vie civile, j'ai échoué à Las Vegas...

– Pourquoi Vegas ? s'enquiert Will comme s'il fallait qu'il y ait eu une raison au choix de Fred.

– Franchement, je n'en sais rien. J'aurais pu aussi bien atterrir ailleurs. Évidemment, il ne m'a pas fallu longtemps avant d'aller traîner mes guêtres aux tables de roulette et de black jack.

– Qui ne fait pas ça à Vegas ? Et vous avez réussi à ne pas vous ruiner ? Bravo ! dis-je en riant.

– Bizarrement, non ! En fait, grâce à quelques martingales, j'ai même gagné pas mal d'argent.

– Chapeau bas ! C'est suffisamment rare pour être souligné.

– Oui. Malheureusement, ça n'a pas été du goût de tout le monde...

– Comment ça ? fais-je en reposant mon verre de mon bourbon dont une première lampée m'a déjà tourné la tête.

– Eh bien, quand on repart des salles de jeu avec les poches un peu trop pleines, il peut se faire qu'on vous attende discrètement à la sortie. Des esprits chagrins qui veulent récupérer votre fric...

– Qui ça ? Des voyous ?

Fred vide son verre d'un trait comme pour effacer le souvenir d'un mauvais moment resté gravé dans sa mémoire.

– Non. Enfin oui et non... Des employés du service de sécurité de l'établissement. Le modèle gros bras si vous voyez ce que je veux dire.

– Oui, intervient Steve. Les casinos aiment bien empocher vos mises quand vous perdez. En revanche, ils n'apprécient pas de devoir payer de grosses sommes aux gens un peu trop vernis. Quand ils estiment avoir été floués par un joueur, il arrive qu'ils le malmènent pour récupérer ce qu'ils considèrent être leur dû.

– Et cela vous est arrivé ?

– Oui, ma chère Nina, cela m'est arrivé un jour. Ou plutôt une nuit... Ça s'est passé dans une ruelle un peu sombre où j'avais commis l'erreur de garer ma voiture. Ils étaient trois, armés de battes de base-ball, à m'avoir suivi. Comme j'ai refusé de céder, ils m'ont cassé quelques côtes et un bras pour m'obliger à restituer mes gains.

– Charmant ! Qu'avez-vous fait ensuite ?

– Ensuite, j'ai changé de passe-temps. Il faut reconnaître que j'étais un peu refroidi... Je me suis intéressé au marché des actions. La spéculation, c'est un peu comme le casino sauf que c'est beaucoup moins dangereux. On a plus de chance de gagner de l'argent et pratiquement aucune de finir à l'hôpital. Certes les banquiers ne sont pas toujours des enfants de chœur, mais à tout prendre, je préfère les escrocs en gants blancs aux bad guys de la maffia.

– Je vous comprends. Et qu'est-ce qui vous a fait passer du monde de la bourse à celui des cryptos ? Les cryptos, c'est parfois assez rock and roll, non ?

Avant de me répondre, Fred remplit de nouveau les verres déjà vides, c'est à dire celui de Steve et le sien. Il lève le goulot légèrement en direction de Will pour l'inciter à se joindre à eux.

– Oui, mais justement, c'est la volatilité de ce marché qui en fait tout le charme. En me mettant à spéculer sur les cryptos, j'ai retrouvé l'adrénaline de mes soirées devant le tapis vert. Le risque de me retrouver dans le plâtre en moins. Une fois qu'on a goûté à ce plaisir, c'est presque impossible de revenir en arrière.

Je ne peux être que d'accord avec Fred :

– C'est vrai que spéculer sur le Bitcoin ou les altcoins, c'est un peu comme une drogue... On dit que vous êtes devenu l'un des meilleurs dans ce domaine. Sauf erreur, votre podcast hebdomadaire sur YouTube est l'un des plus suivis de la planète crypto. Je me trompe ?

Mon compliment arrache un gloussement à Fred comme s'il ne s'en considérait pas digne.

– Vous savez, il faut rester humble... Au début, après mon retour de l'armée, je m'étais reconverti en simple programmeur. Rien de mirobolant mais c'est comme ça que je suis entré en relation avec votre père. Lui, au moins, il avait une sacrée vision des choses ! Il faut rendre à César ce qui est à César... C'est Satoshi qui m'a initié à cet univers et me l'a fait découvrir. Sans lui, j'aurai pu végéter encore longtemps et je ne serais sûrement pas devenu l'homme que vous connaissez aujourd'hui. Même si je ne l'ai pas eu l'honneur de le rencontrer en personne, je lui dois beaucoup.

– Quand même, ne soyez pas trop modeste, Fred ! Tout le monde s'accorde à dire qu'à ce jour vous êtes l'un des tous meilleurs traders de cryptos qui soit aux États-Unis. Si mon père était encore de ce monde, je suis sûr qu'il le penserait aussi.

Will profite d'un bref silence pour plaider ma cause auprès de Fred :

– Nina n'osera probablement pas vous le demander mais elle serait ravie de bénéficier de vos conseils. Elle admire vraiment beaucoup vos talents de crypto spéculateur. Sachez-le : vous êtes une véritable une source d'inspiration pour elle...

– Que la fille de Satoshi elle-même puisse m'admirer à ce point me comble, répond Fred amusé, peut-être un peu sceptique... (En clignant des yeux, mi-flatté mi-provocateur, il embraye :) Vraiment, Nina ? Je vous inspire à ce point ?

Quelque peu contrariée que Will m'ait dénoncée ainsi, je lui jette un regard noir en coin. Je n'ai plus d'autre choix que de passer à confesse.

– Je confirme, Fred. À vrai dire, je copie très souvent vos stratégies de trading quand vous les partagez sur certains sites. Je ne sais pas comment vous faites, mais j'ai constaté que vous aviez souvent un coup d'avance. Pourtant, c'est un marché difficile à appréhender, bien plus que celui des actions. Pour reprendre une image de casino, je considère que vous êtes un authentique as des as en matière de trading de cryptos. Si, si ! Vraiment !

J'ai été sincère, peut-être trop. J'y suis allée fort sur les compliments. La faute à ce fichu bourbon sans doute. Je n'ai pas l'habitude des alcools forts et celui-ci m'a fait de l'effet. En m'entendant tresser toutes ces couronnes de laurier à son compagnon, Steve réprime un éclat de rire.

– Wouaouh, Fred ! Pouffe-t-il. Si je n'étais pas convaincu de tes penchants coupables envers moi et si elle n'était pas déjà en couple avec son ami Will ici présent, je croirais que la belle Nina te fait là une déclaration en règle. Bon sang ! Quel Don Juan tu fais !

– Ah ! Ah ! s'esclaffe Fred à son tour. Il pose une main chaleureuse sur le bras de Steve comme pour le rassurer. Serais-tu jaloux, compañero ? Crois-tu franchement je pourrais virer de bord à ce point ? Ce qui n'enlève rien au charme de notre chère Nina, me glisse-t-il en aparté, taquin. Bien évidemment...

Pour corser son propos, il m'adresse une œillade appuyée qui me fait rougir jusqu'aux orteils.

Même si j'apprécie Fred et Steve, je ne suis pas encore totalement habituée à leur sens de l'humour. Je me crispe un peu.

– Bien évidemment, dis-je en écho, l'air plus détendue que je ne le suis vraiment. (Le terrain est un peu glissant, mieux vaut revenir à mon sujet. Même si c'est un peu maladroit, je décide de me jeter à l'eau.) Eh bien, Fred, allons-y pour la séance de questions ! Justement, j'en ai plusieurs. Vous êtes prêt ?

– Ah ah ! Je suis tout ouïe, Nina.

– On m'a souvent proposé d'utiliser de trader les cryptos en automatique. Des solutions de type robots à base d'IA. Un savant mélange d'agrégation de news et d'analyse de l'offre et la demande en temps réel. Ça paraît séduisant à première vue... Qu'en pensez-vous ?

– Je peux vous demander qui vous a proposé ça ?

– Oh... De vagues connaissances sur les réseaux sociaux... Des commerciaux de start-ups récemment lancées...

– Je vois. Et ils avaient de bons arguments pour vous convaincre ?

– En général, ils mettaient en avant le fait que personne ne peut rester les yeux rivés sur son écran H24 à surveiller les cours d'une flopée de jetons qui fluctuent au rythme des news qui tombent. Parfois brutalement...

– Ah ah ! C'est sûr que quand l'envie prend au camarade Elon de balancer un tweet qui fait dégringoler le Bitcoin ou mouner le Doge coin, il faut réagir au quart de tour. Sinon on risque de se prendre une jolie chandelle rouge ou, pire encore, de louper la fusée qui décolle d'un coup.

– Donc vous me recommandez d'investir sur ce type de solution ? De votre côté, vous l'avez fait ?

À voir sa grimace digne d'un acteur oscarisable, je me dis que j'ai dû contrarier Fred en pensant ça de lui.

– Nina, je n'ai pas de conseil à vous donner. Chacun fonctionne différemment. Moi, je suis de la vieille école, les bots et autres algos de trading à haute fréquence, ce n'est pas ma tasse de thé. Mais alors pas du tout ! Avec juste un peu de bon sens, on peut faire largement mieux que toutes ces IA de pacotille. Après tout, ce ne sont que des programmes développés par des humains. Alors elles ont forcément leur lot d'imperfections.

– Donc les IA, très peu pour vous ?

– Très peu pour moi ! En tout cas, tant qu'il y aura des hommes...

Ce n'est pas tous les jours qu'on a la chance de parler avec une légende du trading de cryptos. Qui plus est, auréolée de son passé de développeur ayant grandi dans le sillage de Satoshi – même s'il ne l'a pas rencontré en personne. Forcément, j'insiste un peu :

– Mais alors comment devrais-je m'y prendre pour ne pas avoir de mauvaises surprises ? Je ne parle même pas de m'enrichir... Continuer le copy trading comme aujourd'hui ? En faisant ça, j'ai l'impression de passer à côté de quelque chose...

– Nina, vous voulez mon avis ? Ce n'est certainement pas en faisant du copy trading que vous surperformerez le marché. Nul n'est infaillible et même les meilleurs traders ne gagnent pas à tous les coups. Je ne parle même pas des pseudo gourous qui ont misé sur tel ou tel meme coin et cherchent à vous influencer pour aller dans le sens de leurs propres intérêts.

Fred laisse tomber dans son verre quelques cubes de glace supplémentaires avant de poursuivre :

– C'est à vous, jeune fille, de vous forger votre propre expérience. De vous créer vos propres routines de spéculateur et ensuite, de vous y tenir. C'est comme ça que gagnerez votre vie, pas autrement. Et surtout que vous prendrez votre pied. Pas en imitant la stratégie de vos confrères. Je vous le garantis !

Visiblement, Fred est convaincu de ce qu'il avance. Au fond de moi, je sais qu'il a raison. Mais alors comment procéder ? Sans utiliser un outil de spéculation algorithmique ou sans faire de copy trading, comment s'en sortir ?

– Je veux bien Fred, mais à chaque fois que je me suis lancée dans l'analyse rationnelle des fondamentaux de tel ou tel projet crypto, en espérant dégoter un altcoin qui allait faire X10 ou X20, je me suis plantée en beauté. Les retournements de tendances sont si fréquents et imprévisibles sur ce marché. Je ne compte pas les fois où mes pronostics ont été bien déjoués et où j'ai bu le bouillon.

– Ça m'arrive aussi de me tromper, je vous l'assure ! Comme je vous le disais, nul n'est infaillible.

– Oui mais vous vous trompez rarement. Vous me faites penser à un canard sur les plumes duquel la pluie glisse pratiquement sans les mouiller. Alors, c'est quoi votre truc pour rester au sec ? Je veux dire pour gagner de l'argent alors que les autres en perdent ?

Encore une fois, sans le faire exprès, je provoque l'hilarité de Steve. En se tenant les côtes d'une main, de l'autre il expédie une bourrade amicale dans le dos de Fred.

– Eh bien, mon *petit canard* ! s'exclame-t-il en riant de bon cœur. Franchement, je crois que ce surnom te sied comme un gant. Je pense que je vais t'appeler comme ça dorénavant... Mon petit canard ! Ah ah !

Fred hausse les épaules d'un air blasé. Ignorant la blague de son compagnon – elle ne lui arrache même pas l'ombre d'un sourire, il reporte son attention sur moi.

– Votre question est excellente, Nina. Vous avez mis le doigt sur un point, selon moi, essentiel ! La réponse tient en deux mots : *analyse comportementale*... (Il affiche une expression si solennelle que même Steve s'arrête de plaisanter.) Je vais vous expliquer. Le truc, pour reprendre votre mot, Nina, c'est qu'on ne doit ne pas tirer sur tout ce qui bouge. Il faut être *sélectif* – un peu à la manière d'un chasseur qui guette sa proie. Souvent, il faut accepter de rester cash longtemps en attendant un signal favorable pour investir. Il faut agir au bon moment, ni trop tôt ni trop tard. Dans un cas, on perd de l'argent. Dans l'autre, on n'en gagne pas.

– Je comprends l'idée mais vous pourriez être plus explicite ?

– D'accord. Je vais vous donner une image. Une image de casino justement puisqu'on est à Las Vegas... Savez-vous ce que sont les compteurs de cartes au Black Jack ?

– J'avoue que non...

– Ce sont des petits malins qui suivent l'accumulation de certaines cartes dans le sabot. Lorsque celles-ci forment un pattern propice, ils augmentent leur mise. C'est ainsi qu'ils parviennent à battre le croupier...

– Je vois à peu près la logique. Mais, concrètement, comment l'appliquez-vous au trading des cryptos ?

– Le principe – et il s'applique aussi à la Bourse, c'est que ça ne sert à rien de faire des analyses compliquées en se basant sur toute une palanquée de ratios mathématiques. De toute façon, ça ne marche pas ou presque jamais.

Décidément, j'ai du mal à obtenir la recette miracle de mon gourou. Faisant preuve d'une patience inhabituelle chez moi, je reformule ma question :

– Mais alors, qu'est-ce qui marche, Fred ?

– Comme je le disais, ce qui marche, c'est l'analyse comportementale des personnes. Par personnes, j'entends les acheteurs et les vendeurs qui s'affrontent dans un bras de fer incessant. Les prix des actifs sur les exchanges fluctuent au gré de leurs ordres d'achats et de ventes.

– C'est rien de plus que la loi de l'offre et de la demande, précise Steve. Souvent cela ressemble à une partie de ping-pong ou le cours oscille à l'intérieur d'un canal. Un canal qui peut être haussier ou baissier.

– Voire même « ranger » horizontalement, reprend Fred. Il y a consolidation. Progressivement, la volatilité se réduit : les *bandes de Bollinger* se resserrent. C'est un peu comme le calme avant la tempête. À un moment, pour une raison – peu importe laquelle, l'équilibre se rompt et le marché s'emballe. Psychologie moutonnière des foules ! C'est le *breakout*.

– Eh oui, complète Steve. Quand le marché part ainsi à la hausse clairement, c'est là que vous prenez position pour profiter de la tendance qui va se développer. Ensuite, bien sûr, vous veillez à prendre vos profits avant la prochaine consolidation ou la prochaine correction. Il ne faut pas que être trop gourmand. En fait, c'est presque du bon sens !

Force est de reconnaître que les explications de mes deux mentors sont pour le moins lumineuses. Moi qui m'étais pratiquement cantonnée jusqu'ici dans une logique de copy trading ou d'analyse chartiste laborieuse, en les écoutant j'ai l'impression d'avoir franchi un cap.

– Je crois que je commence à saisir comment vous fonctionnez. En fait, vous agissez un peu comme des surfeurs qui attendent la bonne vague pour se dresser sur leur planche et se faire porter le plus loin possible. C'est ça ?

Fred paraît apprécier ma comparaison.

– C'est exactement ça, Nina. Concrètement, vous devez rechercher ce genre d'anomalies en « screenant » régulièrement les cours des principaux actifs, ceux qui sont suffisamment liquides. Disons le top 30 ou le top 50 en termes de market cap.

– Régulièrement ?

– Oui, une ou deux fois par jour. C'est juste une petite routine à suivre, pas bien méchante. Avec un peu d'habitude, ça ne vous prendra que quelques minutes tout au plus pour détecter ces configurations favorables.

– Est-ce que ça marche à tous les coups ?

– Pas à tous les coups, mais très souvent. La plupart du temps...

– Et, par malheur, si justement le marché se retourne à la baisse ? Je suppose qu'il ne faut pas s'entêter dans ces cas-là.

– Cela va sans dire. Si cela se produit, pour minimiser ses pertes, il faut alors liquider au plus vite les positions prises au départ.

– D'où l'intérêt d'avoir établi un plan de trade à l'avance, souligne Steve. Nombreuses sont les prises de positions qui ne mènent nulle part ou qui risquent d'entraîner des pertes conséquentes si on ne réagit pas assez vite. Il est crucial de se sortir de ces pièges pour ne garder que les trades gagnants. Il faut donc se définir à l'avance non seulement combien d'argent on veut empocher sur un trade, mais aussi combien d'argent on est prêt à perdre au maximum.

Le topo de mes deux interlocuteurs est décidément très clair et je hoche la tête d'un air entendu. Fred me jette un regard dans lequel je distingue plus que de l'empathie – presque de la tendresse. Un peu comme si j'étais une de ses nouvelles disciples et qu'il m'avait prise sous son aile...

– Est-ce que nos explications ont un peu éclairé votre lanterne, Nina ? me demande-t-il plein de sollicitude.

Séduite par ses explications, je lui adresse un sourire ravi.

– Absolument Fred, vous m'avez ouvert de nouveaux horizons. Si vous le voulez bien, avant notre départ, j'apprécierais de pouvoir passer une petite heure avec vous pour mettre votre enseignement en pratique. Vous seriez d'accord ?

– Ce sera avec le plus grand plaisir ! me répond-il radieux.

Visiblement, le moment de faire une pause est venu. Notre échange sur le trading de crypto avec Fred m'a captivée au plus haut point. Prise dans le feu de la conversation, je n'ai pas vu pas le temps passer. Soudain je m'aperçois que mon pauvre Will a décroché – depuis longtemps sans doute.

Heureusement pour lui, Fred s'en est rendu compte aussi. Pour changer de sujet et remettre Will en selle, il nous propose d'aller jouer au casino après le déjeuner.

– Venir à Vegas sans aller faire un tour sur le Strip, c'est tout bonnement impensable. Ça vous dirait d'aller défier la Banque cet après-midi tous les quatre ensemble ?

– Et comment ! lui répondons-nous comme un seul homme.

– Ça tombe bien. J'ai une martingale quasi infaillible pour gagner à la roulette... Je la tiens d'une croupière avec qui j'ai sympathisé en jouant au golf, des années après avoir cessé d'aligner mes jetons sur les tapis verts.

– Ah ? fais-je en levant le sourcil.

– Le principe est plutôt simple. Tous les quarts d'heure, les croupiers effectuent une rotation. Même si la roulette est parfaitement équilibrée (ce qui n'est jamais le cas) et que les numéros sont équiprobables en théorie, chaque croupier a sa propre façon de lancer la boule. Cela introduit un biais dont il est possible de tirer profit.

Là, ça commence à devenir intéressant. Mon côté joueur prend le dessus.

– Comment procédez-vous concrètement, Fred ?

– C'est simple. Pendant les dix premières minutes de la rotation entre croupiers, je note les numéros qui sortent à chaque lancer. En général, ils se concentrent dans un secteur particulier. Pendant tout ce temps, je me contente d'observer sans jouer...

Pas besoin d'être grand clerc pour deviner la suite de la combine. Je ne peux résister à la tentation d'ôter les mots de la bouche de Fred :

– ...Et pendant les cinq dernières minutes, vous passez à la phase de jeu en misant sur les numéros de ce secteur. J'imagine que vous le faites avant qu'un nouveau croupier remplace l'autre et que le schéma se modifie...

– Bravo Nina ! Vous avez tout compris... (Il sourit.) Ça vous dirait de vous jeter à l'eau et de tester ma martingale ? Si oui, je vous emmenons avec Will au *Cesar's Palace* pour la mise en pratique.

Une expression malicieuse éclaire son visage tandis qu'il précise :

– C'est un des rares casinos où j'ai encore mes entrées. Avec un peu de chance, on va les plumer !

Dans de telles conditions, difficile de résister à l'appât du gain. Notre déjeuner avalé, nous voilà donc partis aussitôt, direction le Strip. L'après-midi au Cesar's se passe plutôt bien : si nous ne gagnons pas des masses d'argent, au moins nous n'en perdons pas. C'est déjà ça.

De retour à la villa en début de soirée, nous n'avons qu'à glisser les pieds sous la table. Juanita nous a concocté un mets délicieux, des fajitas enchiladas, et nous la félicitons pour ses talents de cuisinière. Le repas achevé, Fred nous invite à prendre le digestif. Au salon, nous devisons en sirotant un cognac hors d'âge que Fred a sorti de sa réserve en notre honneur. Là encore, c'est un sans faute comme en témoignent nos claquements de langue enthousiastes.

Sur le coup de minuit, nous prenons congé les uns des autres et remontons à l'étage pour nous coucher. La journée a été intense et, avec Will, nous nous endormons à peine la tête posée sur l'oreiller.

CHAPITRE 11

En plein milieu de la nuit, nous sommes tirés de notre sommeil par une sonnerie stridente suivie d'un tambourinement à la porte de notre chambre. Même si elle est un peu assourdie, je reconnais la voix de Fred de l'autre côté de la cloison :

– Désolé de vous réveiller mais il se passe un truc bizarre. Il vaudrait mieux vous habiller rapidement...

Un peu désorientée, je me lève pour ouvrir. La lumière dans le couloir n'est pas allumée et je distingue mal les traits de Fred. Malgré la pénombre, je devine qu'il est tendu, lui d'ordinaire si calme.

– Pardon, fais-je d'une voix cotonneuse. Que se passe-t-il ?

– Notre système d'alarme a détecté une intrusion dans la propriété. Dans notre chambre on a un écran de contrôle relié aux caméras vidéo placées dans le parc. Ce sont des caméras à infra-rouge...

– Un cambrioleur ?

– Je ne pense pas. Il y a au moins six ou sept types qui ont franchi l'enceinte. Et encore, on ne les a peut-être pas tous vus.

– C'est vrai que ça fait du monde pour un cambriolage.

– Surtout, ils sont armés jusqu'aux dents. Des fusils d'assaut de ce que j'ai pu voir... À leur façon de se déplacer, on dirait un commando des forces spéciales.

– Ça ne me dit rien qui vaille, grommelle Will en passant la main dans ses cheveux ébouriffés.

- À moi non plus pour être franc. Je descends retrouver Steve qui est déjà au rez-de-chaussée pour préparer le comité d'accueil. Rejoignez-nous dès que vous êtes habillés. Il vaut mieux que vous ne restiez pas seuls.

À ce moment, des aboiements retentissent dans le parc, peut-être à moins d'une vingtaine de mètres de la villa.

– Ce sont Thor et Loki, s'exclame Fred. Les braves bêtes... Ils doivent s'efforcer de chasser ces fichus rôdeurs.

Soudain, retentit un bref glapissement. En l'entendant, Fred pâlit.

– Les salauds ! Ils s'en prennent aux chiens... Allez, il n'y a pas un instant à perdre. Il faut qu'on s'équipe pour les recevoir.

Après avoir enfilé un pantalon à la vitesse grand V, nous dévalons les escaliers à la suite de Fred. Steve nous attend aux bas des marches. Dans chaque main, il tient un M16 qu'il nous tend.

– Je viens de les récupérer à l'armurerie. Tiens, Fred, en voici un pour toi. Je ne sais pas ce que ces types ont en tête mais ils n'ont pas l'air clair. Mieux vaut être parés...

Visiblement, les réflexes de leur période militaire en Irak n'ont pas totalement disparu : pendant que Steve nous distribue des gilets pare-balles, Fred nous donne ses instructions.

– Nina et Will, allez-vous poster derrière ce buffet. De là, vous tiendrez sans risque la zone qui donne sur le salon et la salle à manger. Steve et moi, on couvrira celle qui va de la cuisine à la véranda. C'est la partie la plus exposée...

– Et s'ils entrent dans la maison et qu'ils ouvrent le feu sur nous ? s'inquiète Will.

– On leur rendra la pareille ! Mais ne tirez que si je vous en donne l'ordre. Surtout, restez accroupis et ne vous relevez pas. En aucun cas ! Je compte sur vous ?

Will et moi répondons par une grimace de consentement muet qui trahit notre niveau d'anxiété.

– La bonne nouvelle, glisse Steve pour nous rassurer, c'est que tous les ouvrants dans la villa sont protégés par des volets anti-effraction. On les a fait installer l'an dernier et ils sont plutôt solides...

– Ouais, murmure Fred. Désolé de casser l'ambiance mais les gus dehors n'ont pas l'air d'être des rigolos. S'ils en ont envie, ils peuvent facilement enfoncer tes volets ou même les faire sauter...

En imaginant ce qui risquerait de se passer alors, Will et moi échangeons des regards inquiets. Le pire c'est qu'aucun de nous ne sait qui sont ces individus ni ce qu'ils veulent.

À peine occupons-nous les postes qui nous ont été assignés que des coups violents ébranlent la porte d'entrée. Puis c'est au tour de celle de la véranda d'être malmenée à grand bruit. Heureusement, elle ne cède pas non plus aux assauts des intrus. Subitement, les secousses s'arrêtent, faisant place à un silence sépulcral. En posant un doigt sur ses lèvres, Fred nous fait signe de ne pas trahir notre présence. Toutes les lumières dans la maison sont éteintes et nous ne bougeons plus d'un pouce. J'ai envie de crier tellement j'ai peur mais je me retiens. En tremblant, je serre la crosse de mon arme contre moi. J'ai l'impression que c'est mon seul rempart entre moi et les fêlés dehors.

Soudain, deux explosions assourdies retentissent simultanément au niveau des portes testées par les assaillants un instant plus tôt.

Les vantaux volent en éclat, libérant le passage à une cohorte de fantômes qui pénètrent dans la villa en se suivant à la queue leu leu. Une dizaine d'ombres, armées de fusils à viseur laser, se faufilent ainsi par les brèches et entreprennent d'investir furtivement le rez de chaussée. Progressant pas à pas, de leurs faisceaux couleur de rubis, elles balayent méthodiquement l'espace où nous sommes dissimulés. C'est une vision de cauchemar et, malgré tous mes efforts, je sens mon cœur battre un peu plus vite au fur et à mesure de leur avancée.

Un des rayons laser finit par révéler l'une de nos silhouettes, celle de Steve en l'occurrence. Heureusement, celui-ci a le réflexe de se rencogner promptement derrière un meuble de la cuisine.

– Sors de là, lui ordonne l'homme dont le faisceau laser a accroché Steve. Maintenant !

À juste titre, Steve refuse de quitter son abri et de se rendre :

– Pour me faire descendre comme mon chien que vous avez liquidé tout à l'heure dans le parc ? Merci ! Et puis quoi encore ?

Vexé de se voir tenir tête, le type en face durcit le ton.

– Dernière sommation... Après ça, je te troue la peau, fils de p...

– Bon sang ! On peut discuter, non ?

Le type n'est pas du genre conciliant. Pour toute réponse, il lâche une rafale en direction de Steve. Les projectiles crépitent autour de notre ami et ricochent sur des objets métalliques, probablement des poêles ou des casseroles. Après s'être ainsi défoulé, le bougre cesse de tirer. Le silence revient. Pesant.

Le canon de son arme pointé en avant, le tueur avance pour finir le travail. Arrivé à hauteur du meuble derrière lequel Steve s'est blotti, l'homme marque une pause. Il s'apprête à presser la gâchette quand il aura sa victime en visuel, c'est à dire dès qu'il aura contourné ce dernier obstacle. Sûr de lui, il savoure cet instant par avance et s'octroie le luxe de donner une ultime leçon à sa future victime :

– Tant pis pour toi, Dugland. Je t'avais prévenu. Tu aurais dû m'écouter...

Évidemment, le tueur ignore que Steve est également armé et qu'il n'est pas du genre docile. L'heure n'est plus à la diplomatie mais à la légitime défense. Question de survie. Se redressant soudain hors de sa cachette, notre ami ouvre le feu sur son agresseur. Touché à bout portant, celui-ci s'écroule sans même comprendre ce qui lui est arrivé.

Aussitôt, ses deux équipiers les plus proches veulent riposter et mettent Steve en joue. Mais Fred qui était embusqué à proximité de son ami, les prend de vitesse. D'une salve brève, il les cueille par le flanc et envoie les deux lascars au tapis à leur tour.

À partir de là, ça devient le Far West. Les six ou sept ninjas encore debout défouraillent leurs calibres et se mettent à tirer dans tous les sens. Un peu pris de panique peut-être, ils ne font pas dans le détail et arrosent copieusement la cuisine. Autant pour venger les leurs que pour se rassurer eux-mêmes, sans doute. Ils ne s'attendaient certainement pas à une telle résistance...

Fred et Steve, eux, se sont déjà plaqués au sol et, prudemment terrés derrière le lave-vaisselle et l'évier, ils laissent passer l'orage. Durant une bonne minute, un déchaînement de violence pure déferle sur eux. Au point que certains des projectiles, après avoir transpercé plusieurs meubles, ne sont arrêtés que par les gilets pare-balles de nos amis.

Mais, tôt ou tard, toutes les roues finissent par tourner. Dès que les Ninjas ont enfin vidé leurs chargeurs, Fred et Steve profitent de l'accalmie pour se relever brusquement. À leur tour, ils ouvrent le feu sur leurs assaillants occupés à recharger leurs armes dont ils fauchent les premières lignes tel un jeu de quilles. C'est un vrai carnage : seuls deux des assaillants parviennent à refluer indemnes. Tant bien que mal, ils battent en retraite par le passage même qu'ils s'étaient frayé un peu plus tôt.

– Bien le bonjour chez vous, les apostrophe Fred survolté en brandissant son M16. Que ça vous serve de leçon !

– Oui ! Et on espère ne plus vous revoir de sitôt ! renchérit Steve, shooté lui aussi à l'adrénaline.

Fred et Steve ont allumé les lumières pour que nous puissions constater l'ampleur des dégâts. Will et moi sortons de notre cachette pour contempler le résultat du massacre. La scène qui s'offre à nous est apocalyptique. Le mobilier à été déchiqueté par l'impact des balles. Les cadavres d'une dizaine d'assaillants jonchent le sol au milieu des flaques de sang. Malgré moi, je me mets à vomir et je manque de peu de m'évanouir.

Me laissant en compagnie de Will qui me soutient de son mieux, Fred et Steve avancent dans la pièce pour voir s'il y a des survivants. Ils se sont un peu éloignés de nous lorsqu'un bruit provenant de l'escalier nous fait sursauter. Nous nous retournons dans cette direction et ce que je découvre me glace littéralement le sang dans les veines. Quelques marches au dessus de nous, comme sortis tout droit de l'enfer, se tiennent les deux effroyables jumeaux albinos. Un sourire narquois peint sur les lèvres, ils encadrent la pauvre Juanita, toute apeurée, et braquent le canon d'un pistolet sur sa tempe.

– Ha ! Ha ! s'esclaffe Bear en voyant ma surprise. Tu ne t'attendais visiblement pas à nous revoir de sitôt, jeune fille, me lance-t-il, goguenard.

– Mais qui diable sont ces types ? me demande Fred. Tu les as déjà vus ?

– Ce sont de vagues connaissances. Nos chemins se sont croisés une ou deux fois...

– Mais d'où sortez-vous ? fait Will en désignant l'escalier.

– Pendant que vous étiez occupés à en découdre avec notre petit groupe de mercenaires, nous avons escaladé les murs de la villa et sommes passés par l'étage. À en juger par le paquet de cadavres que vos copains ont semés au rez-de-chaussée, c'était le bon choix. On ne peut pas dire qu'ils ont fait dans le détail...

Visiblement le rouquin fait allusion à Fred et Steve qu'il toise de haut. Nullement impressionnés par son speech, nos amis braquent leurs armes sur lui et son adorable petit frangin.

– Tu devrais leur dire de ne pas pointer leur artillerie comme ça sur nous, me lance Bear. Au moindre faux pas, nous ferons gicler sur les murs la cervelle de leur charmante femme de ménage.

– Juanita, c'est comme ça que tu nous as dit que tu t'appelais ? ajoute Bull en faisant mine de cajoler la pauvre fille terrorisée. Ce serait vraiment dommage d'en arriver là. Tu as l'air si mignonne, *querida* !

– Bande de foutus salopards, rugit Steve. Si vous touchez à un seul de ses cheveux, ce sera votre cervelle à vous qui repeindra les murs de cette pièce.

– Allons, allons, messieurs ! Un peu de retenue s'il vous plaît. Encore une fois, baissez vos armes. Nous ne vous voulons aucun mal personnellement. Nous ne vous reprochons même pas d'avoir décimé notre groupe de mercenaires. À la limite, cela nous fera même faire des économies sur leur solde. Ha ! Ha ! Nous désirons juste nous entretenir un petit moment en tête à tête avec votre amie Nina. Elle a un petit secret à partager avec nous...

– Un petit secret ? répète Fred interloqué.

– Oui, votre chère petite Nina connaît la phrase qui sert de mot de passe pour accéder aux informations contenues sur une certaine clé... Je me trompe, mon enfant ?

Agacée, je ne réponds pas.

– Bon, assez plaisanté ! reprend Bear dont la patience semble subitement entamée. Maintenant, vous allez faire exactement que je vous dis. Sinon...

– Sinon ? Sinon quoi ?

– Sinon, je plombe votre petit amour de Juanita... Vous, les deux Guignols, vous allez commencer par lâcher vos flingues. Nina et son petit camarade, eux, vont nous rejoindre. Sans leur pétard, bien sûr. Nous procéderons alors à un échange : Juanita contre Nina. Allez, je vais compter jusqu'à trois...

– Hors de question, s'insurge Fred. C'est vous qui allez jeter vos armes par terre.

Pour toute réponse, l'albinos émet un ricanement sinistre.

– Un... fait-il en appuyant un peu plus fort avec son canon sur la tempe de Juanita. Deux...

Fred et Steve échangent un regard désemparé. Impossible pour eux de tirer sans que ça tourne au carnage. Ils sont bien obligés de capituler d'autant que je les y incite en posant ostensiblement mon pistolet au sol.

– OK ! dis-je en m'avançant les mains levées en l'air. Je me rends.

– Voilà une bonne petite fille, ironise Bear. Son visage se pare d'une expression si arrogante que j'en ai un haut-le-cœur.

À leur tour, mes trois compagnons s'exécutent à regret et se déssaisissent de leurs armes.

– Toi aussi, coasse Bull en désignant Will du menton. Tu viens avec nous. On t'embarque avec ta copine.

Une protestation sourde sort de ma gorge :

– Ce n'est pas ce qui était convenu. Vous aviez dit vous-même : Juanita contre Nina. Will ne faisait pas partie du deal.

– Ha ! Ha ! On ne voudrait surtout pas vous séparer, les tourtereaux ! De toute façon, maintenant vous n'avez plus le choix... On vous tient en joue.

Bien obligé, Will me rejoint aux côtés des affreux qui nous tiennent de près en respect. Quant à Fred et Steve, ils restent là où ils se tenaient quand les rouquins ont fait irruption, c'est à dire à une quinzaine de mètres de nous.

– Très bien, jubile Bear, le canon de son arme toujours braqué sur la tempe de Juanita. En voilà maintenant des otages ! Un bon paquet... On n'aurait pas un peu trop de monde à surveiller ? lance-t-il à son débile de frère.

Bull se livre à une opération de calcul mental si difficile pour lui qu'il est obligé de compter sur ses doigts avant de répondre.

– Oui, frangin. Ça nous fait beaucoup de monde à gérer. Ils sont trois et on a que deux flingues. On risque d'avoir des problèmes à un moment.

– C'est bien ce que je me disais, reprend Bear, d'un air sentencieux. Et, avant que personne ne puisse réagir, il presse la gâchette de son Glock. Une bouillie sanglante gicle du crâne de Juanita qui s'écroule foudroyée à ses pieds.

– Wouaouh ! exulte son jumeau en trépignant d'excitation. Là, mon pote, tu fais vraiment fort !

– Tas de fumiers ! fulmine Fred hors de lui. Avec Steve, ils veut ramasser son arme pour venger la mort de l'infortunée Juanita mais les rouquins les en dissuadent aussitôt. Ils me menacent ainsi que Will. C'est maintenant sur nos propres fronts que sont pointés les calibres des deux affreux.

– À votre place, je m'abstiendrais, rétorque Bear, sarcastique. Un accident est si vite arrivé...

Impuissants, nos deux amis sont bien obligés d'interrompre leur geste. Bear paraît se délecter de la situation :

– Voilà qui est plus raisonnable, raille-t-il. Ni vous ni nous ne souhaitons qu'il arrive du mal à notre chère Nina, n'est-ce pas ? Bon... Sur ce, nous allons devoir vous laisser...

Joignant le geste à la parole, Bear m'intime d'avancer. D'une bourrade, il fait comprendre à Will qu'il doit me suivre.

– Allez, les tourtereaux ! On va quitter cette charmante demeure. Notre carrosse vous attend dehors. On va aller dans un endroit tranquille pour discuter de choses sérieuses...

Juste avant de sortir de la villa, l'albinos se retourne vers Fred et Steve pour leur donner une dernière consigne :

– Quant à vous, Messieurs, je vous conseille de ne pas essayer de nous suivre. Dans l'intérêt de votre petite Nina, bien sûr... Tâchez de vous faire oublier.

Nous voici maintenant en train d'avancer dans le parc en direction de la grille d'entrée. Will et moi ouvrons la marche. Dans notre sillage, les rouquins ne nous lâchent pas d'une semelle. Leurs flingues collés dans notre dos nous enlèvent toute velléité de fuite.

Dans le lointain, il me semble entendre des sirènes de voitures de police. Je me prends à espérer que le déclenchement de l'alarme tout à l'heure a automatiquement prévenu la cavalerie et que celle-ci rapplique au grand galop. À moins que ce soit Fred et Steve qui aient appelé le 911.

Bear doit avoir l'oreille aussi fine que moi car il réagit aussitôt.

– Stop ! s'écrie-t-il. D'une béquille vicieuse, il expédie Will à genoux par terre. Toi, tu ne bouges pas ! commande-t-il. (D'un geste, il fait signe à Bear de coller le canon de son arme sur le crâne de mon petit ami.) On n'a pas beaucoup de temps. Les poulets vont rappliquer d'ici cinq minutes à peine. Alors, ma petite Nina, je vais aller droit au but...

– Qu'attendez-vous de moi ?

– Je te l'ai dit. La seed qui contrôle le wallet de ta mère... Je suis sûr qu'elle te l'a communiquée. Vous étiez très proches, elle et toi. Je me trompe, poupée ?

– J'aimerais bien vous la donner mais je ne la connais pas...

Un tic de contrariété plisse les lèvres du rouquin. Il désigne Will d'un mouvement du menton pour faire pression sur moi.

– Ton copain est dans la même situation que cette pauvre Juanita tout à l'heure. Si j'étais toi, ma belle, je ne jouerais pas à ce jeu-là. Accouche, avant que la flicaille débarque...

Quelle poisse ! La seule chose que Maman m'aie dite à propos de la seed, c'est que c'était les paroles d'une berceuse qu'elle me chantait quand j'étais enfant. Le problème, c'est que je ne m'en souviens plus. Je me rappelle juste qu'il était question de poissons nageant dans une rivière. C'est un peu mince...

Pendant que je me gratte vainement les méninges, le chronomètre tourne sans pitié. Le bruit à peine audible des sirènes des voitures de police s'est mué en un vagissement syncopé. Les albinos s'impatientent.

– Bon ! Alors puisque c'est comme ça, je vais lancer le compte à rebours, grince Bear entre ses dents. *Trois*...

On sent qu'il est tendu comme un arc. À tout moment les choses peuvent partir en sucette.

Allez ! Je fais un effort désespéré pour me souvenir des paroles de cette fichue berceuse. Hélas, rien n'y fait. Comprenant que sa dernière heure approche, Will courbe la tête. Visiblement, il se résigne à son sort. En le voyant agir, j'ai envie de pleurer. Des larmes d'impuissance embuent mon regard comme pour mieux me priver d'une inspiration qui décidément ne vient pas. Du revers de la main, j'essuie mes joues en maudissant ma mémoire défaillante.

– *Deux*...

Désespérément, je lève les yeux en direction du ciel. C'est une belle nuit étoilée. Grâce à la pleine lune, je distingue une échelle adossée au mur d'enceinte de la propriété. Je suppose qu'elle a été laissée là par les assaillants pour pénétrer sur place.

Visiblement c'est par là nos ravisseurs veulent repartir, leur méfait accompli.

J'en suis là de mes réflexions stériles quand je perçois un bruit saccadé se rapprochant rapidement. On dirait que quelqu'un court dans le parc vers nous, à toute allure. Mais, avec la pénombre, impossible d'en localiser l'origine exacte.

Bear a dû aussi entendre ce bruit de course effréné car il s'arrête de compter. Scrutant les alentours, il lève la main pour susciter la vigilance de son jumeau.

Soudain, les choses se précipitent. Bull est brutalement renversé par une masse sombre qui le percute de plein fouet. Il se met à couiner tel un goret qu'on égorge. Je comprends alors ce qui vient de lui arriver. C'est ce brave Loki, surgi de nulle part, qui vient de lui happer le poignet, lui arrachant l'arme avec laquelle il menaçait Will.

L'animal est féroce et Bear, pour défendre son frère, tente d'intervenir en l'abattant. Mais le chien est trop proche de Bull De plus, Loki remue frénétiquement dans tous les sens. Tirer sur lui, ce serait risquer de tuer son alter ego. Du coup, le rouquin s'avance pour distraire l'attention du molosse et l'attraper par le cou pour lui faire lâcher prise. Will en profite pour se relever discrètement. Du regard, je lui désigne un bosquet voisin pour que nous filions par-là tandis que les deux jumeaux sont accaparés à lutter contre Loki. Ce n'est peut-être pas très glorieux mais c'est sûrement ce qu'il y a de mieux à faire.

Avant que Bear nous ait vus décamper, nous sommes déjà en train de sprinter dans les bois. J'entends juste le cri de rage de l'albinos dans notre dos quand il comprend que nous nous sommes éclipsés en douce. Confiante dans le fait qu'il ne nous rattrapera plus, je cesse de courir un instant. Cachée derrière un arbre, je me retourne pour voir ce qui se passe.

La scène est confuse du fait de l'obscurité. Loki est couché par terre mais je ne parviens pas à savoir s'il est mort ou simplement assommé... Les jumeaux sont en train de battre en retraite vers le mur. Bear soutient son frère gêné par sa main mordue et l'aide à monter à l'échelle...

Le hurlement des sirènes est devenu maintenant strident. Au moins trois ou quatre voitures de police sont en approche rapide... Les deux albinos viennent de sauter de l'autre côté du mur. Pas facile de savoir s'ils parviendront à filer sans se faire intercepter au passage. Ça se jouera sûrement à un cheveu...

CHAPITRE 12

En découvrant l'hécatombe dans la cuisine, les flics du comté comprennent tout de suite qu'ils sont face à une affaire dont l'ampleur les dépasse. Avant même de nous demander quoi que ce soit sur notre rôle dans la tuerie, le shérif dégaine son smartphone pour demander en renfort une équipe d'agents fédéraux.

À l'autre bout du fil, le type doit être sacrément galonné car le shérif qui n'a pourtant pas l'air du genre à se laisser impressionner facilement, s'écrase platement. Aussitôt après avoir raccroché, il se tourne vers ses gars et leur aboie quelques ordres bien sentis, probablement les mêmes que ceux que le FBI vient de lui donner :

– Bon ! Les fédéraux vont débarquer demain aux aurores pour mener l'enquête à nos côtés. Vu les dégâts, ils vont envoyer du lourd : agents spéciaux, enquêteurs, légistes, police scientifique, la totale quoi... En attendant, ils veulent qu'on sécurise la scène de crime et qu'on boucle tout le périmètre. Alors les gars, si on ne veut pas y passer la nuit, il va falloir s'y coller maintenant ! Je compte sur vous pour me faire ça aux petits oignons et fissa. Allez, tas de feignants ! On se bouge !

Tandis que les hommes du shérif se déploient aux quatre coins de la zone de carnage, celui-ci nous entraîne à l'écart pour commencer à nous cuisiner. M'ignorant ainsi que Will, il s'adresse directement à Fred et Steve pour les questionner :

– Les amis, on se connaît depuis longtemps. Vous êtes des notables dans le coin et je vous respecte mais là, il va falloir que vous m'expliquiez ce qui s'est passé. Ça fait presque trente ans que je fais ce boulot et, de toute ma carrière, je n'ai jamais vu un tel bazar. Oui, on peut dire que c'est un p... de joli foutoir !

Après un bon quart d'heure d'explications, le laïus de Fred et Steve semble à peu près convaincre le shérif. Le fait qu'ils sont comme lui des vétérans de la guerre du Golfe joue probablement en leur faveur. Sans doute, crédibilise-t-elle notre histoire, aussi abracadabrante qu'elle puisse paraître au premier abord.

– Si vous voulez mon avis, ce micmac de ninjas débarqués de nulle part est complètement dément. Je ne suis pas sûr d'avoir tout gobé mais, comme il se fait tard, je vais me contenter de votre version – au moins pour ce soir. Je vais laisser aux gars du FBI le plaisir de vous cuisiner à leur sauce. Allez-vous reposer, vous en aurez sûrement besoin pour être en forme demain. Les fédéraux sont rarement des tendres et je suis prêt à parier qu'ils vont envoyer une pointure à la manœuvre.

Le shérif ne croit pas si bien dire.

Après une nuit peuplée de cauchemars Fred vient toquer à la porte de notre chambre pour nous proposer de prendre le petit déjeuner. En voyant son expression, je me dis que je dois vraiment avoir une tête de déterrée.

– Si vous n'y voyez pas d'inconvénient, fait-il en s'excusant, ce sera dans le salon. Comme vous vous en doutez, il n'est pas possible d'aller dans la cuisine. Les gars du FBI sont déjà là en train de prendre des photos partout et de relever des empreintes tous azimuts. Je ne sais pas si vous avez vu mais il est déjà presque onze heures.. Allez ! À tout de suite...

En hâte, Will et moi, enfilons nos habits et nous rejoignons nos amis qui ont déjà préparé le petit déjeuner. Tandis que je me confonds en remerciements, Fred, remplit nos mugs de café fumant. Généreux selon son habitude, il nous sert quasiment à ras-bord.

– Eh bien, Fred ! Lui fais-je remarquer, vous n'y allez pas avec le dos de la cuillère ! Franchement, je ne sais pas si je vais pouvoir en absorber autant. Il y a de quoi réveiller un mort-vivant.

– Si j'étais vous, Nina, je boirais tout mon café. Croyez-moi, vous allez en avoir besoin...

– Ah bon ?

– Oui. Les fédéraux sont chauds comme la braise. Ils fouinent dans tous les coins en ramassant chaque douille qu'ils trouvent avant de les ranger soigneusement dans des petits sachets en plastique. On dirait une armée de fourmis besogneuses que rien ne peut arrêter.

– Ils sont nombreux ?

– Un paquet ! Le pire, c'est qu'ils nous jettent des regards en biais comme si c'était nous les criminels. Heureusement qu'on en a vu d'autres et que le shérif leur a dit qu'on était des gens bien.

– Ils vous ont posé des questions ?

– Oui. Steve et moi avons déjà été interrogés par leur superviseur. Je peux vous dire que ce n'est pas un marrant. Il nous a demandé ce que vous faisiez chez nous et comment on avait fait connaissance.

– Ah... Et qu'est-ce que vous lui avez raconté ?

– Oh, des salades... Je lui ai dit que j'étais un peu votre coach en matière de trading, qu'on s'était connus sur les réseaux sociaux, ce genre de truc. Et que, du coup, Steve et moi, nous vous avions invités à passer quelques jours ici.

– Ce qui n'est pas faux d'ailleurs.

– Absolument.

– Vous leur avez parlé de Satoshi ? Je veux dire, vous leur avez mentionné la vraie raison de notre venue chez vous ?

– Rassurez-vous, Nina. Nos bouches sont restées cousues : nous avons occulté la raison réelle de votre venue.

– Fred, puisqu'on parle des questions que nous a posées leur superviseur, glisse Steve en posant sa main sur le poignet de son ami, il y a un truc que tu n'as pas dit à Nina et Will. À leur propos... Tu te souviens ?

– Le fait qu'il nous ait demandé leurs noms et de quelle ville ils venaient ?

– Exactement, fait Steve en se tournant vers moi. Il a dit qu'il vous connaissait et, en même temps, il a eu un grand sourire. Un sourire du genre carnassier...

Étonnée, je m'apprête à répondre à Steve pour lui demander à quoi ressemble ce mystérieux superviseur lorsque j'entends résonner un bruit de pas à l'autre bout du salon. Un jeune agent du FBI, vêtu d'un costume noir, façon Men in Black, s'encadre devant nous. Ayant jeté un regard envieux à notre petit déjeuner, il s'adresse à Will et moi, en nous invitant d'un geste à le suivre.

– Bonjour... Notre chef voudrait vous parler. Je vous accompagne...

Son ton est obséquieux mais ne laisse aucune place au refus. Après avoir échangé un signe de connivence discret avec Fred et Steve, résignés, nous lui emboîtons le pas.

L'homme nous entraîne dans une pièce à part, aménagée en bureau par l'équipe du FBI pour nous interroger en toute quiétude. Sur une table placée légèrement en retrait, est posé un ordinateur derrière lequel est assis un agent tout aussi jeune que le premier. Sans aucun doute, il ne s'agit que d'un subalterne à qui a été assignée la tâche de prendre des notes pendant notre entretien à venir.

Tandis que j'entends la porte du bureau se refermer dans mon dos, un autre personnage assis dans un coin de la pièce se dévoile à nous. Et là, surprise ! Face à nous, je découvre que se tient une vieille connaissance, quelqu'un que j'aurais certainement préféré ne pas rencontrer en une telle occasion.

Décontenancée, je m'exclame en m'efforçant de ne pas trahir mon émotion et lance d'une voix pleine d'assurance :

– Agent spécial Sanders ! Du diable si je m'attendais à vous voir là ! Mais que faites-vous donc ici ?

Crâne d'Œuf, puisque c'est bien lui hélas, me dévisage avec une expression moqueuse. Visiblement, tel un chat qui a attrapé une souris, il savoure l'instant et jubile derrière ses hublots.

– C'est amusant, Mademoiselle Mendes. Figurez-vous que j'allais exactement vous demander la même chose ! Décidément, vous êtes dans tous les mauvais coups ! En Arizona, tout d'abord, je croise votre route en enquêtant sur une affaire de graffiti subversifs à laquelle vous êtes mêlée avec votre petit ami ici présent. Certes, les soupçons qui pesaient sur vous n'étaient pas suffisamment étayés pour vous inculper. Sauf que maintenant, voilà que je vous retrouve ici, au Nevada, impliquée dans une tuerie de masse. Vous avouerez que ça fait quand même une sacrée coïncidence ! Si votre culpabilité est prouvée – tout au moins votre responsabilité en tant que complice, on pourra dire que vous avez franchi une étape significative sur l'échelle du crime. Taguer des murs, ça peut encore passer. Liquider une dizaine de bonhommes à la Kalachnikov ou au M16, là, ce n'est plus de la rigolade. Si vous voulez me persuader de votre innocence et ne pas croupir jusqu'à la fin de vos jours en prison, il va falloir que vous soyez sacrément convaincants...

Pour commencer, j'ai besoin que vous me racontiez en détail ce qui s'est passé cette nuit et ce que vous étiez venu faire ici chez deux hommes qui n'ont pas, à ma connaissance, particulièrement coutume de fréquenter des couples hétérosexuels.

À partir de là, Will et moi subissons de la part de Crâne d'Œuf un feu roulant de questions. À plusieurs reprises, il tente de nous déstabiliser mais nous ne cédons pas à ses manœuvres sournoises. Sobres et efficaces, nous nous en tenons à la version que Fred nous a soufflée dans la cuisine : j'ai fait sa connaissance sur les réseaux sociaux en faisant du copy trading de sa stratégie d'investissement cryptos, c'est un trader génial que j'admire, je fais partie de son fan club, il nous a invités à passer quelques jours chez lui pour peaufiner mon coaching – ce genre de salades…

– Et qui étaient tous ces ninjas qui ont débarqué chez vous en pleine nuit, armés jusqu'aux dents ? En avez-vous la moindre idée ? Qu'étaient-ils venus faire dans une villa perdue au milieu de nulle part ? Forcément, ils cherchaient un truc particulier.

– Désolés, on n'en a pas la moindre idée.

– Et les deux types qui ont liquidé la femme de ménage et l'un des chiens ? D'après vos amis gays, ils vous ont entraînés dans le jardin où ils ont failli vous liquider. Je suppose que vous avez vu leurs visages de près avant qu'ils s'enfuient au moment de l'arrivée de la police. Vous pourriez nous donner un signalement ?

Sans savoir pourquoi, j'ai l'impression qu'à ce moment, Sanders me tend un piège. Quand ma mère a été retrouvée pendue, je n'ai pas mentionné l'existence des deux albinos – afin de pouvoir me venger d'eux plus tard sans risquer d'être inquiétée par la justice. Ce ne serait sûrement pas très malin d'en parler maintenant. Mieux vaut s'abstenir et passer son tour.

– Impossible, il faisait noir. En plus, ils marchaient derrière nous. On n'a rien vu qui permettrait de les identifier.

Crâne d'Œuf est loin d'être un imbécile. Il sent bien que je ne lui dis pas la vérité, en tout cas pas toute la vérité. Confronté à mon refus obstiné de coopérer, il ronge son frein et fulmine.

Exaspéré, il referme brutalement son dossier et me décoche une pique sournoise pour se défouler.

– Très bien ! On verra ce que nous diront les gars de la police scientifique. Ils auront bientôt fini de passer au peigne fin les empreintes digitales sur les armes ayant tiré des cartouches... Si jamais on relève les vôtres sur l'une d'entre elles, je vous garantis que vous me chanterez une autre chanson !

La tentative d'intimidation de Crâne d'Œuf ne m'impressionne guère. Ni moi ni Will n'avons tiré aucune balle. Le résultat de cette analyse est donc connu d'avance. Sûre de moi, je ne résiste pas au plaisir de l'agacer davantage. D'une voix flûtée, genre jeune blonde naïve et innocente comme l'agneau qui vient de naître, je persiste dans ma version des choses :

– Mais enfin, agent Sanders, je vous le répète encore : nous avons été sauvagement attaqués par tout ce tas de brutes. Quand même, nous avons bien failli y rester ! Dans cette affaire, il est clair que nous ne sommes que des pauvres victimes.

Mon numéro de petite gourde terrorisée semble faire des émules auprès de Will. Sentant l'instant propice pour faire grimper Crâne d'Œuf au rideau, il enfonce le clou en poursuivant sur le même registre que moi :

– Le pire, c'est que nous ignorons totalement pourquoi ces hommes nous ont attaqués. Peut-être voulaient-ils simplement dérober des objets de valeur qu'ils pensaient se trouver dans la maison de nos hôtes ? En tout cas, on peut dire qu'ils nous ont flanqué une peur bleue.

À ces mots, Sanders lève les yeux au ciel. Excédé, il tape du poing sur la table.

– Vous êtes sérieux ? rétorque-t-il sèchement. Franchement, vous croyez qu'une bande de tueurs armés jusqu'aux dents a débarqué dans cette villa juste pour subtiliser un ou deux objets de collection banals – des fichus masques africains ou des tapis ethniques brodés dans je ne sais quel trou du cul du monde ? Il fallait bien qu'ils aient une foutue raison, c'est sûr. Pas de chance, ils ont tous été refroidis ou ont pris la poudre d'escampette. Alors, vous êtes vraiment certains que vous n'avez rien à me raconter ?

La voix de Sanders a tonné si haut et si fort que le petit jeune assis derrière son ordinateur, occupé jusque-là à prendre des notes en silence, fait un saut de carpe sur sa chaise. Je me dis qu'il vaut mieux ne pas en rajouter une couche. Pudiquement, Will et moi baissons les yeux en feignant d'adopter une attitude soumise. Un ange passe en volant à tire d'ailes. Les yeux de Crâne d'Œuf lancent encore quelques éclairs avant qu'il finisse par se radoucir, mais à grand peine. À bout d'arguments, excédé, il se lève d'un coup. Avant de nous quitter en claquant la porte derrière lui, il nous lance d'un ton qui n'admet pas la réplique :

– En attendant les conclusions de cette investigation, vous resterez sur place et vous vous tiendrez à disposition de la justice. Interdiction formelle de quitter le comté. Nous nous reverrons bientôt, soyez-en sûrs !

CHAPITRE 13

Pendant plus de trois semaines, le FBI nous laisse copieusement mariner, assignés à résidence chez Fred et Steve. Heureusement, les meilleures choses ont une fin. Au moment où nous nous y attendions le moins, les fédéraux se manifestent pour nous tenir enfin au courant de notre sort.

C'est le même jeune agent qui nous avait accompagné au salon pour l'interrogatoire initial qui se pointe à nouveau, la bobine toujours aussi enfarinée et l'air toujours aussi constipé.

Il s'adresse à Will et moi en lisant ses notes pour ne pas se tromper comme un bon élève qui récite sa leçon qu'il a consciencieusement apprise. Il nous informe que la police scientifique a déterminé l'absence de notre implication dans les coups de feu tirés cette fameuse nuit. Nous sommes donc lavés des soupçons d'homicide qui pesaient sur nous. En conséquence de quoi, nous retrouvons notre liberté de mouvement.

Hourra !

Quant à Fred et Steve, qui eux ont fait usage de leurs armes, par chance, la balistique a déterminé qu'ils avaient agi en situation de légitime défense. Ce point a été confirmé par les enregistrements de plusieurs caméras de vidéo surveillance placées dans la villa. Ceux-ci ont prouvé aux enquêteurs que les intrus avaient pénétré chez nos amis par effraction, en étant animés d'intentions hostiles et qu'ils avaient ouvert le feu les premiers. Il n'y a donc pas matière à débat. Fred et Steve se retrouvent ainsi exonérés de toute charge, eux aussi.

Alléluia !

Au passage, nous apprenons que notre agent spécial préféré est reparti pour Washington ou Los Angeles, quelque soit l'endroit où l'appelait sa prochaine mission.

– Nous nous en tirons à bon compte, dis-je dès que nous nous retrouvons seuls. Je suppose que Crâne d'Œuf n'a pas été réjoui lorsqu'il a dû valider les conclusions de l'enquête auxquelles avait abouti son équipe.

– Il n’est même pas venu nous saluer, remarque Will. C'était pourtant la moindre des choses puisqu’il supervisait cette enquête. Il s’est sûrement senti très frustré de ne pas pouvoir nous inculper. Ah ah !

– Je suppose qu'il n'a pas voulu nous offrir le plaisir de contempler sa déception en nous annonçant lui-même que nous étions disculpés. Il a préféré s'évaporer en douce, tel un lâche. Après tout, j'en aurais fait peut-être autant à sa place.

– Et si on fêtait cet heureux dénouement en retournant jouer au casino tous les quatre ? Et puis, vous resterez bien encore quelques jours chez nous ? Ah ah !

TROISIÈME PARTIE

MIDWEST ET NEW YORK – Nov. 2021

CHAPITRE 14

Il y a quelques jours, nous nous étions parlées au téléphone avec Raquel. Elle m'avait proposé de venir lui rendre visite avec Will à New-York. Une invitation à passer du bon temps dans la Grande Pomme avec sa meilleure amie, ça ne se refuse certainement pas sauf que, étant coincée à Las Vegas jusqu'à nouvel ordre, je n'avais pas pu m'engager alors. Maintenant libre à nouveau de folâtrer où bon me semble, je m'empresse de la rappeler. Avec la plus grande joie, nous convenons d'une date proche pour nous retrouver à New-York.

Après avoir pris congé de Fred et Steve non sans regret (nous sommes devenus très proches après leur accueil chaleureux et ce séjour mouvementé en leur compagnie), nous reprenons donc la route, cette fois-ci en direction de la côte est.

Après une étape par Denver, nous quittons le Colorado pour entrer dans le Nebraska, où nous arrivons en début de soirée à Ogallala.

En hommage à Larry McMurtry, un de mes auteurs préférés, nous faisons halte à l'auberge *Lonesome Dove*. Nous sommes vernis : on nous attribue une grande chambre, digne de Gus et Lorena, les deux héros du livre éponyme. Nous avalons un dîner frugal puis, exténués, nous filons nous coucher.

Assommée par notre longue route, je m'endors telle une masse. Ma nuit est influencée par la vision des paysages que nous avons parcourus autant que par le souvenir de mes lectures. Je la passe à rêver de gigantesques troupeaux de bétail meuglant dans des plaines infinies. Autour de moi, des cow boys crasseux à cheval houspillent leur horde de bovins. Je monte un étalon rétif et me cramponne à sa crinière pour ne pas tomber. À chaque ruade, mon dos me lance mais je suis obstinée et je ne lâche pas prise.

Le lendemain matin, par bonheur, c'est autre chose. En me réveillant, je me sens d'attaque. Il faut croire que ces songes peuplés de bêtes à cornes et de cowboys à lassos m'ont gratifiée d'un sommeil réparateur. À moins que ce soit la douceur de l'air des prairies qui me réussisse. Will aussi est en forme, à en juger par la voracité avec laquelle il engloutit son petit-déjeuner. Galvanisés, nous décidons de faire un détour par le nord pour voir *Carhenge*, un site d'épaves de voitures inspiré de Stonehenge.

Nous roulons vers notre destination, bercés par le son de notre sempiternel Dire Straits quand soudain Will éteint la musique. Son geste vif me fait sursauter et je le dévisage avec surprise.

– On est suivis, me dit-il, le front barré d'une ride de contrariété. J'ai déjà remarqué cette voiture hier derrière nous. Une Audi blanche, ce n'est pas courant par ici. Et là, voici qu'elle rapplique. Je n'aime pas ça. On va la semer...

Will vérifie que j'ai bien bouclé ma ceinture avant d'accélérer. D'un coup, il écrase le champignon et la Tesla bondit en avant. Tout d'abord distancée, l'Audi réagit. Elle revient sur nous sans pour autant combler son retard car Will roule à vive allure. La course-poursuite continue ainsi pendant un bon moment sans que l'écart se réduise. Hélas, nous sommes ralentis par un camion qui se traîne devant nous. L'Audi en profite pour nous rattraper – au grand dam de Will. Agacé, il grince des dents en serrant son volant avec impuissance :

– C'est bien notre veine ! Avec tous ces virages, on n'a pas de visibilité. Impossible de doubler ce foutu bahut. Quel escargot !

Will klaxonne mais en vain, le camion ne bouge pas. L'Audi est maintenant presque collée à notre pare-choc arrière. Coincés entre le poids lourd et la grosse berline allemande, nous sommes pris en sandwich. Subitement un choc nous propulse en avant. C'est l'Audi qui nous a percutés. Elle essaye maintenant de nous pousser sous le camion... Heureusement les freins de la Tesla tiennent bon et l'Audi ne parvient pas à ses fins.

Changeant de stratégie, elle déboîte et se porte à notre hauteur. Le passager de la berline baisse sa vitre et nous salue d'un geste provocateur. Avec effroi, je reconnais Bull et, assis à la place du conducteur, son albinos de frangin. Narquois, poil de carotte nous lance :

– Alors, les tourtereaux ! On se ballade ?

Insensible à son humour, je lui adresse un doigt d'honneur. Il faut croire que ma réponse ne plaît pas aux rouquins : Bear riposte en donnant un coup sec de volant vers nous. Dans un mouvement violent de gauche à droite, l'Audi nous bouscule. Will contre-braque sèchement pour ne pas aller dans le fossé. Sa réaction est puissante : c'est au tour de l'Audi d'être chassée vers l'extérieur de la chaussée. Mais Bear a des réflexes et il redresse lui aussi sa trajectoire. Il revient à la charge, nous frappant de nouveau latéralement. Les deux véhicules se mettent à tanguer dangereusement. Ils s'engagent dans un affrontement sauvage en se heurtant à tour de rôle, portière contre portière. Étrangement, le camion qui nous bloque semble ignorer la violence du duel auquel nous nous livrons derrière lui.

– À croire que ça l'amuse de nous voir nous bagarrer comme ça, grogne Will en esquivant de justesse un nouveau choc. Il pourrait au moins se pousser pour nous laisser passer.

Mes yeux sont rivés sur le hayon du poids lourd qui forme un mur devant nous.

– Peut-être qu'il ne peut juste rien faire, dis-je fataliste. Ni ralentir ni accélérer. S'il freinait, il risquerait de nous envoyer au tapis. Si ça se trouve, il ne nous voit même pas tellement nous sommes proches...

Soudain, sur notre gauche, la voiture des jumeaux pile dans un crissement de pneus effroyable. On dirait qu'elle veut éviter un obstacle inattendu, invisible pour nous. L'Audi plonge brutalement du museau en soulevant un nuage de fumée bleue dans son sillage. Elle tente de se rabattre à droite mais, par réflexe, Will freine également ce qui l'empêche de se ranger derrière nous. À ce moment, devant nous, retentit un barrissement effroyable qui résonne comme une corne de brume dans la tempête. C'est un énorme camion aux chromes rutilants, surgi de nulle part, qui déboule à pleine vitesse. Le mastodonte fonce droit sur l'Audi, coincée dans la voie réservée aux dépassements. Pour ne pas être broyée par le bolide en face, elle se jette en catastrophe sur le côté gauche de la route. Malheureusement pour elle, l'Audi percute un talus qui la fait capoter. En tournant le regard, comme dans un film au ralenti je la vois partir en vrille puis retomber lourdement sur le bas-côté. Après plusieurs tonneaux, elle finit par s'arrêter de rouler sur elle-même.

Will freine et, dès qu'il le peut, se gare sur le bord de la route. Abasourdis, nous sortons de la Tesla et nous courons vers la carcasse de l'Audi pour constater les dégâts. La voiture des jumeaux, ou ce qu'il en reste, s'est retournée sur le toit. Le côté passager est le seul à peu près accessible. Le visage ensanglanté, retenu à son siège par sa ceinture de sécurité, Bull a la tête en bas et les bras ballants. À son expression figée, il est clair que le voyage est pour lui définitivement terminé. Au passage, je remarque qu'à son cou pend une espèce de collier. Reconnaissant le Satoshi wallet de ma mère, je l'arrache d'un coup sec et le lui reprend. Comme s'il était encore vivant, je lance à l'assassin de ma mère une ultime invective :

– Espèce d'ordure ! Tu n'en auras plus besoin maintenant !

Du côté conducteur, c'est à peu près la même histoire. Même si on ne peut pas s'approcher assez près du deuxième albinos pour s'en assurer, il ne fait pas de doute qu'il a subi le même sort que son frère. Le volant lui a défoncé la poitrine et il ne bouge plus un cil. Son visage est couvert de sang.

– Bon sang, s'exclame Will. Tu parles d'un sacré accident ! Ils n'avaient aucune chance de s'en tirer.

– Ils n'ont eu que ce qu'ils méritaient. Au moins, justice a été rendue. Nous devions bien ça à ma mère. Qu'ils aillent pourrir en enfer ! fais-je en crachant par terre.

– Le pire c'est qu'aucun des deux camions ne s'est arrêté.

– Peut-être n'ont ils pas remarqué ce qui s'était passé ?

– Là, je crois que tu es naïve. À mon avis, ils ont pris le large pour ne pas rendre de comptes à la police. Leur responsabilité aurait pu être engagée.

– Bon ! Et nous, qu'est-ce qu'on fait ? On appelle les flics ?

– Tu plaisantes ? Après ce qui vient nous arriver à Las Vegas, on a intérêt à faire profil bas. Nous aussi, on va filer en douce. Ni vus ni connus. Viens ! Il ne faut surtout pas moisir ici...

Par prudence, nous décidons de changer d'État et d'emprunter des routes peu fréquentées. Nous obliquons donc vers le Dakota du Sud en longeant plusieurs réserves indiennes situées plus au nord – Pine Ridge, Rosebud, Crow Creek, Yankton. Après avoir traversé le Missouri, nous parvenons en fin de journée à Sioux Falls où nous nous installons dans un petit hôtel tranquille.

Le matin suivant, nous allons admirer le spectacle des chutes dans le parc de la ville où nous passons un long moment. Peut-être sommes-nous recherchés par la police à l'heure qu'il est. Peut-être allons-nous croupir en prison pour des années. Alors, autant profiter des bons moments qui nous sont offerts. Avant de repartir, nous nous offrons un petit plaisir : une dégustation de bières artisanales à la *Miner Brewer Company*.

Nous roulons maintenant vers la région des grands lacs. Cap sur Chicago, une ville que nous ne connaissons pas et que nous voulons visiter. Nous avons aussi une autre raison de nous rendre là-bas. C'est de cet endroit que Satoshi a envoyé à Fred un potentiel indice – la photo du pêcheur à la mouche. Mais ce personnage énigmatique est-il Satoshi lui-même comme le pense notre ami Fred ? Impossible de le savoir car le cliché a été cadré pratiquement de dos. Il ne s'agit donc que d'une pure spéculation.

Quoi qu'il en soit, j'ai tout oublié de l'apparence de mon père. Mes souvenirs se sont envolés. Si je le rencontrais aujourd'hui, je serais sûrement incapable de le reconnaître. À l'époque, déjà, je le voyais rarement. J'étais aussi trop jeune pour me rappeler de lui. Sans compter que cette photo a été prise il y a plus de douze ans ! S'il est encore de ce monde, Satoshi Nakamoto a dû bien changer depuis tout ce temps. Comme il ne s'est plus jamais manifesté auprès de quiconque, il y a même fort à parier qu'il est désormais mort et enterré, six pieds sous terre.

Que puis-je donc raisonnablement espérer découvrir à Chicago ? A priori rien : notre incursion là-bas risque fort d'avoir pour moi des relents de simple pèlerinage…

Je n'aime pas les grandes villes mais pour Chicago, je suis prête à faire une exception. La silhouette de sa skyline se reflétant dans les rives du Michigan me fascine. Au plus profond de moi, je ressens l'énergie qui émane de ces gratte-ciel brillants de mille feux. Le miroir du lac glacé qui les borde est comme un écrin pour eux.

Aujourd'hui, il neige...

Attirée par les nombreuses boutiques que nous croisons au gré des rues, j'oblige le malheureux Will à m'accompagner dépenser notre argent en vaines babioles.

Nous ressortons d'un des parkings du centre ville où nous nous sommes garés lorsqu'une patrouille de police nous interpelle. Apparemment, c'est la tôle froissée sur le côté de la Tesla qui a attiré son attention.

Un des agents nous demande nos papiers d'un ton sévère puis les passe à son collègue pour vérification. Il entreprend de faire le tour de notre voiture. Méticuleusement, il l'examine sous toutes ses coutures. Il nous explique que nous ne sommes pas censés rouler avec un véhicule dans cet état. Il conclut son inspection en nous remettant une injonction à effectuer rapidement les réparations qui s'imposent.

– Tu as vu ? me souffle Will dès que le policier a tourné les talons.

– Quoi donc ?

– Il a relevé le numéro de notre plaque d'immatriculation. On risque de faire l'objet d'un signalement dans cet État. Imagine qu'ils aient relevé des traces de peinture rouge sur l'épave de l'Audi. Les flics pourraient établir un lien avec ce qui nous est arrivé dans le Nebraska. Je veux dire la mort des deux jumeaux...

– Tu crois vraiment ? C'est un peu mince, non ?

– Je ne sais pas... Il se pourrait que le conducteur d'un des deux camions ait spontanément contacté la police du Comté.

– Quoi ? À propos de l'accident ?

– Oui. Suppose qu'il ait dit aux flics qu'une Tesla rouge était impliquée. Il pourrait y avoir ensuite un rapprochement avec notre interpellation à l'instant.

– Et pourquoi l'un des conducteurs de camion aurait fait ça ? Personnellement, j'en doute.Tu te souviens comme ils ont filé ?

– Pour des tas de raisons. Pour ne pas être accusé de délit de fuite. Ou de non assistance à personne en danger. Pour soulager une conscience trop lourde...

– Bof... Tu crois sérieusement que la police peut effectuer des recoupements entre des accidents et des signalements de véhicules endommagés ? Surtout quand ça se passe dans des états différents ?

– Oh oui ! Tu sais, les flics disposent de moyens informatiques puissants – des logiciels d'analyse couplés avec de l'IA, des outils de matching automatiques, ce genre de trucs quoi.

– Possible mais j'en doute. Par contre, je veux bien t'accorder qu'ils ont deux ou trois bases de données au niveau fédéral.

– Nous avons quand même semé deux cadavres derrière nous. Il y a forcément une enquête en cours pour déterminer les causes de l'accident. Il ne faudrait pas qu'on nous colle la mort de ces foutus albinos sur le dos.

– OK. Mais alors, que penses-tu que nous devrions faire ?

– Je pense qu'il ne faut pas s'éterniser ici. On doit foncer direct à New York. Se fondre dans la masse. Faire réparer la bagnole là-bas dans un petit garage. Et basta, fin de l'histoire.

Les arguments de Will se tiennent. Je finis par me ranger à son opinion :

– D'accord. Le shopping au pays de Al Capone, ce sera pour une autre fois. De toute façon, j'ai hâte de retrouver Raquel. Allons-y ! En route pour la Grosse Pomme...

Aussitôt dit, aussitôt fait. Dès que nous sommes sortis de l'agglomération de Chicago, j'appelle Raquel pour la prévenir de notre arrivée prochaine. Sa joie de nous revoir bientôt fait plaisir à entendre.

- Comme je suis heureuse ! s'exclame-t-elle à l'autre bout du fil. En fait, je devrais dire « nous »... Je ne crois pas t'avoir dit, mais maintenant j'ai un petit ami... On habite ensemble. Il s'appelle John. Tu verras, il est super.

– Wouahouh ! Félicitations, Raquel ! Tu m'avais caché ça.

– Normal, c'est tout récent. On vient juste d'emménager dans un nouvel appartement à Greenwich Village. Quel bonheur !

– Génial ! Je suis vraiment contente pour toi. Dans quel coin êtes-vous ?

– Tout près de Washington Square. Je t'envoie l'adresse sur WhatsApp...

Quittant l'Illinois, nous traversons l'Indiana avant de rentrer dans l'Ohio. Encore un peu de route et nous nous arrêtons à Cleveland pour la nuit. Il fait encore plus froid qu'à Chicago et nous enfilons un pull supplémentaire car notre motel n'est pas assez chauffé.

CHAPITRE 15

Le lendemain, après avoir dégivré notre pare-brise, nous repartons de bonne heure. Malgré la météo défavorable, nous roulons plutôt bien et nous réussissons à parvenir à New York en fin d'après-midi.

Trouver la maison de Raquel s'avère moins difficile que ce que je craignais. Elle habite un de ces immeubles typiques du *Village*, en grès rouge, situé dans une petite rue bordée d'arbres.

Raquel nous accueille à bras ouverts. Son appartement est meublé dans un style baba cool qui lui correspond bien. Elle nous présente son compagnon, un garçon charmant, habillé comme elle en mode grunge. Intarissable, elle nous explique qu'ils se sont connus dans sa start-up où il travaille à l'informatique. Tous les deux partagent la même passion pour le street art et les NFT. C'est ce qui les a rapprochés.

– John et moi, on rêve d'aller passer des vacances un jour en France. Il se passe énormément de choses au niveau art urbain à Paris. Cette idée nous emballe. Pour tout vous dire, on est en relation avec des street artistes extrêmement connus là-bas.

– Oui, précise Will. On échange régulièrement avec des frenchies. L'un d'eux nous a proposé de participer à une performance à plusieurs. Le plan, c'est de taguer un mur géant en mode éphémère. On pense faire ça sur un monument connu, comme l'Arc de Triomphe ou le Louvre. La provo à la Banksy, c'est très tendance. On voudrait faire de notre œuvre un NFT complètement unique en son genre. Avec un peu de chance, on pourrait le vendre aux enchères chez Sotheby's et, qui sait, en tirer un bon prix.

John parle au ralenti comme s'il avait fumé plusieurs joints et qu'il planait. Il a de grands yeux qui rotulent qui lui donnent l'air d'un caméléon. Je le regarde en souriant. Ce type me plaît bien – peut-être son côté décalé, mi-artiste mi-business. C'est sûr qu'avec Raquel, il font bien la paire.

Après nous avoir montré notre chambre, ma copine me dit qu'elle a posé un jour de congé. Toute joyeuse, elle me prend par le bras.

– Comme ça, ma chérie, on pourra passer du temps ensemble. Que diriez-vous d'aller visiter le MOMA demain ? Vous êtes partants ?

– Si je suis partante ? fais-je ravie. Et comment !

Will, lui, nuance sa réponse :

– Nina ! Tu te souviens de ce qu'on a dit à propos de la Tesla ? Il ne faut pas trop tarder à faire réparer la carrosserie. J'aimerais m'en occuper avant que ce soit le week-end.

– Pas de souci ! Tu n'auras qu'à nous rejoindre après avoir déposé la voiture dans un garage...

Le lendemain, quand nous rentrons à la maison après notre visite au musée, Will nous attend déjà. Il a préparé une délicieuse paella. Nous sommes si affamés que nous la dévorons voracement. Une fois le repas englouti, nous racontons à John et Raquel nos aventures à Las Vegas. J'en arrive à l'attaque des ninjas, repoussée par Fred et Steve au prix d'un véritable bain de sang. Impressionnée, Raquel laisse éclater son émotion :

– Mon Dieu ! C'est incroyable ! Vos amis sont de vrais héros !

De fil en aiguille, nous en venons à notre quête proprement dite – la recherche du trésor de Satoshi. J'en profite pour demander à Raquel si elle a pu se pencher sur la fameuse photo du pêcheur à la mouche et localiser l'endroit où elle a été prise.

– Tu m'as dit que vous aviez un super logiciel de reconnaissance d'images au boulot. Un système basé sur de l'intelligence artificielle si je me souviens bien. Tu as bien reçu le scan que je t'avais envoyé depuis Vegas ?

– Oui, absolument...

– Alors, ça a donné quoi ? fais-je, impatiente.

Taquine, Raquel s'amuse à faire durer un peu le plaisir.

– Mmmh... D'après notre IA, cette photo a été prise dans le Montana. Plus exactement, dans la région de Missoula. Quelque part au bord de la Flathead River... Le résultat de l'analyse est certain à plus de 95 %.

– La vache, c'est bluffant ! Décidément, Raquel, tu n'en finiras pas de m'impressionner ! fais-je en l'embrassant.

– En l'occurrence, c'est Will qui a fait le job. Le vrai pro de l'informatique, c'est lui. Mais pourquoi dis-tu que je n'en finis pas de t'impressionner ?

– Eh bien ! Tu as oublié ? Tu avais déjà réussi à déchiffrer le message de mon père écrit à l'encre sympathique.

– Ah oui ! Le coup du jus de citron... C'est vrai, j'ai plus d'un tour dans mon sac ! fait-elle en riant.

– Justement, Raquel ! J'ai un autre service à te demander... Pourrais-tu m'aider à résoudre une autre énigme ?

– Si je peux le faire, avec grand plaisir. De quoi s'agit-il ?

– Quand nous sommes allés à la fondation *Alcor*, le type qui nous a reçus là-bas nous a remis deux bracelets – je ne sais plus si je t'en avais parlé. Apparemment, mon père voulait me les transmettre. On dirait qu'ils sont porteurs d'une information codée. L'un porte la lettre W et l'autre la lettre N...

– Ça correspond à vos initiales, non ?

– Impossible. À l'époque je n'avais pas encore rencontré Will.

– Exact... Je peux y jeter un œil ?

– Bien sûr ! Les voilà.

Rachel prend les bracelets dans sa main. Elle les examine attentivement avant de me donner son avis.

– Cette suite de perles blanches et de perles noires, est-ce que ça ne pourrait pas être du morse ?

– C'est une option qui m'est aussi venue à l'esprit. Je l'ai explorée dans tous les sens mais ça n'a rien donné.

– Alors, est-ce que ça ne pourrait pas être une référence à un morceau de musique ? Des touches blanches et des touches noires, comme sur un piano ?

– Peut-être... J'avoue que je n'avais pas songé à ça.

– Bon, écoute, je vais réfléchir. Je peux prendre tes bracelets en photo ? Comme ça, je pourrai te les rendre et y penser à tête reposée.

– Bien sûr ! Je t'en prie !

On continue comme ça échafauder des hypothèses jusqu'à ce que la conversation bifurque sur nos futurs projets à New York.

– Que comptez-vous faire ces prochains jours ? nous demande Raquel. Il y a tellement de choses à voir dans cette ville.

– Pour ma part, j'ai toujours rêvé de visiter la statue de la Liberté, fais-je les yeux brillants.

– Et moi, répond Will, je meurs d'envie de grimper en haut de l'Empire State Building. Il y a probablement un peu de King Kong qui sommeille en moi...

– Eh bien ! fait John en riant. Je sens que vous n'allez pas vous ennuyer. En tout cas, vous êtes les bienvenus chez nous. Vous pouvez rester ici autant de temps qu'il vous plaira. Ce n'est sûrement pas Raquel qui me contredira. Ah ah!

La proposition de John est évidemment séduisante surtout que, sans que nous le sachions, le FBI est peut-être à nos trousses. Mieux vaut se faire oublier en restant dans une grande ville comme New York. Finalement, nous passons une bonne semaine en compagnie de Will et Raquel.

Au bout de quelques jours, Will et moi allons récupérer la Tesla au garage. En nous remettant le véhicule, le responsable du service carrosserie nous livre ses commentaires :

– Vous allez peut-être trouver la facture un peu salée. Il faut dire qu'il y avait pas mal de tôle froissée à reprendre sur l'aile gauche. Le pare-choc arrière aussi avait un peu trinqué mais maintenant il est comme neuf. Ah... Au fait, avant que j'oublie : un de mes gars à retrouvé ça sous votre pare-choc...

Le garagiste tend à Will un objet de la taille d'un pouce.

– Qu'est-ce que c'est ? demande celui-ci étonné. On dirait un genre de boîtier électronique.

– Ben, c'est exactement ça, fait le garagiste en se marrant. C'est un traceur GPS. Un mouchard si vous préférez. Visiblement, quelqu'un s'intéresse de près à vos allées et venues... Vous voulez le conserver à titre de souvenir ou vous préférez qu'on le détruise ?

– Qu'on le détruise, évidemment ! s'exclame Will, avec une tête de victime outrée.

– Alors voilà qui est fait ! répond le garagiste. (Joignant le geste à la parole, il écrase le boîtier sous son talon.) Tant pis pour le salopard qui vous a collé ça sous votre bagnole. Il en sera pour ses frais !

En sortant du garage, Will semble un peu perturbé. Après s'être assuré que nous sommes seuls, il laisse éclater ses sentiments :

– Franchement, il y a des gens qui ne reculent devant rien. J'aimerais bien savoir qui a pu faire ça !

– Les jumeaux ? Ça expliquerait pourquoi, après Tucson, on les a recroisés à Las Vegas et pour finir dans le Nebraska.

– Peut-être mais je ne vois pas comment il se seraient débrouillés pour fixer ce mouchard sous notre voiture.

– C'est vrai qu'à Tucson, la Tesla restait toujours au garage et que celui-ci était fermé à clé...

– Tu vois : c'est bizarre, reprend Will, pensif. Mais il y a une autre question que je me pose. Une question plus importante...

– Laquelle ?

– Celle du motif. Pourquoi la personne qui a fait ça, l'a-t-elle fait – justement ?

– Pour savoir où on allait, je suppose.

– Exactement ! Pour nous suivre à la trace...

– Mais dans quel but ? Nous ne sommes pas des criminels que l'on piste en accrochant un bracelet électronique à leur cheville.

Will semble avoir sa petite idée. Avant de me répondre, il prend une bonne inspiration.

– Des criminels, non. Mais des personnes intéressantes, oui.

– Des personnes intéressantes, nous ? De quel point de vue et pour qui ?

– Je ne vois qu'une explication. Quelque part, des gens mal intentionnés savent que nous sommes à la recherche de Satoshi et de son trésor. Ils veulent remonter jusqu'à ton père pour mettre la main sur lui et le neutraliser s'il est encore de ce monde. Autre option, ils veulent tout simplement se saisir des Satoshi Wallets pour s'emparer des milliards qu'ils représentent.

– Ce que tu dis est inquiétant. Pas seulement pour nous mais aussi pour Will et Raquel chez qui nous habitons en ce moment. Il ne faudrait pas qu'il leur arrive la même mésaventure qu'à Fred et Steve. Je ne voudrais pas qu'une armée de tueurs débarque chez eux à l'improviste.

– Moi non plus ! Je crois qu'il serait plus sage qu'on prenne congé d'eux assez vite.

– Oui. En plus, je ne voudrais pas abuser de leur hospitalité.

– Effectivement, c'est une autre bonne raison de nous en aller. Mais où filer maintenant ?

– À Missoula, pardi ! Tout porte à croire que Satoshi a vécu là-bas, peut-être même qu'il s'y est installé définitivement. Tu imagines ? Le paradis les pêcheurs à la truite ! Son rêve depuis toujours...

Visiblement ravi à l'idée de faire une escapade dans le Montana, Will attrape son téléphone. Pris d'une espèce de frénésie, il se met à consulter plusieurs sites touristiques pour préparer notre voyage.

– On a de la chance, me dit-il au bout d'un moment, tout content. La météo prévoit une remontée des températures à partir de demain. On devrait même passer largement au dessus des normales saisonnières pendant une à deux semaines.

QUATRIÈME PARTIE

MONTANA – Nov. 2021

CHAPITRE 16

Rompant avec la monotonie des plaines du Midwest, les paysages boisés et les reliefs de l'ouest du Montana me ravissent instantanément.

– Quelle abondance de forêts ! Et tous ces cours d'eau, il y en a partout ! je m'extasie. Ça doit être un coin idéal pour les pêcheurs de truites.

– Oui. Même si c'est un peu le bout du monde, fait Will, je comprends mieux maintenant pourquoi ton père a choisi de s'exiler ici.

– On est encore loin ?

– Encore un petit effort et nous y serons.

– Tant mieux ! Les paysages sont superbes mais je suis éreintée. Et surtout, affamée.

Quand nous arrivons à Missoula, l'imposant écrin des Rocheuses borne notre horizon comme pour nous inciter à effectivement nous arrêter là.

– Nous avons beaucoup roulés et la nuit va bientôt tomber, constate Will. Il est temps de poser nos bagages quelque part.

– Tu as réservé dans un hôtel ?

– J'ai dégoté un lodge en périphérie. Il y a un parking protégé. On pourra y garer la Tesla facilement.

– Et pour le repas ?

– Il y a un bar attenant à l'hôtel. Ça ne sera peut-être pas de la grande cuisine, mais ça devrait faire l'affaire.

– Très bien ! Allons-y !

Après avoir récupéré nos clés puis dîné, nous regagnons notre chambre. Par chance, celle-ci est située à l'étage et le balcon nous offre une vue prodigieuse sur les montagnes. Le coucher du soleil plongeant derrière les cimes enneigées est absolument féerique. Main dans la main, nous l'admirons en silence.

Soudain, dans un élan de romantisme plutôt rare chez lui, Will me prend dans ses bras fougueusement. Nous nous embrassons longuement puis nous nous glissons dans nos draps avant de sombrer dans un profond sommeil réparateur.

Au réveil, il fait grand beau, un temps plutôt doux pour la saison et relativement sec. Je n'ai aucun mal à me lever d'autant que nous avons omis de tirer les volets avant de nous coucher. J'ai hâte de mener l'enquête pour savoir ce qu'il est advenu de mon père. Toute excitée, je fais comprendre à Will qu'il n'est pas question de traîner au lit. Sitôt notre café avalé, nous nous dirigeons vers le centre ville.

Par sa population, Missoula est la deuxième cité du Montana. On la surnomme souvent « le paradis des écrivains » car nombreux sont ceux qui y viennent en quête d'inspiration – Raymond Carver ou Richard Brautignan pour ne citer qu'eux. Missoula est aussi un haut lieu de la pêche à la mouche où Robert Redford a placé l'action de son célèbre film « *Et au milieu, coule une rivière* ».

D'après ce que m'avait confié ma mère un jour, non content d'être un fervent cryptographe, mon père était aussi un homme féru de littérature et de pêche. Il est donc plausible qu'il ait choisi une bonne dizaine d'années plus tôt de se réfugier dans ce havre de paix, propice à ses deux passions.

Nous entreprenons de faire le tour des clubs de pêche locaux en quête d'informations pouvant nous mener jusqu'à lui. À chaque fois, je montre la photo que m'a donnée Fred – celle de ce mystérieux pêcheur à la mouche déroulant sa soie sur le fil d'un cours d'eau inconnu.

– Savez-vous où se trouve cet endroit ? je demande à chaque pêcheur que nous croisons, à chaque propriétaire d'une boutique de matériel halieutique à la porte de laquelle nous frappons.

Hélas, personne ne s'avère en mesure de nous renseigner. À la fin de l'après-midi, je commence à désespérer. Pis, les choses continuent ainsi pendant plusieurs jours. Une bredouille totale, sans même la moindre petite touche.

Au bout d'une semaine totalement infructueuse, j'ai une envie folle de me recroqueviller sur moi, de me rouler en boule, de ne plus penser à rien.

– Tu as besoin de te changer un peu les idées, fait Will en constatant que mon moral est au plus bas. Viens, je t'emmène manger ce soir dans un restau sympa... Quel genre de nourriture te ferait plaisir ?

Je suis si déprimée que ma première réaction est de refuser sa proposition.

– Très franchement, je ne suis pas sûre d'avoir envie de sortir dîner, je rétorque un peu crûment. Depuis qu'on est ici, on mange des T-Bones à presque chaque repas. Je sais que c'est une spécialité locale mais je commence à me lasser.

– Je comprends... Ça tombe bien, j'ai repéré un restau original qui devrait te plaire. C'est juste à côté du *Grizzly Hackle Fly Shop*. Ils servent un barbecue de porc effiloché qui semble valoir le détour. On pourrait joindre l'utile à l'agréable : je suis sûr qu'il y aura des pêcheurs sur place. On pourrait lier connaissance et se renseigner...

Décidément, Will sait s'y prendre avec moi. Nul doute que ces arguments sont convaincants et je finis accepter sa suggestion.

Après que j'ai pris une douche et changé de tenue, nous nous rendons sur place.

L'endroit est bondé, ce qui est plutôt bon signe. On nous installe à une table un peu à l'écart de la foule et nous commandons cette fameuse spécialité locale

Très honnêtement, je ne suis pas déçue par ce que Will m'a annoncé. Avec ses extrémités brûlées délicieusement croustillantes, ce porc effiloché est effectivement un vrai régal. Pour couronner le tout, la bière est mousseuse à souhait. Bref, après deux ou trois pintes, je finis par me détendre pour le plus grand bonheur de Will, rassuré de me voir ragaillardie.

Remarquant que nous sommes de nouveaux clients, le tenancier vient nous faire un peu la causette.

– Alors, vous êtes de quel coin ? nous demande-t-il. Laissez-moi deviner... De Californie ?

– On est de Tucson, en Arizona.

– Ah ah ! Je ne me suis pas trompé de beaucoup... C'est pas mal là-bas mais je préfère le Montana. C’est vrai que par ici les hivers sont rudes mais croyez-moi, ça en vaut le coup. La nature est sauvage, grandiose, intacte. On ne voit ça nulle part ailleurs, sauf peut-être au Colorado... (L'homme ramasse nos assiettes avant de nous proposer des cafés.) En plus, je suis pêcheur à la mouche. Alors forcément, ici où l'eau coule partout, c'est le rêve pour moi.

– Bien sûr, comme je vous comprends ! fais-je enjouée.

En retour, l'homme m'adresse un sourire mi aimable mi-complice, peut-être un peu trop appuyé. J'ai vaguement l'impression qu'il me trouve à son goût, ce qui me met mal à l'aise. De mon côté, la réciproque est loin d'être vraie : le lascar est petit, chauve et rondouillard. Tout le contraire de Will !

– N'hésitez pas à me demander de l'aide ou des tuyaux si vous en avez besoin, insiste-t-il d'une voix suave. Ce n'est pas facile de trouver ses marques quand on débarque quelque part.

Saisissant la perche, j'embraye sans complexe :

– Ça tombe bien. Avec mon ami, on est à la recherche de quelqu'un qui s'est installé à Missoula, il y a une dizaine d'années. On n'a aucune idée où il peut vivre précisément ni même s'il est encore vivant... Tout cela est vague, je le reconnais mais – sait-on jamais, pourriez-vous nous aider à le retrouver ?

– Si je peux le faire, ce sera de bon cœur. À quoi il ressemble, votre ami ?

– C'est compliqué... S'il est encore de ce monde, il doit vivre à l'écart. C'est un homme discret qui aime passer inaperçu.

Le type se fend d'une grimace qui se veut aimable.

– Là, si vous ne m'en dites pas un peu plus sur lui, j'aurai du mal à vous rencarder. Sauf votre respect, Mademoiselle...

– Le seul indice que j'ai, c'est ce vieux cliché. Apparemment, il venait pêcher à cet endroit régulièrement. Ça ne vous dit rien ?

Le restaurateur hoche la tête négativement.

– Elle date votre photo. On ne voit pas grand chose... Et qu'est-ce qu'il faisait dans la vie votre ami ? Ne me dites pas que c'était un écrivain, comme la moitié des habitants du coin. Ça n'aiderait pas vraiment à le retrouver !

L'homme glousse de sa propre blague. En même temps, il essuie ses mains grasses sur le bord de son tablier. Probablement pour se donner une contenance en réalisant qu'il n'a pas été aussi drôle que ça. Je préfère ne pas relever sa tentative d'humour avortée et m'efforce de rester concentrée.

– Il était informaticien.

– Ah... Informaticien et pêcheur, dites-vous.

Le restaurateur se triture le front pensivement. J'ignore si cette partie de son anatomie est grasse du fait de la chaleur qui se dégage des fourneaux de sa cuisine ou à cause des filaments de porc effiloché accrochés sous ses ongles avec lesquels il se gratte le crâne régulièrement. En tout cas, le spectacle n'est pas ragoûtant. Pour ne pas voir ça, je détourne les yeux furtivement.

Après un instant d'intense réflexion, le patron de la gargote claque soudain des doigts, comme pour réactiver mon attention.

– Je crois que j'ai une idée, dit-il, paraissant soudain inspiré. Vous devriez parler avec le vieux Sam... Peut-être pourra-t-il vous renseigner. De ce que je sais, il a travaillé dans la tech avant de prendre sa retraite. En plus, Sam est pêcheur à ses heures perdues. Ça fait au moins dix ans qu'il vit à Missoula. Alors forcément, il en connaît pas mal des rivières. Peut-être même qu'il l'a croisé un jour votre gars, au détour d'un torrent. Des fois, c'est pas croyable ce que le monde est petit...

– C'est sûr... Et où peut-on le trouver votre vieux Sam ?

Machinalement, le gargotier passe le coin de son tablier plein de gras sur son crâne luisant de transpiration. Au lieu d'en atténuer l'éclat, cela a pour effet de faire briller son front davantage. L'homme ne s'en rend pas compte mais il met ce mouvement à profit pour balayer des yeux la salle discrètement. Son regard s'attarde un instant dans une direction puis, en baissant la voix, il me désigne un type attablé seul un peu plus loin.

– Vous avez de la chance. Le vieux Sam dîne ici ce soir. C'est lui, là-bas... Allez lui parler, c'est un brave gars. Attention quand même, il est un peu spécial.

– Spécial ? Comment ça ?

– Disons que c'est un taiseux. Il vit seul et ne se livre pas facilement. Il n'a plus toute sa tête et ce qu'il dit n'est pas toujours très cohérent. C'est dommage car il paraît qu'avant son accident, Sam était une sacrée tronche. Je n'étais pas encore dans le coin mais c'est ce qu'on m'a raconté.

– Le pauvre ! Quel genre d'accident a-t-il eu ?

– Il a dégringolé d'un rocher au bord d'une rivière. La tête la première. Les aléas de la pêche à la mouche. Il arrive que les pierres soient glissantes... Commotion cérébrale, de ce qu'on m'a dit. En tout cas, il a eu de la chance dans son malheur. Un autre pêcheur est passé par là et l'a repéré, gisant au bord du torrent. Il paraît que le pauvre Sam est resté dans le coma près d'un mois avant de sortir de l'hosto...

Après avoir réglé notre addition et remercié le gargotier pour son tuyau, nous nous dirigeons vers la table du vieux Sam. Nous le saluons en nous excusant de le déranger en plein repas. Bien que surpris, l'homme nous considère aimablement. Du coup, je l'aborde sans détour.

– C'est le restaurateur qui nous a suggéré de nous adresser à vous. Il dit que vous pourriez nous renseigner à propos d'un ami disparu.

Tout en continuant de mastiquer, Sam nous fait signe de nous attabler à ses côtés.

– Je vous écoute.

J'explique les choses à Sam sans rentrer dans les détails. Par prudence, je souhaite préserver l'anonymat de Satoshi.

– Il a quelle tête ce mystérieux ami que vous recherchez ?

Même question que Boule de Suif un instant plus tôt. Logique... Un beau dessin vaut mieux qu'un long discours. Comme à chaque fois, je montre la photo envoyée à Fred par Satoshi, douze ans plus tôt. Sam la considère attentivement un certain temps avant de me la rendre.

– C'est drôle, lâche-t-il en plissant le front, j'ai l'impression d'avoir déjà vu cet endroit. En même temps, je ne vois pas où ça pourrait être. Il faut dire que je suis allé traîner mes guêtres dans tellement de cours d'eau ici. Et puis, à cause d'un accident que j'ai eu il y a quelques années – une mauvaise chute, il faut bien avouer que j'ai la mémoire qui flanche. Surtout pour les trucs du passé. Enfin, c'est comme ça. Il faut bien que je me fasse une raison...

Sam esquisse un sourire gêné. Il paraît regretter de s'être confié ainsi à des inconnus et de nous avoir embêtés avec ses problèmes de santé. Visiblement c'est un vieux loup solitaire qui parle avec peu de gens. Préférant sans doute changer de sujet, il reporte son attention sur moi.

– Comment vous appelez vous, jeune fille ?

– Nina. Mon ami, c'est Will.

– Nina, c'est joli... Écoutez, Nina, si la mémoire me revient, je vous recontacterai. Je dîne souvent ici... Si vous repassez par là, on se reverra sûrement. En tout cas, profitez de votre séjour. Missoula est une ville agréable...

Je me dis qu'il vaut mieux ne pas insister. Nous prenons congé de lui et nous quittons le restaurant sans nous attarder.

Une fois dehors, je fais part de mes impressions à Will :

– Un drôle de bonhomme, ce vieux Sam. Mais plutôt sympa...

– Pas si vieux que ça à mon avis.

– Possible. Tu lui donnerais quel âge, toi ?

– Difficile à dire. Dans les cinquante ans...

– Mmh, c'est ce que j'aurais dit...

– Tu as remarqué comme il a regardé la photo?

– Oui, m'est avis que ça lui a rappelé des souvenirs.

– Alors, pourquoi ne nous a-t-il rien dit ? Tu crois qu'il voulait nous cacher quelque chose ?

– Non, je crois qu'il était sincère. C'est juste que la mémoire lui faisait défaut. Le taulier nous avait prévenus.

– Bon. On verra bien de toute façon.

Après notre rencontre avec Sam, pendant quelques jours, Will et moi , nous continuons d'écumer les tavernes de Missoula à la recherche d'informations pouvant nous mener à Satoshi. Hélas nos efforts restent vains. De guerre lasse, nous décidons de nous octroyer un break. Pour nous changer les idées, nous nous inscrivons à un tour de pêche à la mouche sur une durée de presque une semaine.

Nous tombons sur un guide local expérimenté qui nous prend bien en main. Il nous fournit tout notre équipement et nous initie aux rudiments de la technique avant de nous emmener dans un de ses spots préférés, Paradise, – en aval de Missoula.

– Vous allez voir ! Ce coin est super poissonneux. Il se trouve au confluent de deux rivières : la Clark Fork, venant de Missoula, et la Flathead river.

Notre guide doit avoir raison car même en étant de parfaits débutants, nous attrapons plusieurs belles truites ainsi que quelques bass.

Avant de nous séparer, je ne résiste pas à la tentation de lui montrer la fameuse photo de mon père en train de pêcher.

– Je regrette, dit-il comme tous les autres avant lui. Je ne sais ni où se trouve cet endroit ni qui est ce pêcheur. Impossible de l'identifier puisqu'il tourne le dos à l'objectif.

– Rien d'autre ? fais-je d'une voix rauque qui trahit ma déception.

Devant mon désappointement, notre guide fronce les yeux et s'efforce de scruter le cliché plus en détail.

– Je remarque que votre bonhomme utilise une canne en bambou refendu. C'est assez rare. Maintenant presque tout le monde pêche avec des cannes en fibres de carbone. Son panier en osier, lui aussi, est du genre vintage. Bref, très franchement et sans vouloir vous offenser, votre gars sur la photo, je trouve qu'il a du matos plutôt ringard. Mais bon, pourquoi pas, ça le fait aussi.

– Ah... D'accord.

– Voilà, Mademoiselle... Désolé mais je ne sais pas ce que je pourrais vous dire de plus. (En signe d'impuissance, notre guide laisse retomber ses bras sur les jambes.) Sur ce, il va falloir que je me rentre. Je vous souhaite une bonne continuation à tous les deux. Ça a été un plaisir de pêcher ensemble...

Notre escapade à Paradise est maintenant terminée. Nous étions sur la route du retour vers Missoula quand mon téléphone se met à sonner. C'était Raquel qui m'appelle pour me dire qu'elle a découvert un truc incroyable. Elle est toute excitée.

– Nina, ma chérie, j'ai un scoop pour toi. Je te préviens : c'est du lourd !

– Salut ma belle ! Qu'est-ce qui se passe ?

– Je crois bien que j'ai résolu le mystère de vos bracelets. Les bracelets de Satoshi que vous aviez récupérés à la fondation Alcor...

– Arrête ! Raconte... Comment as-tu fait ?

– Eh bien, je suis repartie de ces deux lettres W et N. J'ai pensé qu'il fallait creuser à partir de là.

– C'est vrai que Satoshi ne les avait certainement pas fait graver par hasard.

– Tout juste... Évidemment ça ne pouvait pas être vos initiales. Will ne faisait pas partie de l'équation quand ton père les avait remis à son ami pour qu'il te les transmette s'il lui arrivait malheur.

– Hal Finney ?

– Oui, c'est ça.

– Et donc ?

– Puisque ces deux lettres ne pouvaient correspondre à vos initiales, je me suis dit qu'il fallait chercher dans une autre direction. C'est le simple fait de penser ça qui m'a fait trouver la solution à cette énigme...

– C'est un peu vague...Tu peux préciser ?

– Eh bien, la clé c'est justement ce mot : direction !

– Là, je suis de plus en plus perdue...

– Eh bien réfléchis, Nina ! Comment fait-on pour indiquer une direction à quelqu'un ? Comment lui donne-t-on des orientations pour s'orienter sur une carte ? Pour se diriger vers un endroit donné ?

– Oh ! Bon sang ! Je crois que je viens de trouver : les points cardinaux... W pour West et N pour North !

– Bingo ! Tu as mis dans le mille !

– Très bien. Admettons, Raquel. Mais après ? À quoi riment les petites petites perles noires et blanches composant ces bracelets ? On dirait qu'elles forment un motif particulier. Dans ce cas, quelle est leur signification ? As-tu résolu cette énigme ?

– Et comment ! Sinon je ne t'aurais pas rappelée.

– Là, tu m'impressionnes. Vas-y !

– OK... J'ai essayé de me mettre dans la peau de Satoshi à l'époque où il a fabriqué ces deux bracelets. Je me suis demandé comment j'aurais fait, si j'avais été lui, pour coder la géolocalisation d'un lieu précis. Par exemple, l'endroit où il a caché le wallet qu'il t'a légué...

– Je ne sais pas. J'aurais utilisé un code particulier... Non ?

– Oui, exactement ! Un code qui lui serait venu spontanément à l'esprit... Suffisamment discret pour passer inaperçu au cas où ces bracelets tomberaient entre de mauvaises mains mais suffisamment simple pour que toi, sa fille, tu puisses le déchiffrer le jour venu.

– Très bien, mais je ne vois toujours pas. Tu sais, je n'ai jamais été très douée pour les devinettes.

– Allons, Nina ! Tu me déçois ! Ton père était cryptographe... Des bits, bien sûr ! Une bonne vieille suite de 0 et de 1. Tout bonnement. Chaque couleur de perle correspond à un bit. Blanc = 0 et Noir = 1 !

– Hmmm... C'est pas idiot. Et alors ?

J'active mon haut-parleur pour que Will puisse entendre la réponse de Raquel :

– Alors ? J'ai mis ces 0 et ces 1 bout à bout. Ça m'a donné un nombre binaire pour chaque bracelet. J'ai converti chacun de ces nombres binaires en un nombre décimal. J'ai fait l'hypothèse que le nombre du bracelet N correspondait à une latitude Nord et celui du bracelet W à une longitude Ouest. J'ai supposé que le résultat allait me donner les coordonnées du lieu où est caché le trésor de Satoshi...

– Wouaouh, Raquel ! Tu es carrément géniale ! En même temps, ça paraît trop beau pour être vrai... Et donc, tu as trouvé quoi au final ? Un morceau de banquise perdu dans l'Arctique ?

– Non ! Le résultat est super crédible. Tu ne vas pas me croire... les coordonnées d'un point situé au Montana ! À une centaine de kilomètres à peine au nord de Missoula...

– Mon Dieu, c'est incroyable ! (Je manque de crier tant je suis excitée et je me mords les lèvres pour résister.) Et il se trouve où ce fameux point ?

– C'est un endroit plutôt paumé, près de Polson, dans le Lake County. Ça s'appelle *Weythman Gulch* – une ravine située un peu en aval du barrage de Kerr.

– Eh bien, ma belle ! On peut dire que tu as fait du bon boulot... Je pense qu'on va vite aller faire un tour là-bas avec Will. Tu peux m'envoyer les coordonnées de ce point par SMS ?

– Je vais le faire. Par prudence, je vais vous envoyer séparément à chacun la moitié de l'information. Vous avez toujours les mêmes numéros de portables ?

– Absolument.

Un instant plus tard, je reçois de Raquel le texto suivant :

– 1110011101111000111 - Latitude = 47-40'55" N

Presque aussitôt après, un autre bip résonne. C'est Will qui reçoit l'autre moitié des coordonnées :

– 10001011010101101001 - Longitude = 114-14'58" W

De retour à Missoula, nous décidons d'aller fêter cette bonne nouvelle en retournant manger du porc effiloché dans le restaurant tenu par le chauve au visage graisseux.

On ne change pas les équipes qui gagnent. Boule de Suif est là, fidèle au poste, à s'éponger le front avec son tablier.

– Installez-vous donc à la table du vieux Sam, nous dit-il. Il y a de la place libre à côté de lui. Il sera content de vous voir. Il m'a demandé ce que vous deveniez car il voulait vous parler.

En nous voyant nous approcher de sa table, le vieux Sam lève la main. Il nous fait signe de le rejoindre. Je le hèle :

– Bonjour ! On peut se parler ?

– Asseyez-vous, je vous en prie ! Si vous voulez, on peut en profiter pour dîner ensemble. Je n'en suis qu'au début de mon repas.

– Merci... Je crois que vous voulez nous voir, Sam ?

– Exact ! On a un automne particulièrement doux en ce moment. Il ne neige pas comme parfois en cette saison. Du coup, en fin de semaine, je suis allé faire un tour à ma cabane. C'est une vieille baraque perdue dans les bois, près de la Flathead River. Je voulais vérifier mon matériel de pêche. Je compte aller taquiner la fario dans les prochains jours...

Je ne vois pas trop le rapport entre ce que Sam me raconte et le fait qu'il veuille nous parler de quelque chose de particulier. Je me contente de lui donner la réplique.

– Ah... C'est vrai que le temps est clément actuellement. Nous-même, on revient d'une partie de pêche. Du côté de Paradise...

– Je connais bien ce coin. J'y pêche parfois. Vous avez fait de belles prises ?

– Oui, quelques-unes, grâce à notre guide ! Sans lui, nous n'aurions pas attrapé grand-chose, c'est sûr. Ah ah !

En m'entendant glousser, le vieux Sam se marre doucement lui aussi. En le regardant de près, je constate qu'il n'est pas si âgé que ça. En tout cas, il a toutes ses dents.

– Content que vous vous intéressiez à la pêche, Mademoiselle. De nos jours, ce n'est pas si fréquent chez les jeunes. Surtout venant d'une femme.

À mon tour, je rigole. Sous son apparence un peu revêche au premier abord, ce type s'avère en fait plutôt jovial. Il nous demande si nous sommes d'accord pour qu'on s'appelle par nos prénoms.

– Avec plaisir ! Moi, c'est Nina et mon ami, c'est Will.

– Je m'en souviens très bien, réagit Sam. Vous me l'aviez dit la dernière fois qu'on est vus... Je n'ai peut-être plus toute ma tête mais les trucs récents, je m'en rappelle encore. Mon amnésie, comme disent les toubibs dans leur jargon, est juste rétrograde.

– C'est à dire ?

– En gros, j'ai perdu la mémoire des souvenirs antérieurs à mon accident. Uniquement ça.

– Ah... Et votre amnésie rétrograde, elle est définitive ?

– Il paraît que non. D'après le neurologue, je pourrais très bien recouvrer la mémoire. La totalité ou juste des bribes, ça dépend.

– Comment ça ?

– En théorie, si je suis confronté un événement particulier, des souvenirs qui s'y attachent peuvent me revenir. Mais ce n'est pas garanti.

– Ça vous est déjà arrivé de vous rappeler de certains trucs ?

– Non. Mais je ne perds pas espoir. Je suis d'une nature optimiste. On ne survit pas un tel accident sans avoir la vie dure. Quand je pense que j'ai failli me fracasser le crâne en dégringolant de ce rocher !

À ce moment, Boule de Suif nous apporte nos assiettes. Après s'être tamponné copieusement le crâne, il tourne les talons pour aller servir d'autres tables. Sam me jette un coup d'œil hésitant. J'ai l'impression qu'il a perdu le fil de notre discussion.

– Qu'est-ce qu'on se disait déjà, juste avant de parler de cette fichue amnésie ? Quand même, je n'ai pas toute ma tête.

– Je crois que vous nous disiez être retourné à votre cabane...

– Ah oui ! Effectivement, c'était ce week end. Je faisais un peu d'ordre dans mon fourbi. Vous ne devinerez jamais sur quoi je suis tombé...

– Je donne ma langue au chat.

– Eh bien, sur la même photo que celle que vous m'aviez montrée il y a quelques jours. *Pas une autre, exactement la même !*

En entendant Sam lâcher sa petite bombe, je sursaute. Voilà de quoi voulait nous parler le bonhomme. En voyant ma réaction, il affiche une grimace malicieuse. Il ressemble à un lutin à la Harry Potter – le genre gnôme facétieux qui vient de faire une bonne blague.

– C'est fou ! s'exclame Will, aussi étonné que moi. Cela voudrait dire que la personne que nous recherchons – celle qui a envoyé cette photo à un de nos amis, vous en aurait aussi adressé une copie. Et donc, qu'elle vous connaît également...

Nous échangeons tous les trois des regards perplexes et je donne mon avis moi aussi :

– Il y a une autre possibilité... Il se pourrait que ce soit vous, Sam, qui ayez pris ce cliché à l'époque. Ou que vous ayez été pris en photo par quelqu'un qui vous aurait ensuite remis le négatif. Après, vous auriez envoyé l'original à notre ami en conservant un double pour vous, à titre de souvenir...

Interloqué, Sam me fixe dans les yeux. Ses pupilles s'étrécissent.

– Où voulez-vous venir, Nina ?

– Je crois que vous avez deviné, Sam. Cela signifie que *vous pourriez être la personne que nous recherchons*...

Sam se gratte la tête. À son tour, il semble décontenancé.

– Attendez ! Ce n'est pas tout, fait-il.

– Quoi donc ?

– Au dos de la photo figurent quelques lignes écrites à la va-vite. Ma vue a baissé avec l'âge. Je ne suis pas capable de les déchiffrer. Par contre, vous le pourriez car vous êtes jeune... Ça vous dirait d'y jeter un œil ?

– Et comment ! Cette photo, vous l'avez là ?

– Désolé, non ! Elle est restée avec tout mon bazar au chalet. Quel imbécile ! J'aurais dû penser à la ramener ici. (Ma déception doit être flagrante car Sam pose la main sur mon bras comme pour se faire pardonner sa maladresse.) Rassurez-vous : on peut arranger ça, Nina, se reprend-il.

– Il est loin votre chalet ? On peut y aller là ? fais-je au risque de paraître insistante.

– Vous voulez dire maintenant ?

– Oui, maintenant. Combien de temps faut-il pour y aller ?

– Mmmh... Une bonne heure et demi. La route est peu praticable, surtout de nuit. Là, franchement c'est trop tard. Mais si vous voulez, je peux vous y emmener demain.

– Super ! On fait comment ?

– Demain c'est samedi. Je ne travaille pas... Marquez l'adresse de votre hôtel sur ce papier. Je viendrai vous chercher vers les huit heures. On prendra mon carrosse, c'est plus sûr. D'accord ?

– Bien sûr ! Vous êtes adorable, Sam. Je ne sais pas comment vous remercier...

– Vous me remercierez plus tard. Ah, au fait, prenez des habits chauds. S'il ne fait pas trop froid, on pourra aller pêcher. La rivière passe en bas de chez moi. Ce serait dommage de ne pas en profiter...

CHAPITRE 17

Le pick-up de Sam est un Regular Cab à 3 places, un modèle puissant. Assise entre lui et Will, je suis en position idéale pour faire la conversation.

– Nous adorons votre région, Sam. Très boisée, très verte. Ça nous change de l'Arizona... Ça fait longtemps que vous habitez à Missoula ?

– Pour vous dire la vérité, je n'en sais rien.

– Comment ça, vous n'en savez rien ?

– À cause de mon amnésie, pardi !

– Ah oui, c'est vrai... Mais chez vous, vous avez forcément des documents – un titre de propriété ou des quittances de loyer. Il y a toujours des dates précisées sur ce genre de papiers...

– Vous plaisantez, Nina ! Quand on m'a amené à l'hôpital après mon accident, j'étais carrément dans le coma. Personne ne savait où j'habitais. Moi encore moins que quiconque. L'appartement où je vis aujourd'hui n'est pas le mien – je veux dire celui d'avant la chute. Je ne dispose pas de tels documents.

– Ah... Vous n'êtes pas retourné chez vous depuis cet accident ?

– Exact... Quand je suis sorti de l'hôpital, plus ou moins guéri, il fallait bien me reloger quelque part. C'est une assistante sociale, une femme formidable, qui s'est occupée de me trouver un endroit où vivre. Mon appartement actuel est en fait un logement social.

– D'accord mais vous aviez bien des papiers d'identité sur vous quand vous avez chuté du haut de ce rocher ? De quoi déterminer votre nom et votre adresse...

– Même pas ! Quand on pêche, on ne trimballe pas sa carte d'identité ou son permis de conduire sur soi. Surtout si on est en wadders au milieu du courant, on risque d'avoir ses habits trempés par l'eau de la rivière. Voire de glisser, ce qui a dû être mon cas...

– Je vois... Mais vous aviez bien un job avant ça, de la famille... Aucun de vos collègues ou de vos proches ne s'est manifesté pour signaler votre disparition ? Cela aurait permis de savoir qui vous étiez.

– Non plus. Il faut croire que j'étais célibataire. Quant à mon métier, soit je travaillais sans être déclaré soit j'étais rentier planqué dans un paradis fiscal. Un vrai fantôme, je vous dis !

– Pourtant, vous vous appelez Sam. Vous avez bien un nom de famille, je suppose ?

– Sam n'est pas mon vrai prénom... Quand je suis sorti du coma, il est devenu clair que j'allais rester amnésique pour un bout de temps. Voire pour toujours. Aujourd'hui, on vit dans une société où on ne peut pas rester sans identité. C'est juste impossible. Au bout d'un moment les autorités ont décidé de m'en recréer une. Ex nihilo, pour reprendre leurs termes.

– Quelle histoire ! Je n'en crois pas mes oreilles...

– Et pourtant, si. Un obscur bureaucrate à Washington m'a attribué un nom au hasard ainsi qu'une date de naissance. D'après les nouveaux papiers qui m'ont été remis alors, je suis né à Missoula, il y a cinquante ans. Mais c'est bidon. Personne n'en sait rien en fait. Et voilà ! C'est ainsi que je suis devenu celui que tout le monde ici appelle le vieux Sam. Ah ah !

– Pas mal ! Et comment gagnez-vous votre vie maintenant ?

– L'informatique, c'est comme le vélo, ça ne s'oublie jamais. Il faut croire que j'avais dû être analyste ou programmeur dans ma vie antérieure. Maintenant, je suis freelance à mon compte. Je travaille à distance.

– Ah... Et en quoi consiste votre nouvelle activité au juste ?

– Je développe du code pour des fintech de la blockchain. Sans vouloir paraître prétentieux, je crois être doué dans ce domaine. On me sollicite pour participer à un tas de projets. Certains sont assez pointus. Je gagne bien ma vie. Je ne me plains pas.

– Ça explique comment vous avez pu vous acheter un pick-up comme celui-ci.

– Ou vous offrir une résidence secondaire en dehors de Missoula, glisse Will.

– Vous parlez de mon chalet, où nous nous rendons là ?

– Oui.

– Ah ! Si vous vous attendez avoir une résidence secondaire luxueuse, vous allez être déçus. Ça ressemble plus à une bicoque perdue dans la forêt, un genre de cabane de bûcheron. En revanche, il y a un grand terrain et une belle vue sur la vallée. En tout cas, pour moi c'est le paradis. Vous verrez...

– Et moi qui ai toujours rêvé d'habiter dans ce genre de maison : quelle chance vous avez ! Comment avez-vous fait pour vous dégoter une telle perle ? C'est grâce à l'assistante sociale ?

– Non, quand même pas. Il ne faut pas abuser. En fait, je possédais cette cabane déjà avant mon accident.

– Ah... Vous allez me trouver curieuse mais il y a une question qui me brûle les lèvres...

– Je vous écoute, Nina.

– Vous avez perdu la mémoire, alors comment avez-vous fait pour vous rappeler de l'existence de votre chalet ? Je ne parle même pas de retrouver le chemin y menant. Vous ne nous avez pas dit qu'il est isolé et difficile d'accès ?

– C'est vrai... Quand je suis sorti de mon coma, je voulais désespérément savoir qui j'étais et d'où je venais. Dès que j'ai commencé à me sentir mieux, je suis retourné sur les lieux de mon accident. Je me suis dit que la police n'ayant pas retrouvé de voiture abandonnée, c'est que j'étais venu pêcher là à pied. Logiquement, je devais donc habiter dans le coin. J'ai décidé de rayonner dans un cercle d'une dizaine de kilomètres. J'ai inspecté chaque secteur l'un après l'autre. Ça m'a pris des mois... À force de ténacité, j'ai fini par tomber sur mon chalet.

– Et en le voyant, vous l'avez immédiatement reconnu ?

– Pas instantanément mais j'ai eu une sensation bizarre de déjà-vu. Je me suis attardé un peu pour l'examiner de plus près. La végétation avait poussé tout autour comme s'il avait été abandonné. La porte n'était pas fermée. Il y avait des fougères qui la bloquaient. J'ai dû les couper pour pouvoir rentrer.

– Une fois à l'intérieur, qu'avez-vous ressenti ?

– Une nouvelle impression de déjà-vu, encore plus forte que celle que je venais d'éprouver à l'extérieur. Le mobilier et certains objets me paraissaient étrangement familiers. Au bout mais d'un moment, j'ai compris que c'était ma maison. Enfin, pas ma résidence principale, ma cabane de pêcheur plus exactement. Je l'avais retrouvée.

– Qu'avez-vous fait alors ? Vous avez prévenu quelqu'un de votre découverte ?

En attendant ma question, Sam se trémousse comme si je venais de faire une bonne blague.

– Vous voulez parler de la police ou des services sociaux ? Vous plaisantez ! Ils m'auraient dit qu'ayant retrouvé mon domicile, je n'avais plus besoin de conserver le logement qu'on m'avait attribué à Missoula. Or vous savez : vivre en ville, c'est bien pratique en hiver. Dans mon chalet au milieu des bois, même en faisant du feu, on gèle six mois par an...

– Allons, Sam ! Vous n'en avez même pas parlé à l'assistante sociale qui vous avez si gentiment aidé ?

En m'entendant, le lutin malicieux pouffe de rire dans sa barbe. Décidément, il doit me trouver bien naïve.

– Ah ah ! S'il n'y avait que ça, Nina ! Vous croyez que je déclare mes revenus à l'administration fiscale ? fanfaronne-t-il. Les fintech pour qui je travaille me paient toutes en bitcoins. Pour le travail au black, ça vaut largement le cash. Ça me permet aussi de continuer à toucher tranquillement mon allocation sociale.

Songeuse, je dévisage Sam. Sam l'amnésique... Au début, cet homme m'avait paru solitaire et vulnérable. Là, il vient de se révéler à moi sous un jour différent : malin et un peu roublard. Pourtant, même en étant doué, ça ne doit pas être si évident que ça de vivre en marge du système à ce point. C'est bizarre... J'ignore tout de lui et pourtant j'ai l'impression de le connaître depuis longtemps. Sans compter qu'il semble particulièrement affuté en matière de cryptos. Je doute que ce soit fréquent à Missoula. A fortiori pour un type de son âge... Mais qui est il vraiment ?

Perdue dans mes pensées, je médite en contemplant le paysage qui défile devant moi tandis que nous roulons.

– On est encore loin ? demande Will.

– Plus trop, répond Sam. La ville qu'on vient de dépasser, c'est Pablo. Dans cette direction, c'est le lac Flathead. Mon lopin de terre se trouve là-bas, au pied de ces contreforts rocheux.

Peu de temps après, nous quittons la route principale. Le pick-up s'engage sur une route cahoteuse qui grimpe à flanc de coteau. Nous roulons ainsi, cahin-caha à travers bois, sur une bonne distance. À chaque nid de poule, les essieux grincent comme s'il allaient rendre l'âme d'un instant à l'autre. Jamais notre Tesla n'aurait pu passer par là. Maintenant, je comprends mieux pourquoi Sam nous avait incités à venir de jour et à prendre son pick-up, plus robuste.

À force de persévérance, nous tombons sur un chemin aux allures de raidillon pentu. L'accès en est barré par une chaîne, probablement pour dissuader les promeneurs – à supposer qu'ils aient le courage de se rendre jusque-là.

– Ça y est, nous sommes arrivés ! s'écrie Sam joyeusement. Ne bougez pas, je vais ouvrir.

Sam descend du pick-up et déverrouille le cadenas retenant la chaîne. Il remonte dans son véhicule et enclenche le levier de vitesse. Je comprends qu'il s'apprête à emprunter ce passage qui semble pourtant impraticable.

– Sam, vous ne voulez pas qu'on finisse le chemin à pied ? je propose, inquiète. On est trois. Ça risque de faire beaucoup, même avec un gros moteur... Non ?

Pour toute réponse, Sam pose ses mains de chaque côté du volant. Il m'adresse un clin d'œil dont je sens qu'il n'augure rien de bon. Enfonçant l'accélérateur, pied au plancher, il libère soudain la puissance de ses chevaux. Tel un fauve, l'engin rugit et nous sommes propulsés brutalement en avant. Lancé à toute allure, le bolide se met à gravir la côte en projetant des mottes de boue derrière lui. Muette, je me cramponne à mon siège en priant pour que nous ne calions pas au milieu de la pente. Pour un peu, je vomirais. Par bonheur, au bout d'une centaine de mètres de ce rythme effréné, progressivement le pick-up retrouve son assiette horizontale. Sam réduit sa vitesse.

– J'avoue que c'est assez sportif de venir en cette saison, reconnaît-il, presque amusé. Ici, la nature est sauvage. Elle se mérite. Vous verrez, vous ne le regretterez pas. Regardez comme c'est beau ! À croire qu'on est seuls au monde...

Roulant maintenant sur un sol à peu près plat, nous débouchons sur un plateau couvert de pins et de fougères. Au milieu d'une clairière, trône un petit chalet fait de rondins. Je devine que c'est celui de Sam.

Il nous conduit à une zone propice pour se garer puis coupe le moteur, mettant ainsi enfin un terme à mon supplice. Ignorant mes mimiques de martyr souffreteux, il nous invite à descendre et à le suivre. Visiblement, il veut nous montrer quelque chose. Nous lui emboîtons le pas et parvenons au bord d'une falaise abrupte surplombant la vallée. Par précaution, il nous incite à nous tenir un peu en retrait pour observer le panorama.

– Voilà ! Ici, c'est chez moi ! s'exclame Sam. Que pensez-vous de cette vue ? Ça ne valait pas le coup de s'accrocher un peu ? me taquine-t-il... Là, devant vous, c'est la réserve des indiens Têtes Plates. Tout ce territoire est à eux. Et en bas, coulant au fond de la vallée, c'est la rivière qui porte leur nom. Elle alimente ce lac que vous voyez, au bord duquel est construit la ville de Polson.

Le paysage que Sam nous fait découvrir est d'une beauté à couper le souffle. Je le contemple bouche bée; Will, lui, exprime son admiration à haute voix :

– C'est magnifique ! La rivière, le lac, la forêt. J'aime aussi beaucoup le point de vue sur la chaîne montagneuse... À propos, comment s'appelle le pic là-bas ?

– Le McDonald peak... Il culmine après de trois mille mètres. Pour les Têtes Plates, c'est une montagne sacrée.

Tandis que nous levons la tête en direction du pic McDonald, je remarque la présence d'un point éloigné dans le ciel.

– C'est un oiseau de proie ?

– Je l'ignore, répond Sam. Si c'en est un, il est vraiment très haut. Peut-être un aigle qui plane à la recherche de sa pitance. Ou un ballon-sonde... Mais qu'importe ! Venez, je vais vous montrer la maison maintenant.

Nous suivons Sam qui nous fait pénétrer dans sa demeure. Tant mieux, je commençais à avoir un peu froid dehors. Pendant qu'il nous prépare du café pour nous réchauffer, j'entreprends de fureter dans son salon qui jouxte la cuisine. Je repère une canne à pêche, posée contre un des murs.

– C'est pour la pêche à la mouche ? dis-je en la prenant en main.

– Bravo, mademoiselle ! À quoi voyez-vous ça ?

– On en a utilisé une similaire quand on a pêché à Paradise.

– On peut même vous dire qu'elle est en bambou refendu ! glisse Will, ne résistant pas au plaisir de ramener sa science. Mais maintenant les gens utilisent plutôt des cannes en fibre de carbone...

– Eh bien ! Je vois que j'ai à faire de vrais pros, ironise Sam... Je peux facilement en dégotter deux autres et les préparer pour la truite. Il y a tout ce qu'il faut dans mon bazar. Ça vous dirait d'aller pêcher demain sur la Flathead River ou sur le lac de Polson ?

– Bien sûr !

Tandis que Sam nous verse du café, je ressens comme un déclic.

– Vous avez dit Polson ? je lui demande.

– Oui. C'est le nom de la ville la plus proche. Vous l'avez vue tout à l'heure du haut de la falaise. La route 93 y passe et enjambe un pont à l'endroit où la rivière et le lac se rejoignent. C'est un bon coin pour attraper du poisson.

– C'est curieux. Ce nom me dit quelque chose...

– Ah bon ?

– Attendez ! fais-je en fouillant dans les poches de mon anorak.

Je finis par tomber sur ce que je cherchais : une feuille de papier pliée en quatre. J'y ai noté la localisation GPS déterminée par Raquel d'après la disposition des perles de mes bracelets. Par prudence, je m'abstiens de mentionner l'existence de mon Satoshi Wallet. La somme qu'il recèle représente plusieurs milliards de dollars au bas mot. Inutile de tenter le diable en disant qu'une telle somme est cachée à cet endroit. Après tout, même s'il en a les apparences, qu'est-ce qui nous prouve que ce Sam est un type honnête ?

– De quoi s'agit-il ? s'enquiert-il

– Oh... Rien d'important. Je vous expliquerai à l'occasion. Ce sont les coordonnées GPS d'un lieu – près de Paulson justement. Une amie nous a suggéré d'y faire un tour...

– Si vous voulez, on peut regarder où c'est sur Google maps, lance Sam. (Il a vite fait de repérer le point grâce à l'application.) Ah ! J'ai trouvé. C'est juste après le barrage de Kerr. En bas de Weythman Gulch, une petite ravine qui descend jusqu'à la rivière...

– C'est compliqué de s'y rendre ? J'aimerais bien y aller.

– Pas trop. On peut y aller en prenant la Irvine Flats road sur la rive nord et se garer par là. Après, il faut crapahuter pour descendre jusqu'à la berge. Il y a de la pente mais c'est faisable. On pourrait même joindre l'utile à l'agréable et pêcher là-bas...

– Banco ! dis-je en m'assurant que Will est d'accord.

– Très bien ! Pour mettre de notre côté toutes les chances d'attraper les poissons, il faudrait qu'on lève le camp demain matin de bonne heure. Ça vous va ?

– Pas de souci. On sera d'attaque.

– Alors il n'y a plus qu'à s'occuper de l'équipement. Allons-y !

Aussitôt, Sam se met à rassembler son matériel de pêche. Tout heureux, il nous associe à ses préparatifs.

– Voilà ! Avec ces deux cannes supplémentaires, cela nous en fera trois pour la pêche à la mouche. Elles sont en bambou refendu elles aussi. Désolé, se moque-t-il gentiment de Will, c'est tout ce que j'ai en rayon. Je suis de la vieille école, moi.

Nous rions de bon cœur avant de reprendre notre activité. Pour faire bonne mesure, Sam complète notre équipement avec une autre canne – un lancer léger. Il nous explique que ça peut être une alternative intéressante si l'eau est trouble ou s'il y a beaucoup de courant. Il s'accroupit ensuite devant une commode d'où il extrait plusieurs bobines de fil, une boîte à mouches, des leurres souples et des leurres métalliques.

– Si vous utilisez le lancer léger, nous prévient Sam, faites attention de ne pas vous blesser avec ces cuillères plombées. Leurs hameçons triples sont redoutables. Mieux vaut ne pas se les planter dans les doigts ! Les ardillons sont acérés et vous auriez du mal à les retirer.

Will est émerveillé par cette incroyable collection de leurres.

– Eh bien, lance-t-il, si avec tout ça on revient bredouilles, c'est qu'on n'est vraiment pas doués !

– C'est sûr, se marre Sam. Ah, au fait ! J'oubliais le plus important. Ce n'est pas le tout d'avoir des poissons qui mordent. Encore faut-il les sortir de l'eau et les stocker quelque part avant de les ramener. Non ?

Tel un prestidigitateur, Sam sort de son bric-à-brac une épuisette, une bourriche et un panier de pêche. Fièrement, il les exhibe comme des trophées de chasse. En désignant le panier, je demande à Sam :

– C'est de l'osier ?

– Oui. Je sais que ça fait un peu collector mais je n'en ai pas d'autre. Pourquoi cette question ? Vous auriez préféré un panier en plastique ?

– Non. C'est juste que je crois avoir déjà vu ce type de modèle quelque part.

– J'ignorais que vous faisiez les antiquaires, Nina. Ah ah !

Amusée, je réponds du tac au tac :

– Pour être honnête, Sam, chiner ce n'est pas trop mon truc. Je suis plutôt du genre à taguer les murs. Non, en fait j'ai vu ce modèle de panier en osier sur la vieille photo que je vous avais montrée l'autre fois. Vous savez, au restaurant où on s'est rencontrés.

Je sors mon fameux cliché, celui que m'a transmis Fred, et le tends à Sam.

– Vous voyez, le pêcheur ? Il a un panier en osier exactement comme le vôtre. Le même genre de canne en bambou refendu, le même genre d'épuisette que vous...

Sam qui est probablement presbyte doit faire un effort pour distinguer sur le cliché les détails que je lui mentionne.

– Ma foi, ça en a tout l'air, admet-il. Mais ça ne prouve pas que ce soit moi sur la photo. Vous savez, il y a dix ou quinze ans, beaucoup de gens encore utilisaient ce type de matériel.

– Peut-être, fais-je. Mais quand même... Au fait, vous pourriez nous montrer votre propre exemplaire de cette photo ?

– Ah oui, bien sûr ! Où ai-je la tête ? C'est quand même pour ça que vous êtes venus ici ! Ne bougez pas, je reviens...

Sam s'éclipse un instant. Quand il réapparaît, il tient entre ses mains une boîte en carton remplie d'objets hétéroclites.

– Je l'appelle ma *boîte à malices*, nous dit-il. J'y ai regroupé plein de trucs que je n'ai pas réussi à trier après mon accident. Tous les machins que je n'ai pas pu identifier mais qui ont peut-être un intérêt quand même

Sam sort de sa boîte une photo qu'il me passe en souriant.

– Vous voyez ? C'est la même que la vôtre...

– Effectivement.

Je la retourne pour découvrir ce qui est écrit au dos.

– Voilà le texte dont je vous parlais et que je n'arrive pas à lire. Il faut admettre qu'avec le temps, la couleur de l'encre est un peu passée.

– Je reconnais que c'est difficile à déchiffrer. En plus, c'est une écriture un peu alambiquée. Vous auriez une loupe ?

– Tenez ! Je me sers de celle-ci quand je fabrique mes mouches.

Je me saisis de la loupe que Sam me tend. Après un rapide balayage du texte à travers l'optique, j'exulte :

– Génial ! Ça devrait le faire... Sam, vous voudriez bien noter le texte si je vous le dictais ? Ça nous permettrait de le relire tranquillement ensuite.

– Excellente idée ! Je suis votre homme, dit Sam en prenant un stylo et une feuille de papier. Alors, que lisez-vous ?

– Eh bien, le texte est coupé en deux, comme pour une carte postale. Sur le côté gauche, il y a une adresse. Une adresse que je connais, à Las Vegas...

– Ah bon ? Quelle est cette adresse ?

– Fred Brown et Steve Winston. Des amis à nous...

– Ah... C'est drôle, murmure Sam en se pressant les tempes comme pour mieux se concentrer. Ces noms me disent vaguement quelque chose... Continuez. Qu'y a-t-il écrit à droite ?

– C'est difficile à déchiffrer. L'écriture est en pattes de mouches. L'auteur a aussi rayé le texte comme s'il regrettait de l'avoir écrit ou ne voulait pas être relu...

– Bon, ce n'est pas grave... Allez, on vous écoute, Nina.

– D'accord ! *Chers amis*, lis-je en ânonnant. *Je vous envoie cette photo pour vous dire que je vais bien... C'est un type avec qui je vais pêcher parfois qui l'a prise... Désolé de ne pas vous avoir donné de mes nouvelles avant mais ma vie a pris une nouvelle tournure... J'espère que le projet Bitcoin avance grâce à votre aide... Portez-vous bien... Amitiés, Satoshi.*

En entendant ma dernière phrase, Sam manque de s'étrangler.

– Quoi ? Vous avez dit *Satoshi* ?

– Oui, *Satoshi*. Comme Satoshi Nakamoto.

– Vous voulez dire que l'auteur de ces lignes était le type qui a inventé le Bitcoin ? C'est carrément insensé !

– Ça en a pourtant tout l'air, non ?

Prise d'une inspiration subite, je demande à Sam de me passer la feuille avec le texte que je viens de lui dicter. Je la pose à côté de la photo griffonnée par Satoshi à l'époque pour comparer les deux écritures. Visiblement, Will arrive à la même conclusion que moi. Il s'exclame :

– Ces écritures sont rigoureusement identiques ! C'est inouï ! Vous vous rendez compte, Sam ? Votre écriture est exactement la même que celle de Satoshi Nakamoto...

Sam ne s'attendait pas à ça. Il encaisse le coup en se laissant tomber sur sa chaise. D'une voix blanche, il se met à balbutier.

– C'est impossible. Je serais... Je suis...

Il arrive pas à terminer sa phrase et je le fais pour lui.

– Oui, Sam. Vous êtes l'homme que nous recherchons. Vous êtes Satoshi Nakamoto, l'inventeur du Bitcoin ! Pour tout vous dire, je commençais à m'en douter depuis un moment...

Abasourdi, Sam se tient la tête entre les mains. Il marmonne et je dois m'approcher de lui pour l'entendre.

– Ça expliquerait pourquoi je suis capable de pondre des algorithmes de cryptographie complexes si facilement.

– Oui, et aussi pourquoi aucun de vos proches ne s'était manifesté juste après votre accident. Vous aviez volontairement disparu de leurs radars. Personne ne savait que vous viviez ici.

Sam lève le visage vers moi et me regarde comme si je venais d'une autre planète.

– Mais Nina, pourquoi me recherchiez-vous ? Pourquoi *vous en particulier* je veux dire ? Et comment avez-vous fait pour me retrouver malgré tout dans ce trou perdu ?

Doucement, je pose la main sur son épaule.

– Ça, c'est une longue histoire... Je vous la raconterai, c'est promis, mais il nous faudra du temps. En attendant, j'ai quelque chose d'autre à vous dire, Sam. Où devrais-je dire Satoshi ? Je ne sais pas comment je dois vous appeler...

Sam m'adresse un sourire fatigué. Dans son regard, je perçois presque de la tendresse. J'ai l'impression qu'il me voit maintenant sous un autre jour.

– Je crois qu'il faut que je me fasse à mon nouveau nom. Je l'aime bien en fait. Ça me change un peu de mes habitudes de vieil ours. Va donc pour Satoshi dorénavant ! Mais je vous en prie, que vouliez-vous me dire d'autre, Nina ?

– Euh... C'est un peu délicat à formuler. En fait, il s'agit de la réponse à votre question précédente...

– Mais encore ? Je vous écoute, mon petit...

Embarrassée, j'hésite à parler. Par où commencer ? Will me prend par le bras.

– Allons, Nina ! m'encourage-t-il. Tu es venue pour ça, non ?

La présence de Will à mes côtés me conforte dans ma volonté :

– Sam...

– Sam ou Satoshi ?

– Oh ! Désolée ! Je n'ai pas encore l'habitude de vous appeler comme ça. Eh bien, Satoshi, la raison pour laquelle je vous recherche depuis plusieurs mois est que nous sommes unis, vous et moi, par un lien de parenté. Comment dire ? Un lien de parenté étroit...

– Un lien de parenté *étroit* ? Vous pouvez préciser ?

– Oui... Pour aller droit au but, Satoshi, je suis votre fille...

– *Ma fille* ? C'est insensé ! Qu'est-ce qui vous fait penser ça ?

Je comprends que je dois à Satoshi un certain nombre d'explications. Je commence par lui parler du jour où l'agent Sanders m'a appris que j'étais la fille de l'illustre Satoshi Nakamoto. En m'entendant, mon père tique.

– Je ne sais pas pourquoi, dit-il, mais je n'apprécie guère les fédéraux. J'ai l'impression d'avoir passé ma vie à les éviter... Et ensuite ?

– Ensuite, j'ai demandé à ma mère si cet agent du FBI disait la vérité. Elle me l'a confirmé...

– Mmmh... Nina, si je vous suis bien, votre mère serait aussi mon épouse. Je me trompe ?

– C'est exact. Sauf qu'il faudrait parler d'elle au passé. Elle est morte récemment.

– Oh ! Je suis navré d'apprendre ça. Que lui est-il arrivé ?

Abordant les circonstances du décès de ma mère, je déborde vite sur les autres protagonistes de ma quête – Raquel, Fred et Steve, les albinos...

– Vous avez très bien connu Fred, en tout cas vous avez travaillé ensemble sur le projet de création du Bitcoin. Il serait sûrement content de savoir que j'ai réussi à vous retrouver grâce à cette photo qu'il m'a donné. Vous devriez lui passer un coup de fil un peu plus tard pour le saluer. Je vous laisse ses coordonnés, elles figurent sur cette carte de visite qu'il m'a laissée quand nous étions chez lui à Las Vegas.

De fil en aiguille, j'en viens à raconter toute mon histoire par le menu. Les sourcils froncés, absorbé par mon récit, Satoshi me laisse parler sans interruption. Arrivée au bout, je finis par me taire, enrouée d'avoir tant parlé.

– Quelle aventure, Nina ! dit Sam impressionné. (Il avale sa tasse de café d'un trait – sûrement pour s'éclaircir les idées. Soudain son visage se détend et il m'adresse un grand sourire.) Avec tout ce que *tu* m'as raconté, Nina, je crois que tu m'as convaincu. Aussi surprenant que ça paraisse, je dois admettre que tu es bel et bien ma fille... (Il fait une pause avant de reprendre.) Je suppose qu'on peut se tutoyer maintenant... Qu'en penses-tu, *ma chérie* ?

Je n'hésite pas une seconde avant de lui répondre.

– Et comment, *Papa* !

Dans un élan subit, je me jette dans ses bras qu'il vient d'ouvrir. Pendant un moment qui me semble durer une éternité, nous nous étreignons tendrement. Lorsque je me recule, j'entrevois une larme poindre au coin de son œil. Pudique, il s'efforce de cacher son émotion en faisant diversion.

– Aurais-tu une photo de ta mère à me montrer ?

– Bien sûr ! fais-je en balayant l'écran de mon smartphone.

En voyant la photo de maman, Satoshi semble troublé. Il se pince le nez au niveau du front comme lorsqu'on se concentre ou qu'on se sent mal.

– Ça va, Papa ?

– Oui, oui. C'est juste que je viens d'avoir un flash.

– C'est-à-dire ?

– Eh bien, en la voyant, je viens de me rappeler d'elle ! Elle s'appelait Marina, n'est-ce pas ?

– C'est ça. C'est exactement ça...

Satoshi se passe la main sur les joues en descendant jusqu'au menton. Il semble être ailleurs.

– C'est fou ! lâche-t-il soudain. Un paquet de souvenirs a émergé brusquement du fond de ma mémoire, comme dans un rêve... Je viens de nous revoir tous les trois dans notre maison à Tucson. Ta maman était en train de faire la cuisine et toi tu révisais tes leçons. Je m'apprêtais à t'accompagner à l'école. Je démarrais la voiture. Dehors, il y avait du soleil et je te chantais une comptine...

– Génial ! je m'écrie en me jetant dans ses bras. Tu commences à te rappeler qui tu es vraiment.

– Tu l'as dit, ma chérie. Quel bonheur ! Venez, il faut que nous fêtions ça. Ce n'est pas si souvent qu'on retrouve un enfant perdu et une partie de sa mémoire disparue en même temps.

Satoshi se lève avec entrain. Il ouvre un des placards de la cuisine, en sort une bouteille de vin et trois verres qu'il pose devant nous d'un geste théâtral.

– Désolé, je n'ai pas de champagne à vous offrir pour célébrer toutes ces nouvelles. En revanche, j'ai ce très bon vin de Californie. Il devrait largement faire l'affaire.

Alors que nous levons nos verres pour trinquer, le regard de Satoshi se porte sur mon cou. Avec toute l'agitation que nous venons de traverser, mon pendentif est sorti de sous mon pull. Avisant le Satoshi wallet que m'a légué maman, mon père me demande quel est cet objet. Je le lui explique et il me dit alors qu'il possède un similaire. Il fouille dans sa boîte à malices et en extrait un d'apparence identique au mien.

– Bon sang ! Ce sont exactement les mêmes !

– Pas tout à fait les mêmes, me corrige Will. Le ledger de ton père est abîmé. On dirait presque que quelqu'un lui a donné comme un coup de marteau.

– Effectivement... Papa, tu peux nous dire ce qui est arrivé à ton wallet. Pourquoi est-il dans cet état ?

En réponse à ma question, Satoshi soulève les cheveux sur son front, faisant apparaître une cicatrice dont la forme correspond à celle du wallet qu'il vient de sortir de sa boîte.

– En chutant du haut de ce rocher au bord de la rivière, je suis tombé la tête la première. Quand on m'a retrouvé gisant au bord de l'eau, il y avait cet objet coincé entre mon front et la pierre que j'avais heurtée. Comme toi, je le portais accroché à un pendentif. Ceci explique cela... Les gens qui m'ont découvert m'ont dit qu'ils ignoraient si c'était mon front qui était le plus abîmé ou si c'était ce satané wallet. Une infirmière me l'a ensuite restitué à ma sortie de l'hôpital.

– Tu as essayé de lire son contenu ?

– Oui mais en vain. Le coup que j'ai infligé à ce wallet en tombant a endommagé sa mémoire. On ne peut plus récupérer ses données. À croire que j'ai la tête dure ! De toute façon, j'avais oublié le mot de passe à cause de mon amnésie.

– Mais alors pourquoi as-tu conservé cet objet inutile pendant tout ce temps ?

– Mon côté sentimental, sans doute. C'était le seul objet me reliant à mon passé. À propos, j'ai une question pour toi...

– Oui ?

– Et ce wallet que tu portes autour du cou, Nina. D'où provient-il ? Il paraît en bon état. Tu n'as pu accéder à ses données ?

– Comme Maman me l'a expliqué avant de disparaître, tu avais réparti tous tes bitcoins de manière égale sur trois wallets. Le premier, le tien, nous venons d'en parler, est hélas devenu une relique sans valeur. Le second, celui que je porte autour du cou, était celui de Maman. Il est protégé par une seed que je ne connais pas. La seule chose que je sache est que les mots qui la composent sont ceux d'une comptine que tu me chantais quand j'étais petite. Maman pensait que je m'en souviendrai mais malheureusement ce n'est pas le cas.

– C'est bien dommage. Tu es sûre que tu as vraiment tout oublié de cette comptine ?

– La seule chose dont je me souvienne, c'est qu'il était question de poissons nageant dans une rivière. Pas étonnant, avec ta passion pour la pêche !

– Mmmh... C'est drôle. Ça me dit vaguement quelque chose. J'ai l'impression que la mémoire me revient progressivement... Et le troisième wallet, le tien... Qu'est-il devenu ?

– Nous pensons que tu l'as caché dans le coin où nous avons prévu d'aller pêcher demain. Espérons que la mémoire te revienne en revoyant cet endroit... Au prix actuel du Bitcoin, tout porte à croire que ce wallet recèle une petite fortune

– Ça tombe bien ! J'ai toujours aimé les chasses au trésor.

– Alors tu devrais être servi... (Soudain, mon attention est attirée par un son bizarre.) Vous entendez ce bourdonnement dehors ?

– Oui, murmure Will. On dirait un essaim d'abeilles. J'ai l'impression que ça vient d'une des fenêtres de la cuisine.

Mûs par la curiosité, nous nous rendons sur place mais le temps que nous traversions le salon, le bruit a cessé.

– Étrange... Allons voir dehors, lance Satoshi.

Une fois à l'extérieur, nous repérons dans le ciel un objet (ou un animal ?) qui semble s'éloigner de nous rapidement en émettant un léger ronronnement.

– Là-bas ! Vous vous souvenez ce que nous avons vu tout à l'heure et que nous pensions être un aigle ou un ballon sonde ? demande Will. Je trouve que ce truc y ressemble pas mal. Non ?

La main en visière sur le front, nous tentons de deviner quel est cet objet mystérieux mais la distance ne fait qu'augmenter et l'on n'y parvenons pas. En signe d'impuissance, Satoshi laisse retomber les bras le long de son corps.

– Tant pis, dit-il, fataliste. Ce n'est pas important. Rentrons finir nos préparatifs pour la pêche de demain. Et la chasse au trésor qui va avec... Ça, c'est du sérieux ! Faisons-nous aussi un bon feu dans la cheminée pour nous réchauffer.

Nous n'attendons pas que le soleil se lève pour quitter le chalet. Tout le matériel de pêche a été chargé dans le coffre la veille au soir. Tandis que nous roulons en direction du lac de Kerr, Satoshi me jette un regard furtif.

– Tu connais ce proverbe, Nina ? me lance-t-il.

– Quel proverbe ?

– La nuit porte conseil.

– Bien sûr. Mais pourquoi penses-tu à ce proverbe en particulier ?

– Parce que je crois que j'ai réussi à me rappeler de la fameuse comptine que je te chantais... en dormant !

– Eh bien ! Encore un flash ?

– On peut dire ça... Ça m'a pris en pleine nuit pendant mon sommeil. Je rêvais que tu étais encore une gamine et que je te conduisais à l'école...

– Un peu comme maintenant alors, fais-je en riant.

– Ah ah ! En quelque sorte... La sensation était si forte que ça m'a réveillé et que je me suis levé. J'ai aussitôt noté les paroles sur un morceau de papier pour ne pas les oublier.

– Et ensuite ?

– Ensuite, j'ai rangé le morceau de papier dans ma table de chevet puis je me suis rendormi.

– C'est une excellente nouvelle que la mémoire te revienne ainsi, de plus en plus.

– Oui. En tout cas, j'ai bien fait de noter ces paroles tant qu'elles étaient présentes à mon esprit. Tu vois, maintenant je ne m'en souviens plus. Si tu me demandais de te les réciter, là tout de suite, j'en serais incapable. Même si ça va mieux, je ne suis pas encore guéri de mon amnésie.

– Pas de stress, Papa. Ça prendra le temps qu'il faut.

– J'imagine que oui...

– Tu as pris ce morceau de papier sur toi ?

– Bong sang ! Non. Je voulais te le donner ce matin mais on a avalé notre petit déjeuner et chargé le pick-up si vite que j'ai oublié de le faire. Il est resté dans ma table de chevet. Décidément, je ne suis qu'un sale étourdi.

– Mais non, tu n'es pas un étourdi. Ce genre de truc arrive à tout le monde. Ce n'est pas grave. Tu me le donneras en rentrant.

Satoshi ne me répond pas, il se contente de soupirer. Malgré ce que je lui ai dit pour le déculpabiliser, je pense qu'il s'en veut. Les mains soudées sur le volant, il regarde fixement devant lui. Probablement tente-t-il de se penser à autre chose qu'à sa mémoire qui lui joue des tours.

Imperturbables, quelques kilomètres défilent sans que nous échangions plus un mot. Après avoir traversé Polson déserte à cette heure-ci, nous franchissons le pont qui enjambe la Flathead River. Laissant derrière nous le lac et les montagnes enneigées le surplombant plus au nord, nous tournons sur la gauche pour emprunter la Irvine Flats Road.

– Voilà ! fait Satoshi en se reconnectant à nous. À partir d'ici, nous quittons la route 93. Nous allons contourner l'aéroport et rouler jusqu'au Big Sky Sporting Clays. C'est un club de tir assez populaire dans les environs. Quand on vit à Polson, il n'y a guère de choix. Soit on est pêcheur, soit on est chasseur... On laissera le pick-up là-bas et on finira la route à pied.

Comme il est encore très tôt, le club de tir n'est pas encore ouvert. Le parking est vide et nous nous garons facilement. Sans perdre de temps, nous déchargeons la voiture et prenons nos cannes en bambou refendu, nos épuisettes ainsi que le fameux panier en osier. Satoshi nous donne un sachet de mouches artificielles à chacun. Il semble avoir retrouvé sa bonne humeur.

– Il ne faut pas lambiner, la truite est matinale, dit-il joyeusement. Bon... On va suivre la ligne de pente jusqu'à la rivière. Attention aux caillasses, vous pourriez facilement glisser, surtout qu'il a dû geler cette nuit. Marchez derrière moi. Je vous guiderai.

La descente s'avère plus rude que ce que nous pensions. La combe est raide. À chaque pas nous devons veiller à ne pas trébucher. Parvenus en bas de la ravine, nous découvrons qu'il n'y a pas vraiment de berge à cet endroit-là. Il est difficile de se tenir debout à cause de la déclivité. Pour couronner le tout, nous sommes coincés entre des gradins rocheux abrupts et un petit surplomb d'où émerge, comme par magie, l'unique sapin à avoir réussi à pousser là. Sous nos pieds, l'eau coule à vive allure en formant des remous tumultueux. Impossible de pêcher depuis cette rive.

– De sacrés rapides ! constate Will impressionné. Vous entendez ce grondement ?

– C'est le bruit du barrage en amont. Ils ont dû faire un lâcher d'eau aujourd'hui, explique Satoshi. D'habitude, en cette saison, elle n'est pas aussi haute et il n'y a pas autant de courant. Le plus embêtant c'est qu'ici on ne peut pas marcher le long du bord. Je crains qu'aujourd'hui ce soit râpé pour pêcher à la mouche. Ou alors, il faudrait carrément changer d'endroit.

Frustrée, je contemple l'autre rive de la Flathead.

– On ne pourrait pas pêcher de l'autre côté ? Là-bas il y a une vraie berge. On dirait qu'il y a même une petite route qui la longe.

– Tu as raison, Nina. C'est la Kerr Dam Road... Elle part d'un belvédère situé en dessus du barrage et descend jusqu'à la centrale hydroélectrique que vous voyez en face. De là-haut, le panorama est splendide. Puisqu'on est de ce côté-ci de la rivière, je vous propose d'en profiter pour chercher d'abord ton wallet. Ensuite, on pourra remonter jusqu'au parking, reprendre le pick-up et aller au belvédère pour admirer la vue sur le canyon depuis la rive en face. Après, si on est en forme, on redescendra à pied par la Kerr Dam Road et on pêchera en bas. OK ?

– Parfait, Papa ! Mais comment s'y prendre pour trouver le wallet ? Autant chercher une aiguille dans une botte de foin...Tu ne te souviens pas, même vaguement, de l'endroit où tu l'avais caché à l'époque ?

– À supposer qu'il soit effectivement planqué par là, soupire Will, abondant dans mon sens. Autour de nous, je ne vois que des pierres et des rochers...

Satoshi colle ses poings sur les hanches avec un air de défi. De manière surprenante, alors que la situation ne semble pas s'y prêter, il paraît plutôt serein.

– Je vous trouve bien défaitistes tous les deux. Vous savez quoi ?

– Non, dis-je en grommelant.

– Eh bien, je crois avoir ma petite idée...

– Quoi ? Tu te souviens de l'endroit où est le wallet ?

– Je pense que oui ! C'est drôle : en voyant la centrale hydroélectrique, là juste à l'instant, je viens d'avoir un nouveau flash. Encore cette sensation de déjà-vu... Je me vois en train d'enterrer une boîte métallique au pied d'un arbre puis de graver quelque chose sur son tronc avec un couteau. Probablement pour servir de repère ultérieurement...

Mûs par un réflexe, nous balayons le paysage du regard. Nos yeux s'arrêtent sur le seul arbre à portée de vue – le sapin planté sur le surplomb au-dessus de la rivière.

– Est-ce que vous pensez comme moi ? je lance, soudain pleine d'espoir. Allez ! Suivez-moi !

À toute vitesse, nous escaladons le petit monticule. Arrivée la première, je fais le tour de l'arbre à la recherche d'une marque sur le tronc.

– Là ! Venez voir ! (frénétique, je désigne une lettre gravée dans l'écorce du pin, au bas de l'arbre.) C'est toi qui a fait ça, Papa ?

Un peu confus, comme si de nouveaux souvenirs lui revenaient soudain à l'esprit, Satoshi hoche la tête.

– Je crois bien que oui...

– On dirait une lettre B, remarque Will en s'accroupissant. Elle est barrée par deux traits verticaux parallèles.

– Le symbole de Bitcoin, fais-je ébranlée. Il semblerait que nous ayons trouvé l'arbre que nous cherchions. Il ne nous reste plus qu'à creuser...

Satoshi sort un canif d'une des poches de sa veste de pêche et le tend à Will. Il n'y a pas à hésiter... À l'aide du couteau, celui-ci commence par gratter le sol pour enlever la couche de gel superficielle. Sur mon conseil, il creuse ensuite un trou au pied du pin, juste en dessous de la lettre B. À cause du froid, la terre est dure. Il faut un moment à Will pour finalement tomber sur une petite boîte métallique et l'exhumer. Après l'avoir secouée et soufflé dessus pour en retirer la poussière, il me la remet pompeusement comme un évêque tenant une relique sacrée.

– Je pense que nous avons enfin trouvé ce que nous cherchions, dit-il d'une voix tremblante d'émotion.

Le cœur battant, j'ouvre la boîte et j'en sors le troisième Satoshi wallet, celui que mon père m'avait légué. Il est accroché au bout d'une simple cordelette au bout de laquelle il pend, tel un trophée barbare.

– Je pense qu'il revient de droit à Papa, fais-je en le tendant à Satoshi.

– Tu plaisantes, Nina ? Tu crois sérieusement que je vais accepter ce wallet ? Non. C'est ton héritage, il t'appartient !

Joignant le geste à la parole, il me passe solennellement le pendentif autour du cou. Je proteste en exhibant mon autre collier.

– Mais j'en ai déjà un : celui de maman. Avec le tien, ça m'en ferait deux !

– Et alors ? réplique Satoshi du tac au tac. Tu n'as pas deux parents ?

La messe est dite. Je n'ai plus rien à ajouter. Confuse, j'embrasse mon père puis Will, ne sachant pas comment les remercier ni l'un ni l'autre.

– Il y a quand même un hic, fait remarquer Satoshi. Par miracle, j'ai réussi à me rappeler de la seed du wallet de ta mère. En revanche, pour celui-ci je n'en ai pas la moindre idée. Or, sans la phrase de graine, ce wallet n'a aucune valeur.

– Je ne serais pas aussi pessimiste que toi, Papa. Si tu as réussi à te rappeler de la première seed, il y a fort à parier que tu puisses te souvenir de l'autre également.

– Espérons-le ! Il est vrai que j'ai eu plusieurs réminiscences du passé hier et aujourd'hui. Alors pourquoi pas encore une fois. Après tout, on n'est jamais à l'abri d'un miracle...

Au fond de lui-même, Satoshi ne semble pas très convaincu. Je le sens perplexe pour ne pas dire tendu. Ne voulant pas le brusquer, je préfère changer de sujet :

– Au fait, une fois le wallet retrouvé, on n'avait pas prévu d'aller voir le barrage ensuite ?

– Tu as raison ! fait Satoshi en opinant de la tête. Allons-y ! Prêts à gravir la pente ? Il va falloir s'accrocher...

Heureusement, même si elle est plus fatigante, la montée s'avère moins ardue que la descente. Arrivés au sommet, nous reprenons le pick-up et franchissons le pont sur la Flathead. Il est encore tôt en ce dimanche et nous ne croisons pratiquement aucun habitant dans les rues de Polson. Roulant à travers la ville à moitié déserte, nous remontons un peu plus loin jusqu'au parking du belvédère où nous nous garons sans peine.

– Là non plus, il n'y a pas foule, fait remarquer Will en considérant le parking vide. Apparemment, nous sommes les premiers à venir ici ce matin...

– Eh oui, répond Satoshi, ce n'est pas la haute saison. Mais en été, je vous assure que c'est une autre histoire. Venez ! ajoute-t-il en verrouillant les portes de pick-up derrière nous. Vous ne serez pas déçus.

CHAPITRE 18

Traversant le parking en direction du barrage, nous tombons sur un écriteau mettant en garde les promeneurs : « *Attention ! L'escalier menant au belvédère compte plusieurs centaines de marches. Les personnes en mauvaise santé devraient s'abstenir d'emprunter ce chemin.* »

– Je ne pense pas que ce soit notre cas, fait Will, piaffant d'impatience. Alors ? On le descend cet escalier ? lance-t-il, pressé de contempler le barrage.

– Évidemment !

D'un pas résolu, nous entamons notre descente mais au bout d'une cinquantaine de marches, Satoshi s'interrompt soudain.

– Zut ! J'ai oublié mon lancer léger dans le coffre. Je voudrais pêcher à la cuillère près de la centrale électrique. Vu la puissance du courant, c'est plus adapté que la pêche à la mouche. Ça vous embête si je remonte chercher ma canne ?

– Bien sûr que non, Papa ! On t'attend ici ?

– Non, inutile. Allez plutôt admirer la vue sur le canyon. Vous n'avez qu'à continuer tous les deux sans moi. Je vous rejoindrai un peu plus bas, vers le belvédère ou même après. À tout de suite !

Will et moi reprenons donc notre descente seuls et nous finissons par arriver à la zone d'observation. Juste en dessous de nous, le spectacle du barrage déversant ses eaux en cataractes s'offre à nous dans un fracas assourdissant. Même si c'est un peu ringard, nous ne pouvons pas résister au plaisir de nous prendre en selfie, avec le lac et les montagnes en perspective. Excité comme un enfant, Will prend des photos de nous sous tous les angles.

– Ça valait le coup de descendre jusqu'ici, s'enthousiasme-t-il en élevant le ton pour couvrir le rugissement des chutes.

– Tu crois qu'on peut se rapprocher un peu plus ?

– Je pense que oui. Regarde là-bas. On dirait qu'il y a un passage qui descend vers le barrage...

Impatients d'observer les cataractes de plus près, nous dévalons le sentier repéré par Will et parvenons à un point de vue situé juste à l'aplomb du barrage.

– C'est encore plus grandiose vu d'ici, fais-je impressionnée. J'en ai presque le vertige. Quelle est la hauteur à ton avis ?

– Je ne sais pas. Je dirais qu'on est à une bonne centaine de mètres au dessus du niveau du canyon.

– C'est sûr qu'il vaut mieux ne pas chuter. D'ailleurs, tu as vu ? Il n'y a même pas de balustrade. C'est vraiment dangereux. N'importe qui pourrait dégringoler. Ils devraient en installer une.

À ce moment, une voix résonne derrière nous.

– Eh oui ! Un accident est si vite arrivé...

Surpris, nous nous retournons pour voir qui s'est adressé à nous : c'est Bear. Émergeant du néant, l'albinos braque un pistolet sur nous. Il sourit comme si nous étions de vieilles connaissances, heureuses de se retrouver après une longue séparation. Et dire que nous étions si près du but ! Un torrent de sueur froide se met à ruisseler dans mon dos.

– Bon sang ! Et moi qui vous croyais passé de vie à trépas, fais-je en m'étranglant à moitié.

– Ah ah ! Que voulez-vous ? La mauvaise herbe à la vie dure.

– Alors, vous avez survécu au crash de votre Audi ?

Ma question arrache une grimace à Bear qui me répond d'un air mauvais.

– Moi oui, mon frère non. J'ai quand même eu plusieurs côtes cassées et pas mal de contusions. Grâce à vous...

Bear tourne la tête légèrement pour nous dévoiler son profil. Le côté de son visage présente l'aspect d'une gigantesque plaie rouge vif dont les tissus sont à peine cicatrisés.

– Effectivement, fais-je en peinant à dissimuler mon dégoût, ce n'est pas très joli.

– Indubitablement, rétorque Bear en grinçant des dents. Du coup, je pense avoir amplement mérité quelques menues compensations...

– À quoi faites-vous allusion ?

– Eh bien, au crypto wallet que vous venez de déterrer avec votre père, pardi !

Bonté divine ! Comment ce fichu albinos est-il au courant ? La réplique de Bear a de quoi surprendre et je m'en étonne à haute voix :

– Comment savez-vous ça ? Et déjà, comment vous êtes-vous débrouillé pour retrouver notre trace jusqu'ici ? À New York, nous avions retiré le mouchard qui était fixé sous notre voiture...

– Oh là là ! Que de questions ! raille Bear, goguenard. Allez ! Aujourd'hui, c'est mon jour de bonté. Je vais vous répondre.

– Je vous écoute...

– Pour vous suivre, de Tucson jusqu'à New York, c'était simple, il y avait un traceur GPS placé sous votre voiture.

– Vous ne m'apprenez rien, John ou Jack – ne m'en veuillez pas si j'ai oublié votre nom, fais-je sarcastique. Dites-moi plutôt comment vous vous y êtes pris pour le poser ? À Tucson, notre Tesla restait toujours au garage. Quoi qu'il en soit, je suppose que c'est vous ou votre frérot qui l'aviez posé.

– Mauvaise pioche, Nina ! C'est mon patron – l'agent Sanders, qui s'en est chargé. Dans votre garage justement, si vous voulez tout savoir. Le jour où il est venu vous interroger chez vous – en compagnie de ce bon vieux shériff bedonnant. Vous vous souvenez ? Cette histoire de graffitis subversifs dont vous vous recouvriez les murs de votre ville.

Maintenant je viens de comprendre ce que Crâne d'Œuf fricotait ce jour-là, accroupi devant notre Tesla, soi-disant pour admirer sa ligne. Pas très éthique tout ça... La pilule est un peu dure à avaler et, forcément je m'emballe un tantinet.

– Quoi ? Vous travaillez pour Sanders ? Mais c'est un agent du FBI ! Les fédéraux ne sont pas censés faire ce genre de trucs. Mettre des personnes sous écoute ou les marquer à la culotte sans le mandat d'un juge, c'est totalement illégal. Je ne parle pas de liquider les honnêtes gens comme ma mère ou cette pauvre Juanita. Dites-moi : c'est toute votre hiérarchie qui est impliquée dans ces magouilles ou ça s'arrête à votre binoclard de chef ?

– Très honnêtement, je n'en sais rien, ma petite Nina. D'ailleurs, pour tout vous dire, je m'en contrefiche. Sans vouloir vous retirer vos illusions, vous savez, les flics véreux ou corrompus, ça court les rues.

Atterrée, j'échange un bref regard avec Will.

– Je vois... Mais comment vous avez réussi à remonter ici jusqu'à nous, *après* New York ? Nous avions retiré le mouchard sous la Tesla. Le garagiste l'avait détruit.

– Oh ! Ce n'est pas très compliqué quand on a accès aux moyens dont dispose le FBI, vous savez. Géolocaliser quelqu'un à partir de son téléphone portable, pour ne prendre que cet exemple, est à la portée du premier couillon venu.

– Mmmh... Géolocaliser quelqu'un avec son portable, c'est une chose mais comment avez-vous su que j'avais retrouvé mon père et récupéré mon wallet ? Et par quel tour de passe passe vous êtes-vous pointé ici pile à ce moment ? Ce n'est pas en me géolocalisant avec mon téléphone que vous y êtes arrivé. Ma parole, vous êtes diplômé de Poudlard ?

– Ah ah ! Décidément, vous avez un sacré humour, ma petite Nina ! Dommage qu'on ne soit pas dans le même camp, on se serait bien amusés ensemble. Non, tout simplement avec ça...

En même temps qu'il me répond, Bear pointe un doigt vers le ciel. Au-dessus de nos têtes, je distingue le même objet que celui que nous avions vu voler la veille en dessus du chalet.

– Un drone ?

– Exact, un drone. Et pas n'importe lequel. Il est équipé d'une caméra à haute définition et d'un micro directionnel. La technologie dernier cri pour voir et entendre à distance en toute discrétion.

– Le parfait petit espion 3.0...

– Oui, on peut dire ça. Admirez plutôt la bête !

On peut être un dangereux tueur et avoir des pulsions de gamin. Bear est si fier de son petit joujou, qu'il ne résiste pas au plaisir de nous le montrer. Il sort une télécommande de sa poche et fait atterrir son drone à nos pieds. Par réflexe, je me penche pour mieux le voir mais Bear m'en empêche aussitôt.

– Ah non ! Pas touche au matos. C'est sacré ! Propriété privée de l'Agence, vous m'excuserez. (Quittant soudain son ton badin, il reprend :) Bon ! Assez rigolé, ma belle. Maintenant, vous allez me donner le wallet que vous venez de déterrer.

Impérieux, il tend la main en faisant des petits gestes des doigts. Comme je ne réagis pas assez vite à son goût, il menace de me tirer une balle dans les rotules. N'ayant d'autre choix, je m'exécute. Triomphant, Bear passe le pendentif autour de son cou. Un sourire peint sur les lèvres, ou devrais-je dire un rictus accroché à son ignoble visage défiguré, il poursuit sur sa lancée :

– Votre seed maintenant. Je vous écoute...

Je regarde Bear, rebelle comme pas deux.

– Pas de chance. Je ne la connais pas.

– Sans blagues ?

– Demandez-la à mon père. Lui seul le sait.

– Mmmh... Au fait, il est où Papa Satoshi ? La dernière fois que je vous ai matés avec mon drone, il descendait les escaliers menant au belvédère avec vous...

Mes yeux lancent des éclairs.

– J'ignore où il est passé.

– Je ne vous crois pas, ma jolie. Tant pis, ce n'est pas grave. Il ne doit pas être très loin. On va gentiment attendre votre petit papounet pour la photo de famille. Quand il apparaîtra, prenez l'air naturel pour qu'il ne se méfie pas. Faites comme si vous admiriez la vue sur le barrage. OK ? Allez, les tourtereaux ! On se bouge !

Comme nous traînons un peu trop à son goût, Bear agite son pistolet d'un air menaçant. Histoire de nous faire accélérer un peu le mouvement, c'est de bonne guerre.

À cet instant, retentit un claquement, semblable à celui d'une lanière de fouet qui s'abat. Un éclair parti du bas du sentier zèbre l'espace en direction de l'albinos. Atteint au poignet, Bear pousse un cri de douleur et lâche son arme. Il veut se pencher pour la ramasser mais sa main reste bizarrement suspendue en l'air. Figé tel un pantin suspendu à un fil, il semble soumis au bon vouloir d'un marionnettiste invisible.

Nos regards se braquent vers le sentier d'où débouche Satoshi, tenant son lancer léger. Il vient d'atteindre Bear au poignet, en le harponnant littéralement avec la cuillère plombée accrochée au bout de sa ligne. Un jet d'une précision redoutable, effectué à près de dix mètres la distance. Comme quoi, ça sert d'être un bon pêcheur...

– Putain ! beugle l'albinos. (En vain, il tente de soulager sa main clouée par l'hameçon triple.) Ça fait un mal de chien, votre truc. En plus, votre ligne est tendue comme un arc. Qu'est-ce qui vous a pris de me faire ça ? Et moi qui pensais que vous étiez un mec sympa.

– Vous n'aviez qu'à pas braquer votre arme sur ma fille et son ami. Qu'est-ce que vous leur voulez ? (Comme Bear semble faire la sourde oreille, Satoshi imprime à sa canne un petit mouvement de saccade, faisant rentrer un peu plus profondément le grappin dans la chair de l'albinos.) Alors ? J'attends votre réponse...

Bear s'efforce de relâcher la tension du fil de nylon pour réduire la douleur qui irradie sa main. Impuissant à y parvenir, il gémit.

– Je ne suis pas une foutue truite que l'on ferre pour la sortir de l'eau. Débarrassez-moi de votre satané ferraille qui me troue la peau et je vous le dirai.

– D'accord, concède Satoshi, magnanime. Mais auparavant, Will, pourriez-vous ramasser le revolver de ce monsieur ? Tenez-le bien en joue afin qu'il n'ait pas la tentation de nous jouer un coup fourré.

Une fois que Will a récupéré le pistolet, Satoshi me confie sa canne pour garder les mains libres. Tout en ouvrant son canif, il me donne ses consignes :

– Ma chérie, veille à conserver un peu de mou dans la ligne. Juste ce qu'il faut. Sinon notre ami risque de déguster pendant que j'opère.

Se dirigeant ensuite vers l'albinos qui tire une mine pitoyable en continuant de couiner, il le prévient :

– Je vais devoir vous inciser la peau, mon garçon. Un triple, ce n'est pas facile à retirer quand il est bien enfoncé comme ça. Ça risque de faire un peu mal mais vous avez de la chance, il n'est pas rouillé...

Précautionneusement, Satoshi extrait la cuillère fichée dans la main de Bear. Mais à peine a-t-il terminé que ce dernier lui arrache le couteau par surprise et le plaque sur sa gorge. D'un mouvement tournant rapide, le tueur se place dans le dos de mon père, sortant ainsi de la ligne de mire de Will.

– Voilà qui est mieux, claironne Bear en se reculant pour se positionner dos au précipice. Si vous tirez, Will, nous tomberons tous les deux dans le vide. Je doute que cette chère Nina apprécierait de perdre son père qu'elle vient à peine de retrouver. M'est avis qu'elle vous en voudrait même pas mal...

– Espèce de salopard ! fais-je, hors de moi.

– Allons, ma petite Nina. Ne prenez pas les choses tant à cœur. Détendez-vous ! Ce n'est pas parce que j'ai liquidé votre maman que je vais nécessairement en faire de même avec votre gentil papounet d'amour. Ah ah !

À côté de moi, Will fulmine. Ses yeux lancent des éclairs.

– Comment voulez-vous qu'on la joue ? lance-t-il à Bear. Je vous tiens en respect avec un pistolet et vous, vous n'avez qu'un simple couteau. Laissez M. Nakamoto s'écarter de vous et je vous promets de ne pas faire feu.

– Très drôle ! De toute façon, vous et moi, nous savons très bien que vous ne me tirerez jamais dessus. Par contre, moi je peux vous dire que si vous ne me redonnez pas mon flingue dans les cinq secondes, je trancherai la gorge du père de Nina...

Décontenancé, Will me consulte :

– Qu'est-ce que je fais ? Je lui rends son arme ?

– Ne faites surtout pas ça, Will ! s'exclame Satoshi. Cet homme est un tueur. Plus rien ne l'empêcherait de nous abattre tous les trois. Surtout maintenant qu'il s'est emparé du wallet...

– Tais-toi, le vieux ! s'emporte Bear en appuyant plus fort sa lame sur le cou de Satoshi. Sinon je te saigne comme un cochon.

Furieuse, je serre les poings. Au fond de moi, je sais que mon père a raison. Mais que faire d'autre sans compromettre sa vie, là tout de suite ? Face à nous, l'albinos implacable se met à compter : 5,4,3... Résigné, Will baisse le bras avec lequel il visait Bear. Il s'accroupit et pose le pistolet à terre.

– C'est bien ! Vous êtes raisonnable, ironise le rouquin, content d'avoir remporté son bras de fer. De toute façon, il n'y avait pas d'autre option. Maintenant vous allez pousser gentiment cette arme vers moi avec votre pied. Allez, on se dépêche, jeune homme !

Tandis que Will obtempère à contrecœur, mon père m'adresse un sourire étrange. Subitement, comme s'il était pris d'une inspiration subite, il s'écrie :

– Si ! Il y a une autre option...

Soudain, Satoshi prend appui sur ses talons et se propulse brutalement en arrière. Déséquilibré, l'albinos dans son dos ne lâche pas mon père pour autant. Perdu pour perdu, le monstre roux entraîne Satoshi avec lui dans sa chute en ricanant. Et, sous mes yeux horrifiés, je les vois tous deux irrémédiablement basculer dans le vide.

Je veux hurler mais je reste muette. J'essaie de courir vers la falaise mais Will me retient pour que je ne vois pas mon père s'écraser au pied des cataractes.

– Ça ne sert à rien, Nina, me raisonne-t-il en me serrant contre lui.

Quand il relâche son étreinte, je me rue en avant mais il est trop tard pour observer quoi que ce soit. Comble de malchance, quelques mètres plus bas, une petite corniche formant un léger ressaut à l'aplomb de notre position me masque partiellement le pied du barrage. Cela ajoute de la frustration à ma douleur et me rend encore plus folle. J'arpente le bord de la falaise en tous sens pour chercher un angle de vue plus favorable, mais en vain. Finalement, je dois me rendre à l'évidence. Personne ne peut survivre à une telle chute. Les eaux grondantes du barrage se sont refermées sur le corps disloqué de mon pauvre père. Leur tumulte assourdissant couvre mes cris de désespoir. Vidée de toute énergie, je me blottis entre les bras de Will en sanglotant.

– Et dire que je venais à peine de le retrouver. Après toutes ces années sans lui. C'est un vrai cauchemar.

– Oui... Ton père s'est sacrifié pour nous. Il est mort en héros.

Les yeux embués de larmes, je relève la tête.

– Nous devons lui offrir une sépulture décente. Peut-être s'est-il échoué quelque part. Il faut que nous retrouvions son corps avant que la rivière l'entraîne au loin ou qu'il coule définitivement par le fond. En tout cas, il faut se dépêcher.

– Oui mais comment faire ? Nous ne savons pas s'il est pris dans un tourbillon sous le barrage et tourne sur place comme dans une machine à laver. À moins qu'il soit en train de dériver vers l'aval... Dans ce cas, il faudrait un hélicoptère pour avoir une chance de le localiser dans ce canyon.

– Un hélicoptère ? Mais bien sûr !

– Comment ça ? Que veux-tu dire ?

– Eh bien ! C'est presque pareil : on a un drone équipé d'une caméra... Et regarde : la télécommande dispose même d'un petit écran permettant de visualiser les images. On ne peut pas rêver mieux.

Il ne nous faut pas longtemps pour réussir à faire décoller le drone laissé par Bear avant de tomber. Patiemment, nous survolons chaque rocher, chaque remous; nous inspectons chaque recoin du canyon. Hélas, malgré tous nos efforts, après des heures de recherche, nous devons nous résigner : les deux corps sont introuvables. Un instant, nous envisageons de contacter la police pour qu'elle nous aide mais nous renonçons à cette idée. Le risque de tomber dans les griffes de Sanders serait trop grand. De guerre lasse, nous quittons finalement les lieux et redescendons à pied vers Polson. De là, nous prenons un taxi, un 4x4, qui nous dépose à l'entrée du chemin menant au chalet de mon père. Nous lui demandons de nous attendre là et nous terminons la route en marchant d'un bon pas. Une fois parvenus au chalet, nous rassemblons nos affaires au plus vite : nous craignons d'être appréhendés par le FBI si nous nous attardons trop longtemps. Avant de repartir, je récupère dans la table de chevet de mon père le morceau de papier qu'il avait laissé là à mon intention. Rapidement, je m'assure que les paroles de la berceuse de mon enfance y sont bien inscrites puis nous filons rejoindre le taxi. Heureusement il est resté à nous attendre en bas du chemin.

– Alors ? Je vous emmène où maintenant ?

– À Missoula ! Je vous donne l'adresse...

À notre arrivée à l'hôtel, nous ne traînons pas longtemps dans les parages. Nous réglons notre note sans délai et sautons dans la Tesla. C'est seulement quand nous sommes suffisamment éloignés de Missoula et qu'on ait échangé quelques paroles rassurantes que je commence à me détendre un peu. Avant que Will ait lancé sa musique habituelle, je prends les devants :

– Je vais appeler Fred et Steve pour les tenir au courant de tout ce que vient de nous arriver. On leur doit bien ça. Je regrette que nous ne les ayons pas appelés hier quand Papa était encore de ce monde. Ils auraient sûrement adoré lui parler, surtout Fred. Ils avaient travaillé ensemble à la création du Bitcoin. Ils étaient forcément très proches.

– C'est certain, soupire Will. Sans compter que c'est grâce à Fred si nous avons pu remonter jusqu'à ton père. Sans cette photo qu'il t'avait donnée, nous ne l'aurions jamais retrouvé.

Par chance, le téléphone de Fred ne sonne pas occupé. Il décroche presque aussitôt.

– Allô ! Ici Nina...

– Nina ? Qu'est-ce qui me vaut la chance de t'avoir au bout du fil ? Steve est à côté de moi. Ça ne te gêne pas si je mets l'ampli ?

– Bien sûr que non !

Raconter nos dernières péripéties à Fred et Steve me prend un bon quart d'heure. Quand j'ai fini de le faire, ils me présentent leurs condoléances. Pour passer à des choses un peu plus gaies, Fred nous tend une perche :

– Et où comptez-vous aller maintenant ? Vous savez que vous êtes toujours les bienvenus à Las Vegas... Ici vous ne risquez plus rien. Ton satané Crâne d'Œuf et sa bande de porte-flingues à la noix ont définitivement débarrassé le plancher.

– Ah ah ! Le climat désertique n'est pas bon pour le teint des bureaucrates de Washington. Ils préfèrent l'air du large.

– C'est sûr... Alors, ça ne vous dirait pas de passer à Vegas pour nous raconter toutes vos aventures en détail ?

– Merci pour l'invitation. C'est vraiment très gentil mais...

– Mais quoi, Nina ? Vous avez un autre plan en tête ? Des projets peut-être ?

– Eh bien, oui ! C'est drôle : on vient juste d'en parler avec Will... On a décidé de partir à Cuba.

– À Cuba ? Chez les communistes ?

– Allons Fred ! Tout ça, c'est du passé...

– Je plaisantais... Plus sérieusement, qu'est-ce que vous allez faire là-bas ? Passer des vacances ?

– Plus que ça... On compte y vivre un bout de temps. On va ouvrir un bar sur une plage. Loin de tout.

– Original !

Visiblement Fred a du mal à comprendre mes lubies castristes. Son côté républicain patriote, je suppose.

– En fait, c'est une idée de Raquel à la base. Elle a un cousin qui vit là-bas. Il a un terrain au bord de la mer qu'il va nous louer. Il va nous aider à nous installer. Il nous mettra en relation avec les bonnes personnes...

– Mmh... En tout cas, c'est un projet fantastique !

Même si ça le dépasse un peu, je sens que Fred fait un gros effort pour adhérer à ma vision des choses.

– Oui... J'espère que vous viendrez nous voir ?

– Et comment, ma belle ! À propos, comment comptez-vous y aller ? Ce n'est pas évident de se rendre là-bas quand on est un citoyen américain. Je ne parle même pas de s'y installer...

– Disons que le cousin de Raquel est impliqué dans un certain business. Ça l'amène à se déplacer fréquemment entre la Floride et Cuba. Il nous aidera pour effectuer la traversée.

– Quoi ? Il fait du trafic de drogue ?

– Très franchement, je l'ignore. Ce n'est pas mes oignons. Tout ce que je sais, c'est qu'il a un bateau à moteur ultra rapide, genre go fast. Il nous récupérera discrètement un soir sur une plage de Key West. De là, on mettra le cap sur la côte nord de Cuba. Ensuite, il nous déposera dans une petite crique isolée.

– Wouah ! Ça me rappelle la scène en hors-bord avec Colin Farrell et Gong Li dans Miami Vice... Nina, tu es une vraie héroïne de cinoche. Là, tu m'impressionnes !

– Allons, Fred ! Pas toi, je t'en prie. Ce n'est pas moi qui me trimbale avec tout un arsenal de fusils d'assaut et qui met en déroute une troupe de ninjas armés jusqu'au dents.

– Ah ah ! C'est vrai que c'était un peu sportif ce jour-là. Mais je te rassure, c'est pas toujours comme ça. En général, Steve et moi, on préfère se détendre... Au fait, avec Will, vous allez prendre un peu de temps en Floride avant de faire la traversée vers la grande Île ?

– Oui, on ne connaît pas la Floride. On va profiter d'être sur place pour voir deux ou trois attractions : Disneyland, Epcot Centre, Cap Canaveral, ce genre de trucs. Will aimerait aussi se rendre à la villa Vizcaya, il paraît que ça vaut le coup... Pourquoi cette question ?

– Eh bien, avec Steve, on vient d'avoir une idée...

– Ah oui ?

– Nous non plus, on est jamais allés en Floride. Mais je dois t'avouer qu'on est plus attirés par la mer des Caraïbes et la nature que par Miami et les parcs d'attractions.

– Dommage, Fred. Et moi qui pensais que tu allais nous proposer de nous revoir en Floride avant qu'on parte pour Cuba...

– Justement ! On a une proposition sympa à vous faire... Que diriez-vous si on se faisait une petite jonction dans les Keys ? Steve a un pote qui a une baraque à Key West ? Il pourrait nous prêter. Elle est très bien placée – juste a côté de la maison de Hemingway.

– On vous laisserait visiter le nord de la Floride tranquillement en amoureux, glisse Steve. Pendant ce temps, Fred et moi, nous irions chez mon copain pour préparer sa maison avant de vous recevoir. On se retrouverait là-bas pour passer une petite semaine ensemble avant votre départ à Cuba. Histoire de parfaire nos bronzages tous les quatre et de siffler quelques mojitos entre amis à l'ombre d'un parasol...

– Cool ! On est totalement partants.

– Alors, affaire conclue !

– Vous comptez venir de Vegas en avion ?

– En fait, non. On va descendre en voiture. On veut saluer au passage d'autres amis qu'on a sur Houston et à La Nouvelle-Orléans.

– Je vois... Alors, si vous êtes motorisés, que diriez-vous de faire un crochet par les Everglades avant de descendre sur les Keys ? Avec Will, on envisage d'y faire un tour. C'est pratiquement sur la route. Vous qui aimez la nature, ça devrait vous plaire.

– C'est vrai que c'est tentant. Il paraît qu'il y a une faune incroyable là-bas. Ceci étant dit, on risque de se décider au dernier moment.

– Ah ?

– Oui. Tout dépend du temps qu'on aura passé au Texas avant ça. Mais avec un peu de chance, si nos timings collent, on pourra vous retrouver pour une balade dans les Everglades.

– Très bien. Et comment fera-t-on pour savoir où vous en êtes de votre voyage ?

– Si vous voulez, on vous préviendra dès qu'on aura quitté la Louisiane.

– Ça marche. Nous aussi, on vous tiendra au courant de notre avancée. Si vous êtes d'accord, on va partager notre localisation avec vous sur WhatsApp en temps réel. Ce sera plus pratique que de s'appeler sans cesse au téléphone.

– D'accord, faisons ça... À ce propos, si vous voulez éviter de vous faire repérer, je vous conseille de vous débarrasser de vos portables actuels. À la place prenez des prépayés, ce sera plus sûr.

– C'est vrai que j'avais oublié Sanders et sa clique. Crâne d'Œuf ne peut pas savoir que le trésor de Satoshi a disparu au fond des eaux de la Flathead River à tout jamais. Il doit encore lorgner dessus et être toujours après nous pour s'en emparer.

– C'est clair ! Après un bout de temps sans nouvelles de son rouquin préféré, il va se douter qu'il lui est arrivé des bricoles. Il va alors mettre le paquet pour vous coincer. En y réfléchissant de plus près, je me dis que vous avez raison de vouloir vous cacher à Cuba. Là-bas, c'est sûr, ni lui ni personne du FBI ne pourra plus rien contre vous.

– Oui. Mieux vaut ne pas trop tarder pour changer de coin. Ici l'air va devenir de plus en plus malsain pour nous.

– Ne t'en fais pas, Nina, Steve et moi veillerons toujours sur Will et toi. Rassurez-vous, nous serons à vos côtés d'ici quelques jours à peine... Rendez-vous en Floride !

– Merci Fred. À bientôt. On vous embrasse.

– Nous aussi. Prenez soin de vous. Soyez prudents et évitez d'attirer inutilement l'attention sur vous...

CINQUIÈME PARTIE

LA FLORIDE – Nov. 2021

CUBA – Fév. 2022

CHAPITRE 19

Une fois n'est pas coutume. Pendant tout notre voyage de Missoula jusqu'à la Floride, nous faisons effectivement profil bas. Pas d'excès de vitesse, pas de tag sur les murs des villes où nous nous arrêtons, pas de conversation intempestive avec des inconnus croisés en chemin. Arrivés à Miami, en quête d'une ambiance branchée, tout de suite on se dirige vers South Beach et le quartier Art Déco. Encore faut-il trouver un point de chute discret où passer une semaine sans se faire repérer par le FBI. Prudence oblige, on suit les conseils de Fred, en évitant les hôtels et en ciblant plutôt des logements tenus par des particuliers. La chance nous sourit : on déniche un appart bien situé, à deux pas d'Ocean Drive. Cerise sur le gâteau, les proprios, des artistes très cools, nous le louent en acceptant d'être réglés en cash. Comme ça, ni vus ni connus.

Avant-hier, Fred et Steve nous ont dit être arrivés à Key West. Cela tombait bien car, après un moment passé à rayonner dans le nord de l'état, Will et moi avions envie de changer d'endroit. Du coup, ce matin nous décidons de quitter Miami et de mettre le cap au sud.

À la sortie de la ville, nous nous laissons tenter par un petit détour via le parc des Everglades et obliquons vers l'ouest au lieu de continuer sur la U.S. Highway 1.

– Regarde ce prospectus, dis-je à Will en sortant de mon sac un dépliant publicitaire. Un de ceux que sont nos propriétaires à South Beach nous ont donnés. Ils nous ont recommandé de prendre un fan boat au départ de cet embarcadère. Tu te souviens ?

– Bien sûr ! C'est un bon plan. Allons là-bas. Ce serait bien si Fred et Steve pouvaient aussi être de la partie. Sinon tant pis, on fera cette balade sans eux...

– OK, je les appelle.

Malheureusement, le réseau sur la route passe mal et nos amis ne sont pas accessibles par téléphone. Au bout de deux tentatives infructueuses, je me résigne à raccrocher.

– Pas grave, fait Will les yeux fixés sur la route. Dans ce cas-là, envoie leur un texto avec les coordonnées de l'embarcadère.

– Voilà, c'est fait. Espérons qu'ils le voient assez tôt pour pouvoir nous rejoindre. Au pire, nous les retrouverons ce soir à Key West.

Formant un vaste espace subtropical composé de mangroves côtières, de marais et de zones forestières humides, les Everglades abritent une faune particulièrement diversifiée. On y côtoie des reptiles comme l'alligator ou la tortue luth, des mammifères comme l'opossum, le cerf de Virginie, la panthère de Floride ou le lamantin des Caraïbes. La population d'oiseaux est également très riche, avec des espèces adaptées à cet environnement telles que les pélicans, les milans et les aigrettes. C'est aussi le paradis des pêcheurs avec des poissons d'eau douce en abondance – comme le bass et la perche, ou d'eau salée – tels que le tarpon, la truite de mer, et le mérou géant.

Lorsque nous arrivons à l'embarcadère, nous sommes accueillis par un indien séminole à la peau tannée par le soleil. Visiblement, il est en charge de cet endroit. Après nous avoir jaugé un instant, il nous propose de louer un petit hydroglisseur pour explorer les marais environnants.

– Vous avez deux options possibles, nous explique l'indien : avec pilote ou sans pilote. Si vous choisissez l'option sans pilote, il faudra simplement que vous me laissiez une caution de mille dollars.

– L'option sans pilote nous tente bien, répond Will. Mais est-ce que c'est compliqué de conduire ce genre d'embarcation quand on ne l'a jamais fait ?

– Absolument pas. Vous aurez juste deux ou trois consignes à respecter.

– Lesquelles ?

– Le plus important, même si ça paraît évident, c'est que vous n'essayiez pas de vous baigner dans le marais. Ne mettez pas non plus la main dans l'eau pour vous rafraîchir. Vous pourriez vous la faire happer par un alligator. Ou même finir la journée en casse-croûte au fond de l'estomac d'un requin bouledogue...

– Charmant ! Il y a d'autres choses à éviter ?

– N'allez pas non plus vous hasarder dans des enchevêtrements végétaux trop touffus, vous risqueriez d'avoir du mal à en ressortir avec l'hydroglisseur. Contentez-vous de rester dans le canal principal. Si vous le faites, tout ira bien... Vous verrez, c'est vraiment une belle balade.

– D'accord ! Mais justement, comment fait-on pour ne pas quitter ce canal ? J'ai l'impression que tout se ressemble ici : on dirait un océan de verdure qui s'étend sur des kilomètres carrés. On ne risque pas de se fourvoyer dans ce dédale ?

– Rassurez-vous, il y a un itinéraire qui est totalement balisé. C'est le même pour tout le monde. Que je sache, personne ne s'est jamais perdu dans le coin... Vous voyez ces bouées jaunes ? Il vous suffit juste de les suivre pour ne pas vous égarer. Même si ça ressemble à un labyrinthe, il n'y a en fait qu'une seule route. Ça forme un genre de boucle donc vous reviendrez fatalement au point de départ. Le truc, c'est juste de suivre les balises. OK ?

Nous disons d'accord à l'Indien et nous lui laissons la caution qu'il nous demande. Juste avant de partir sur l'air boat, nous tentons de joindre à nouveau Fred et Steve avec mon prepayé mais ils ne nous répondent toujours pas. Tant pis, nous leur laissons un message en leur disant de penser à utiliser le partage de position pour nous retrouver.

– Cette coque de noix ressemble à une barge de débarquement, fais-je remarquer à Will. Le fond est aussi plat qu'une crêpe.

– Oui sauf que cette coque de noix, comme tu dis, est propulsée par un ventilateur géant et non par une hélice.

– Oui. Et puis, heureusement, nous ne sommes pas des GIs en train de nous lancer à l'assaut d'une plage normande sous le feu des mitrailleuses allemandes !

En voyant ma mimique de marine en train de crapahuter, Will se marre. Après un bref éclat de rire, il rajuste ses lunettes de soleil sur le nez.

– Ah ah ! C'est vrai qu'on ressemble plus à des touristes en vadrouille qu'à des soldats entraînés pour le combat.

– Sérieux, tu penses arriver à conduire cet engin facilement ?

En guise de réponse, Will lance le moteur de l'air boat en tirant d'un coup sec sur la cordelette de démarrage.

– Ça ne devrait pas être très sorcier, dit-il en me tendant la main pour m'aider à grimper à bord.

Will ne s'est pas vanté : il ne lui faut pas longtemps pour maîtriser la conduite de l'hydroglisseur. L'amenant au delà d'une certaine vitesse, il le fait habilement déjauger et nous nous retrouvons littéralement à planer sur l'eau. Éprouvant une sensation grisante tandis que nous survolons la prairie de plantes aquatiques, je me mets à crier de joie. Will désigne un petit groupe d'oiseaux qui s'envole à tire d'ailes sur notre passage.

– Regarde, des aigrettes ! fait-il en réduisant l'allure pour ne pas effrayer d'autres animaux avec le bruit de la soufflante.

En suivant les balises, nous continuons à remonter la rivière d'herbes plus lentement. Plus nous avançons dans le marais, plus nous ressentons la chaleur et l'humidité ambiante.

– Saletés de moustiques, s'exclame Will en se donnant une claque sur sa propre joue. On aurait dû prendre de la crème ou un répulsif pour se protéger de ces satanées bestioles. Comment n'y ai-je pas pensé ?

– Tu n'as qu'à mettre ma casquette, fais-je en lui tendant la mienne. Bizarrement, ils ne s'attaquent pas trop à moi, donc prends-la.

– Peut-être n'apprécient-ils pas l'odeur de ton parfum...

– Très drôle ! Remets plutôt la gomme. Si on va plus vite, ils ne t'embêteront plus.

– Tu as raison. C'est parti !

Joignant le geste à la parole, Will accélère en lançant le moteur vivement. Hélas, la casquette est mal fixée sur son crâne. Emportée par le vent, elle s'envole derrière nous.

– Ma casquette ! Bon sang, je l'ai perdue !

– Elle est tombée dans ce bouquet de roseaux là-bas. Ce n'est pas grave. Fais demi-tour, on va aller la récupérer.

En fait, la manœuvre s'avère un peu plus difficile que prévue. Pour atteindre la casquette, il nous faut nous enfoncer dans un bras mort encombré de branches mortes et de nénuphars. Tant pis, nous décidons de passer outre les consignes de sécurité de l'Indien et nous sortons du canal principal. Après quelques zig zags pour éviter les obstacles, nous finissons par récupérer le couvre-chef de Will. Malheureusement, quand nous remettons les gaz, l'air boat refuse de repartir – comme si quelque chose d'invisible le retenait au beau milieu des plantes. Après plusieurs essais infructueux, il nous faut nous rendre à l'évidence. Même en poussant la soufflante à fond, notre embarcation reste empêtrée au milieu de la végétation.

– Nous devons être accrochés à une racine ou à un truc comme ça, fait Will en colère contre lui-même. Tout ça parce que j'ai mal mis ma casquette. Quel crétin !

– Allons, ce n'est pas de ta faute.

– Si ! Je suis vraiment désolé. À moi de réparer mon erreur. Je vais aller jeter un œil sous le bateau pour le décoincer.

J'essaie de dissuader Will de plonger dans le marigot mais il ne veut rien entendre. À l'instant où il s'apprête à se mettre à l'eau, je repère à la surface plusieurs formes brunes qui convergent vers nous. Poussant un cri, je l'alerte :

– Attention ! Des crocos !

Réagissant juste à temps, Will retire ses pieds de l'eau promptement. Manquant de peu une jambe, la mâchoire d'un des sauriens claque dans le vide. D'un seul coup, autour de nous le marais se met à grouiller d'alligators.

– Il s'en est fallu d'un cheveu, constate Will en essuyant la sueur à son fond. Si tu ne m'avais pas prévenu, ces monstres m'auraient dévoré tout cru.

– Oui et il y en a un paquet. Je ne sais pas comment on va repartir. Impossible de décoincer le bateau maintenant.

– Ce n'est pas le pire. Regarde ! On a un autre problème plus urgent à résoudre.

Voyant ce que Will m'indique, je comprends aussitôt ce qu'il veut dire. Profitant que le plat bord de notre esquif affleure le niveau de l'eau, certains alligators, plus féroces que les autres, essaient de s'y hisser. Ouvrant grand leur gueule, ils tentent de s'attaquer à nous. Par chance, Will se saisit d'une branche morte qui flottait là et parvient à les repousser.

– Je ne sais pas combien de temps nous allons pouvoir tenir comme ça, dit-il, inquiet. Ils ne sont pas très gros mais ils sont nombreux et affamés. À part ce vulgaire bout de bois, on n'a rien pour se défendre.

À ce moment, retentit un vrombissement venant du canal principal. Tournant la tête, j'aperçois un hydroglisseur se déplaçant rapidement sur le canal. Formant un porte-voix avec mes mains, je le hèle en criant à tue-tête.

– Oh là ! À l'aide ! Par ici !

Par chance, mon appel à la rescousse est entendu et l'air boat oblique dans notre direction. Il y a un seul homme à bord. Il a le soleil dans le dos, ce qui nous empêche de bien le voir. Réduisant sa vitesse, il s'arrête à la moitié du chenal où nous nous sommes imprudemment aventurés. D'un ton goguenard , nous interpelle :

– Alors les amoureux ! On est sorti des sentiers battus ? C'est pas très raisonnable, tout ça...

L'homme porte un chapeau à large bord et des lunettes de soleil qui cachent son visage. Pourtant sa silhouette et sa voix moqueuse ne me sont pas inconnues. À mon tour, je l'apostrophe :

– On s'est déjà vus ?

Semblant s'amuser de ma question, le gaillard s'approche un peu puis coupe son moteur. S'arrêtant à quelques mètres de nous, il retire son chapeau et dévoile un crâne chauve, reconnaissable entre mille.

– Je crois bien que oui, mademoiselle Mendes ! Vous vous souvenez de moi, je suppose...

– Agent Sanders ! Je ne sais pas si c'est une bonne ou une mauvaise surprise de vous rencontrer là...

– Pourquoi dites-vous ça ? Vous n'êtes pas heureuse de me voir ? Votre coquille de noix m'a tout l'air d'être bloquée dans ce fatras végétal. Vous me paraissez avoir quelques menus soucis. Un petit coup de main serait le bienvenu, non ?

D'un geste du menton, Crâne d'Œuf désigne les alligators patrouillant autour de notre airboat.

– Oh ! Vous voulez parler de ces gros lézards ? Rien de bien méchant, fais-je, m'efforçant de minimiser la taille du guêpier où nous nous sommes fourrés, Will et moi.

– C'est bien que vous ne soyez pas plus effrayée que ça par ces bestioles, ma chère Nina. Il est vrai que vous êtes une spécialiste des crotales. Après tout, la maroquinerie, c'est un peu votre rayon...

– Très drôle ! Vous avez toujours le mot pour rire, Agent spécial.

– Si vous le dites... Bon ! Trêve de plaisanteries. Vous voulez que je vous débarrasse de cette vermine ou pas ? J'ai tout ce qu'il faut sous la main...

En même temps, Sanders exhibe un fusil à pompe qui était subrepticement posé à côté de lui.

Distrait par les propos de Sanders, Will et moi avons cessé de surveiller les alligators pendant un instant. L'un d'entre eux en profite pour se hisser dans notre bateau sans que nous le remarquions. Heureusement Sanders, lui, s'en rend compte. Armant son fusil à pompe d'un coup sec, il vise l'animal et tire un coup de feu qui résonne dans le bayou. Touché un plein crâne, le croco retombe lourdement en arrière. Dans une gerbe d'eau, son cadavre éclabousse ses congénères proches.

Fier de son tir, Crâne d'Œuf ricane avec suffisance.

– Ah ah ! Et un de moins ! Vous voyez : un peu d'aide de la part d'un ami, ça ne fait jamais de mal. Très franchement, vous avez intérêt à coopérer avec moi. Ce serait dommage que vous refusiez. Imaginez que je reparte en vous laissant vous débrouiller seuls avec cette armée de sacs à main ambulants. Qu'en pensez-vous ?

– Difficile de refuser une telle proposition, Agent Sanders. Ceci dit, je doute que vous soyez vraiment notre ami comme vous le prétendez.

– Oh ! Nina ! Vous voulez me faire de la peine ? Pourquoi tant de haine ?

C'est fou ce que ce faux-derche joue bien la comédie. Il doit ignorer que Bear nous a dit la vérité à son sujet, juste avant son plongeon au pied du barrage de Kerr. Je n'aime pas qu'on me prenne pour une gourde Tant pis si j'use ma salive, je décide de lui mettre les points sur les i.

– La première fois qu'on s'est vus, c'était chez nous, à Tucson pour une mesquine histoire de tags soit-disant subversifs. Vous avez essayé de nous faire croire que vous enquêtiez sur cette affaire de vandalisme au niveau fédéral. En réalité, votre but était tout autre. Vous saviez que j'étais la fille de Satoshi Nakamoto. Vous vouliez m'utiliser pour remonter jusqu'à lui afin de l'éliminer et de lui voler sa fortune en bitcoins. Sous votre apparence de défenseur de l'ordre et de la loi, vous n'êtes en fait qu'un fourbe. Depuis le début vous jouez un double jeu et vous nous suivez à la trace.

– Mademoiselle Mendes ! Comment pouvez-vous affirmer cela ? J'aimerais savoir sur quoi vous fondez une telle accusation...

L'hypocrisie de Crâne d'Œuf ne fait qu'exacerber ma rancœur. Je lui réponds sèchement.

– Après avoir collé un mouchard sous la carrosserie de notre voiture, vous avez lancé à nos trousses deux de vos hommes – des tueurs albinos. Ils nous ont traqués à travers la moitié du pays jusqu'à ce que nous finissions par découvrir l'existence de ce mouchard. L'un d'eux a tué ma mère à Tucson et l'autre mon père à Missoula. C'est plus clair comme ça ?

J'espérais avoir déstabilisé Crâne d'Œuf mais mes propos ne semblent pas l'atteindre.

– Vous avez beaucoup d'imagination, Nina, mais ce ne sont que des spéculations de votre part. Vous avez échafaudé toute une théorie sans aucune preuve de ce que vous avancez.

– Désolée de vous contredire, Sanders. Au cas où ne le sauriez pas déjà, un de vos charmants rouquins pâlichons est mort en voiture dans le Nebraska. L'autre s'est écrabouillé en dégringolant du haut d'une falaise dans le Montana, il y a quelques jours. Juste avant sa chute, il s'est laissé aller à quelques confidences. Il nous a révélé sa véritable mission – celle que vous lui aviez confiée...

– Quel petit bavard ! susurre Crâne d'Œuf d'une voix doucereuse. Et que vous a-t-il raconté de beau à mon propos ce soi-disant petit camarade de jeu ?

– Eh bien, il nous a avoué qu'il était un de vos sbires. Vous l'aviez chargé de lui ramener le trésor de Satoshi. Ensuite il devait nous éliminer pour ne pas laisser de traces..

– Allons Nina ! Vous exagérez ! Je suis un agent du FBI quand même ! Jamais je ne ferais une chose pareille.

– Je n'invente rien. Nous tenons cela de sa propre bouche.

Voyant qu'il ne me convaincra pas, Sanders laisse tomber soudain le masque. De toute façon, il nous tient respect avec son fusil. Il n'a pas grand-chose à craindre en reconnaissant désormais les faits. Peut-être voulait-il nous soutirer un maximum d'informations avant de nous éliminer définitivement.

– Vous êtes bien renseignée, Mademoiselle Mendes ! Même plus que moi sur certains aspects... Pour être honnête avec vous, j'ignorais le décès de mon deuxième homme de main. Ceci dit, je m'en doutais un peu : je n'avais pas de ses nouvelles alors qu'il est censé me faire un reporting quotidien. Maintenant, je serais curieux d'apprendre comment il a fait cette mauvaise chute. J'aimerais bien aussi connaître les circonstances de la disparition de feu votre regretté père. Vous pouvez m'en dire un peu plus ?

Sur le coup, j'éprouve la tentation d'envoyer paître Sanders mais ma raison l'emporte sur mes émotions. Crâne d'Œuf n'est pas venu sur nos traces dans le bayou totalement par hasard. La question n'est pas de savoir s'il veut nous liquider mais plutôt comment il veut s'y prendre. Compte-t-il nous faire sauter la cervelle ou nous jeter en pâture aux crocos ? Quoi qu'il en soit, les choses semblent mal parties pour Will et moi. Pour nous en tirer, il faudrait qu'un autre bateau passe par là et que nous puissions attirer son attention. Tout bien pesé, plutôt que d'envoyer balader Crâne d'Œuf et de le braquer, je choisis de lui répondre aimablement et de gagner du temps. Après lui avoir raconté comment Bull est mort en entraînant mon père dans sa chute, je prolonge la conversation d'un ton badin :

– À mon tour, Agent Sanders, puis-je vous poser une ou deux petites questions ? Juste pour éclairer ma lanterne...

– Je vous en prie, jeune fille. Que voulez-vous savoir ?

Le ton paternaliste de Crâne d'Œuf m'insupporte au plus haut point mais je me garde bien de le montrer.

– Comment diable avez-vous fait pour nous retrouver jusqu'ici en Floride ? À New York nous avions retiré le mouchard que vous aviez déposé sous notre Tesla. Ensuite, après avoir quitté le Montana, nous avons utilisé des téléphones prépayés pour ne pas être géolocalisés...

– Ah ah ! Big Data, quand tu nous tiens ! Après que votre départ de Missoula, on vous a pisté grâce à vos achats en carte bleue. Malheureusement, à partir d'un certain moment, cela n'a plus marché. Vous avez dû devenir plus méfiants. Je me trompe ?

– Non. Effectivement, depuis peu nous réglons nos dépenses plutôt en cash.

– Je m'en doutais... Du coup, j'ai dû faire appel à d'autres ressources de l'Agence. Heureusement, elle dispose de moyens colossaux. Vu mon niveau d'accréditation, je peux avoir accès à la plupart d'entre eux.

– Ah oui ? Comme quoi par exemple ?

– Eh bien comme la reconnaissance faciale à partir des réseaux de caméras vidéo qui truffent nos villes maintenant. Ou encore la surveillance satellitaire avec lecture automatique des plaques d'immatriculation.

– Je vois... Maintenant, je comprends mieux comment vous avez fait pour nous retrouver jusqu'au fin fond de ce fichu marécage.

– Disons qu'avec vous c'était plus facile qu'avec votre père. Lui, il avait vraiment réussi à bien brouiller sa piste. Avec tous nos moyens, c'est d'ailleurs incroyable qu'il ait réussi à sortir des radars pendant autant d'années. Aucune trace numérique laissée derrière lui. Comme s'il s'était brutalement évanoui dans la nature… Un véritable artiste dans son genre, Satoshi ! Franchement, je me demande comment il a réussi ce tour de force...

Pour continuer à meubler la conversation, j'explique à Sanders ce qui était arrivé à Satoshi – son amnésie, son changement d'identité, cette nouvelle vie qu'il s'était ainsi forgée.

– Ah ! Voilà ! Maintenant je comprends comment ce cher Satoshi a fait pour nous échapper durant tout ce temps.

– Puisque nous parlons de mon père, et maintenant qu'il n'est plus de ce monde, il y a un truc que j'aimerais bien comprendre... Pourquoi le FBI a déployé une telle énergie pour coincer un malheureux cryptographe disparu des radars depuis plus de dix ans ! L'Agence craignait-elle que le Bitcoin mette à mal le monopole du sacro-saint Dollar au point de vouloir faire disparaître son inventeur à tout jamais ? Des institutions puissantes redoutaient-elles que l'avènement futur de la crypto monnaie compromette l'équilibre de la sphère financière ? Peut-être des grandes banques vous avaient-elles chargés d'intervenir pour préserver leurs intérêts ?

En écoutant mon couplet, quasi complotiste il est vrai, Sanders se marre. Avec un sourire en coin, il cale son fusil entre les jambes et m'applaudit d'un air ironique.

– Wahou ! Encore une fois, quelle imagination débordante vous avez, Nina ! À vous entendre, on croirait que le Bitcoin est l'analogue de la religion chrétienne primitive. Votre père en serait le messie que de les légats d'une nouvelle Rome occulte auraient voué à la crucifixion. Bravo ! Vous avez la foi. Vous devriez écrire des romans...

– C'est ça ! Moquez-vous ! Je n'ai pourtant pas rêvé : cela fait des années que vous traquiez Satoshi. Vous aviez bien des commanditaires pour mener à bien cette besogne ?

– Désolé de vous contredire, Nina. Vous n'y êtes pas du tout. Ni l'Agence ni aucune instance publique ou privée ne m'a jamais demandé de retrouver Satoshi et de l'éliminer. Votre père n'a jamais incarné une quelconque menace pour l'ordre établi. Ni lui ni le Bitcoin. Dans un sens, c'est presque le contraire. Aujourd'hui d'importants gestionnaires de fonds parmi les plus grands, comme BlackRock ou Grayscale, proposent à leurs clients d'investir sur des crypto-actifs. Notre gouvernement, comme de nombreux autres, envisage même de lancer une monnaie d'État numérique inspirée du Bitcoin. En fait, la vérité est beaucoup plus simple que ce que vous pensez.

– Mais encore ?

– Eh bien, c'est pourtant évident. Attention, ce que je vais vous dire, ne va pas forcément vous plaire... Que ce soit au sein l'Agence, ou n'importe où ailleurs, aujourd'hui personne ne se soucie de connaître le sort de l'inventeur génial du Bitcoin. À part quelques geeks nostalgiques qui veulent se faire mousser sur la toile ou quelques blogueurs désœuvrés sur les réseaux sociaux qui entretiennent le mythe autour de sa personne, tout le monde se fiche de savoir ce qu'il est advenu de lui.

– En êtes-vous si sûr, Sanders ?

– Et comment ! Aucun des blocs d'origine créés par Satoshi n'a bougé depuis près de quinze ans. Du coup, la plupart des gens se disent que Satoshi a cassé sa pipe depuis belle lurette et qu'il a emporté son secret avec lui dans sa tombe. Je parle des clés d'accès à son million de Bitcoins, bien sûr... Les autres, ceux qui croient que Satoshi Nakamoto est en fait un collectif d'individus et non une personne unique, pensent que les détenteurs de ces clés les ont définitivement perdues. Morts de honte, ces crétins auraient ainsi choisi de laisser la légende perdurer plutôt que d'admettre leur incroyable bévue.

– Dans les deux cas, ça revient un peu au même, fais-je en résumant la pensée de Sanders. Le trésor de Satoshi est perdu à jamais. Adieu les milliards !

– Oui, sauf que moi je me suis toujours douté que la vérité était tout autre. Depuis que je m'intéresse au monde des crypto monnaies et que je creuse ce sujet, je crois dur comme fer au contraire de cette thèse. Au plus profond de moi-même, j'ai toujours été convaincu que Satoshi était resté en vie et que son trésor était intact.

– Vous aussi, Sanders, on peut dire que vous avez la foi ! fais-je ,à mon tour sarcastique.

– Et oui, il en faut pour faire de grandes choses, ricane Crâne d'Œuf. Seul un pitbull tenace comme moi pouvait, en luttant contre vents et marées, s'accrocher obstinément à cet espoir, à ce rêve – que dis-je à ce mythe ! Mais la motivation et la persévérance, ce n'est pas tout. Pour parvenir au but, il fallait aussi être capable de mobiliser les ressources de l'Agence en toute discrétion. Des qualités qui ne sont pas données à tout le monde. Voilà pourquoi je suis le seul qui pouvait réussir à remonter la piste menant à Satoshi. Et donc légitimement, celui qui mérite de s'emparer de sa richesse...

– Et je suppose que vous pensez qu'aujourd'hui, ce jour est enfin arrivé. C'est ça ?

– Vous avez tbien compris, Nina. Après toutes ces années d'efforts, le moment est venu pour moi d'encaisser les dividendes qui me reviennent de droit. Dites-moi donc où est passé le trésor de Satoshi Nakamoto...

Les jeux sont faits. Sanders rentre maintenant dans le vif du sujet. Visiblement, il ne plaisante plus. Ne sachant plus quoi inventer pour gagner du temps, j'échange un regard gêné avec Will.

– Alors ! s'impatiente Crâne d'Œuf. Où donc l'avez-vous caché ce foutu magot ? Un million de bitcoins ça ne s'évapore pas comme ça...

Finies les politesses. Il est clair que Sanders attend maintenant quelque chose de concret de ma part. Il s'est remis à braquer son fusil sur nous et l'agite d'un air agressif. Je devine qu'il va falloir lui lâcher a minima quelques miettes pour ne pas l'indisposer.

– Je ne sais pas si vous êtes au courant, dis-je en feignant d'être de bonne volonté, mais Satoshi avait partagé ses bitcoins en les répartissant dans trois wallets. Le premier était pour lui, le second pour moi et le troisième pour ma mère...

– Tout ça, je le sais déjà. Dites-moi plutôt où sont passés ces trois wallets ? Commencez par me dire ce qu'il est arrivé à celui de Satoshi.

Sans savoir pourquoi, je choisis de passer sous silence le fait que ce wallet est resté au châlet de mon père – dans sa boîte à malices. De toute manière, à quoi bon en mentionner l'existence puisqu'il est tout cabossé et que je n'en connais pas la seed. Autant ne pas compliquer les choses inutilement.

– D'accord... Vous vous souvenez que mon père était devenu totalement amnésique. Quand je l'ai revu à Missoula, après toutes ces années où il avait disparu, il ne savait pas qui il était vraiment. Encore moins qu'il ait jamais eu un wallet et qu'il l'eût caché – Dieu sait où. Je ne parle pas de la seed... Avec un peu de temps, peut-être aurait-il pu s'en souvenir sauf que...

– ... sauf que votre père n'est plus de ce monde ! Il n'y a donc plus aucune chance pour que quiconque mette jamais la main sur ce wallet.

– Je ne vous le fais pas dire. En un mot comme en cent, vous pouvez faire une croix définitive sur ce wallet...

Sanders accuse le coup mais très vite il se reprend.

– Je vois... Mais *le vôtre*, Nina ? Qu'est-il arrivé à *votre wallet à vous* ?

Crâne d'Œuf semble insister lourdement cette fois-ci... Et s'il savait que nous avons réussi à retrouver mon propre wallet ? J'ignore comment mais ça pourrait être grâce à une note ou un message que Bear lui aurait adressé avant de passer l'arme à gauche. Crâne d'Œuf pourrait avoir pris connaissance de cette information après coup et maintenant vouloir me tester en feignant de ne pas être au courant. Peut-être vaudrait-il mieux alors ne pas contrarier l'homme qui nous tient en respect avec

son fusil à pompe en lui racontant des carabistouilles. Cette fois-ci, je décide de lui dire la vérité, en espérant que ce gage de ma part l'amadouera.
– Hum... Grâce à un certain nombre d'indices que mon père m'avait laissés des années plus tôt – avant de devenir amnésique, j'ai réussi à retrouver mon wallet...

– Où çà ?

– Il était enterré au pied d'un sapin, en bas d'une ravine. À Polson, dans le Montana...

– Très bien. Donnez-le moi !

Sanders tend la main en direction de moi d'un air impérieux. Je sens que la vérité va être difficile à lui asséner.

– Pas de chance, là non plus... Votre sbire, celui qui est tombé au pied du barrage en entraînant mon père avec lui, me l'avait subtilisé avant sa chute. Comme personne n'a réussi à retrouver son corps, on peut raisonnablement penser que ce wallet est aussi perdu à jamais...

– De toute manière, ajoute Will, même si on remettait la main dessus – ce qui serait un miracle, ses données seraient corrompues. Pensez-donc : un séjour prolongé dans les eaux bouillonnantes du torrent ! De ce côté-là non plus, il n'y a pas aucun espoir à avoir.

Braquée sur nous, l'extrémité du fusil de Sanders se met à trembler comme s'il devenait fébrile. L'avalanche de mauvaises nouvelles que nous lui avons servies semble avoir entamé sérieusement le moral de Crâne d'Œuf.

– Et le troisième wallet ? s'enquiert-il d'une voix blanche. Celui qui revenait à votre mère ?

– Là aussi, vous allez être déçu, Monsieur l'Agent spécial. Après le départ de mon père, étant une femme au foyer, ma mère avait du mal joindre les deux bouts. Pour s'en sortir, elle a dû faire usage de la quasi totalité des cryptos stockées dans son portefeuille. De fait, elle en a troqué la plus grande part contre des dollars, à une époque où le Bitcoin ne valait encore pas grand-chose. Résultats des courses, il ne reste pratiquement plus rien de cette partie de la fortune que lui avait laissée son mari. Quelques centaines de bitcoins tout au plus...

En m'entendant, l'expression de Crâne d'Œuf change brutalement, comme si son cerveau se transformait en calculette. À vrai dire, je n'ai pas trop de peine à imaginer ce qui se passe dans sa tête. Il doit être en train de se dire qu'à une vingtaine de milliers de dollars par bitcoin, il peut encore espérer rafler plusieurs millions en espèces sonnantes et trébuchantes. Évidemment ce ne sont pas les milliards qu'il escomptait récupérer au départ mais ce serait déjà pas mal pour qu'il puisse s'offrir une retraite dorée sous le soleil des Caraïbes.

– D'accord, gargouille-t-il en s'efforçant de surmonter sa déception. Assez tourné autour du pot, Nina. Là, il va falloir que vous me lâchiez quelque chose de concret. Sinon, je risque de me mettre en colère... Dites-moi maintenant : où se trouve ce dernier wallet ?

L'exigence de Crâne d'Œuf était prévisible. La question que je me pose maintenant est : faut-il lui obéir bien sagement ou plutôt se rebeller ? Au pied du mur, je jette un coup d'œil par-dessus mon épaule pour connaître l'opinion de Will. L'expression de mon compagnon est sans ambiguïté. Il me fait signe qu'il vaut mieux donner à Sanders ce qu'il réclame. Il a sans doute raison : c'est probablement notre seule chance de nous en tirer à bon compte. Si on ne lui donne rien, Sanders va mal le prendre et de dépit, il va nous abattre.

La mort dans l'âme, je me résous à lui remettre le pendentif passé autour de mon cou. Pour autant, je n'ai pas envie de lui faciliter les choses au point de risquer de servir de repas aux alligators.

– Le voici... Mais ne comptez pas sur moi pour me mettre à l'eau pour vous l'apporter. Si vous le voulez, il va falloir que vous veniez le chercher.

Silencieux, le flic véreux jauge la distance qui nous sépare de lui. Quelques mètres c'est à la fois très peu et beaucoup quand il s'agit d'une telle somme. S'il me demande de lui lancer le wallet, celui-ci pourrait très bien tomber au fond du marais. Il doit s'approcher de nous s'il veut récupérer l'objet de sa convoitise. Tandis que d'une main il continue de nous tenir en respect avec son fusil, de l'autre il redémarre son air boat pour s'accoster à nous.

Pendant un bref instant, je résiste à la tentation de faire tomber le wallet « malencontreusement » au fond du marais en le lui tendant. Héroique, je m'abstiens. Il ne manque plus à

Crâne d'Œuf que le post-it sur lequel Satoshi avait noté la phrase de graine. Il s'empresse de me le réclamer et, dès qu'il me l'a extorqué, il se met à fanfaronner sans retenue. Il exhibe le wallet qui pend désormais à son cou avec une telle ostentation que j'en éprouve un haut le cœur.

Ne résistant pas au plaisir d'entamer un peu plus mon moral déjà bien en berne, il me porte une ultime estocade. D'un ton provocant, il me lance :

– Très franchement, Nina, ne trouvez-vous pas que le wallet de votre mère me sied à merveille ? Le design de ce pendentif est vraiment exquis...

Une colère froide me submerge et je rétorque sans prendre de gants.

– Il y a deux semaines, dans le Montana, votre compère rouquin a fait exactement comme vous maintenant. Lui aussi, il m'a pris mon wallet en paradant ensuite comme un paon. Mais il faut croire qu'il y a une justice divine. Juste après avoir passé le pendentif autour de son cou, il a fait une chute mortelle en tombant au fond du canyon. Je ne suis pas sûr que votre forfait vous apporte le bonheur non plus, Monsieur Sanders. Je ne voudrais pas gâcher votre plaisir mais il se pourrait que vous connaissiez une fin similaire à celle de votre acolyte albinos...

Ma réplique acerbe doit avoir piqué au vif Crâne d'Œuf. Il riposte sans ménagement :

– Hélas pour vous, Mademoiselle Mendes, je crains que vous ne soyez plus là pour profiter de ce spectacle. Maintenant que j'ai récupéré de vous tout ce que je pouvais espérer, je peux me passer de vos services. Et aussi de ceux de votre petit ami ici présent. Toutefois, je suis un homme accommodant et je vais vous accorder une petite faveur...

– Ah bon ? Et laquelle ?

– Je vais vous offrir une façon originale de tirer votre révérence. Que diriez-vous d'expérimenter le frisson d'une baignade parmi les alligators ? Ne trouvez-vous pas que ce serait agréable de vous rafraîchir ainsi ? Il fait si chaud dans ce marais...

Évidemment, la proposition de Crâne d'Œuf se heurte à un refus poli de ma part.

– Vous êtes bien aimable, Trouduc, mais non !

– Allons, Nina, j'insiste ! Si vous acceptez de vous mettre à l'eau de vous-même, cela m'éviterait de gâcher des cartouches pour rien. En nageant vite, vous auriez même une petite chance de vous en sortir...

La situation semble sans issue lorsque soudain retentit le vrombissement inespéré d'un engin – le moteur d'un air boat providentiel ! Aussitôt, j'agite les bras frénétiquement en criant à tue-tête pour attirer l'attention de ses passagers. Évidemment, ma tentative n'est pas du goût de Sanders.

– Silence ou je vous abats ! aboie-t-il d'une voix rogue.

Mais la chance est avec nous. Mon appel semble avoir été entendu. L'embarcation que j'ai hélée bifurque. Elle emprunte notre chenal bien qu'il soit un peu en retrait et peu visible. Le cœur battant, nous l'entendons remonter celui-ci lentement. Furieux, Crâne d'Œuf me foudroie du regard pour m'intimer le silence. Heureusement, elle ne rebrousse pas chemin et finit par arriver à hauteur de nos hydroglisseurs. Coupant son moteur, elle s'arrête à côté du bateau de Sanders. À bord, se tiennent deux hommes qui, en nous voyant, nous font signe comme si nous étions de vieilles connaissances. Sur le coup, je n'en crois pas mes yeux : ces gaillards surgis du fond du bayou ne sont autres que Steve et Fred. D'un ton jovial, ce dernier nous salue le plus naturellement du monde.

– Hé ! Will ! Nina ! Contents de vous revoir ! Je dois dire que nous avons un peu galéré pour vous localiser dans ce fichu marécage. En plus, il y a un paquet de moustiques ici. Franchement, vous auriez pu choisir un autre endroit pour des retrouvailles.

– Hé ! Steve ! Fred ! Quelle joie ! nous réjouissons-nous, soulagés.

Malgré l'arrivée inespérée de nos compagnons, campé entre eux et nous, Crâne d'Œuf continue de pointer son fusil d'un air hostile. Mais Fred en a vu d'autres. Il n'est pas du genre à se laisser impressionner par une telle attitude. Avisant le flic ripoux, il l'invective sans ménagement :

– Bon sang ! Sanders, vous ici ! Pour une surprise, c'est une surprise ! Mais qu'est-ce-que vous fichez là, au fin fond de ce marigot paumé ? Et pourquoi tenez-vous cette arme braquée ainsi sur nos amis ? Vous êtes un agent fédéral, pas un gangster !

Ma parole, vous avez perdu la tête. Allez ! Lâchez-moi immédiatement cette foutue pétoire.

Mais l'invective de Fred n'a pas l'effet qu'il escomptait sur Crâne d'Œuf. Loin de calmer celui-ci, elle renforce son attitude agressive. L'homme du FBI retourne le canon de son fusil vers les troubles-fêtes qu'il apostrophe vertement.

– De quoi je me mêle ! Si j'ai un conseil à vous donner, les deux tarlouzes, c'est de faire demi-tour aussi sec. Sinon, vous allez terminer comme vos petits camarades, à nager la brasse coulée parmi les crocos. Allez ! Du vent !

Loin de baisser pavillon, Fred part d'un grand éclat de rire. Cette provocation n'est évidemment pas du goût de Sanders qui aussitôt prend la mouche :

– Je peux savoir ce que vous trouvez de drôle dans ce que je viens de dire ? Je n'ai peut-être pas été assez clair... Il faut que je vous colle une balle dans les rotules pour que vous vous décidiez à repartir d'où vous venez ?

– Ah ah ! Ce que je trouve de marrant à votre couplet ? Eh bien regardez derrière vous, Sanders et vous allez comprendre. M'est avis que c'est plutôt vous qui risquez de servir de casse-croûte aux crocos...

– Non mais, vous me prenez vraiment pour un con ! Vous croyez franchement que je vais me retourner et tomber dans votre piège ridicule ?

Nullement perturbé par la réaction de Sanders, Fred s'esclaffe sans retenue. Puis c'est au tour de Steve de faire chorus avec son ami. Leur hilarité est telle que Crâne d'Œuf se résout enfin à jeter un œil derrière lui. Effectivement, tandis que son attention était détournée, un alligator a réussi à se hisser à bord du fan boat. La gueule grande ouverte, l'animal est à deux doigts de lui planter ses crocs dans une jambe. En panique, Crâne d'Œuf pivote et décharge son fusil sur le saurien. Profitant de cette diversion, Steve redémarre le moteur de son hydroglisseur qu'il propulse brusquement en avant. Bondissant sur l'eau, l'air boat de nos amis percute celui de Sanders et le fauche par surprise. Perdant l'équilibre, le flic laisse tomber son arme et bascule à la renverse. Un instant, sa tête se maintient à la surface mais très vite il est happé sous les nénuphars. En un éclair, il disparaît et ses cris font place aux claquements secs des mâchoires voraces et aux coups de queue des alligators qui frappent l'eau saumâtre du bayou en tous sens.

CHAPITRE 20

Quelques mois se sont écoulés depuis que nous avons quitté la Floride.

Le soleil est au zénith, irradiant de sa lumière crue la plage de sable blanc. À travers la rangée de cocotiers qui la borde, on entrevoit la mer depuis le bar. Au bord de la piscine, un couple de touristes en maillot de bain se prélasse. Allongés dans leur chaise longue en plein soleil, ils sirotent les boissons glacées que je viens de leur servir.

Pressée de me mettre à l'ombre, je presse le pas pour rejoindre Will qui se tient accoudé au comptoir. Placé en retrait, il contemple nos deux clients, une moue désabusée au coin des lèvres.

– Des cachalots échoués ! ironise-t-il en faisant tinter les glaçons dans son verre. Franchement, je ne sais pas comment ils tiennent le coup, comme ça en plein cagnard. Ça fait une heure qu'ils grillent sur place telles des cacahuètes.

– C'est vrai que c'est une sacrée fournaise autour de la piscine. Le pire, c'est qu'ils ne se sont même pas baignés une seule fois. Nous, au bar, au moins on est à l'ombre...

– Avec la chaleur qu'il fait, ces guignols vont finir par crever la gueule ouverte. Je suppose qu'ils ont dû apprécier que tu leur apportes des cocktails.

– Même pas ! J'avais l'impression de les déranger. Ils étaient limite déplaisants, surtout le type.

– Tu es sérieuse ?

– Je crois qu'il n'a pas aimé que je lui dise qu'il était en train d'attraper un coup de soleil. Pourtant il était rouge comme une écrevisse. Peut-être que je l'ai réveillé au milieu de sa sieste.

– Ça t'apprendra à jouer les bons samaritains. Après tout, si ce type est assez con pour vouloir se taper un cancer de la peau, c'est son problème. Quel ingrat en tout cas !

Machinalement, Will lève les yeux vers la cime des cocotiers qui nous surplombent. Bercées par une brise marine imperceptible, leurs palmes ondulent doucement au-dessus de nos têtes. En quête de pitance, un petit oiseau qui était perché là-haut se pose à l'autre bout du zinc. Timidement, il nous dévisage en tournant le cou de gauche et de droite. S'enhardissant, il sautille vers nous par petits bonds en émettant des pépiements plaintifs.

– On dirait qu'il quémande la charité, observe Will. (Amusé, il pousse un peu de pain en direction de l'oiseau.) Allez, petit ! Viens manger...

Après avoir picoré toutes les miettes sauf la plus grosse, le piaf la saisit dans son bec. Sans demander son reste, il repart vers son nid à tire-d'aile. En le voyant faire, je me sens toute attendrie.

– Tu as vu comme il a filé ? Je parie qu'il va offrir cette pépite à sa progéniture. Qu'est-ce qu'il était chou !

En me voyant sourire à nouveau, Will retrouve son entrain lui aussi. Pris d'un élan de bonne humeur, il lève son verre et m'adresse un clin d'œil complice.

– Tu as raison, Nina. La vie est belle ! Oublions ces idiots de touristes mal dégrossis. Je bois à ta santé, ma belle...

Après avoir trinqué et sifflé nos mojitos, nous papotons un moment. En riant, nous parlons de tout et de rien, du soleil des Caraïbes et de la musique cubaine... Distraitement, Will fait défiler des pages Internet sur l'écran de son smartphone. Soudain il s'arrête et me lance :

– Tu ne devineras jamais quelle news, je viens de voir sur Insta. C'est ta copine Raquel...

– Raquel ? Dis-moi !

– Eh bien, elle organise une exposition de NFTs. Ça s'appelle *AI-generated digital art*. Le vernissage a lieu demain à New York.

– Elle aurait pu nous appeler pour nous inviter !

– Tu oublies qu'on s'est débarrassés de nos anciens portables pour ne plus être tracés. Elle ne connaît pas nos nouveaux numéros. En plus, on est à Cuba maintenant. Pas facile de retourner aux U.S. à l'improviste.

– Et si nous on l'appelait ? J'ai envie de lui parler.

– Tu veux dire là, tout de suite ?

– Oui. C'est ça. Là, tout de suite. J'imagine que son numéro à elle n'a pas dû changer.

– OK, vas-y !

Tandis que j'appelle Raquel, une voiture surgit sur la petite route qui longe la plage. Bifurquant vers notre parking, une espèce de cul de sac après lequel il n'y a plus rien, elle s'y arrête en laissant retomber un nuage de sable derrière elle.

Peu de gens viennent jusqu'ici et je ne peux m'empêcher de la fixer du regard. C'est une de ces innombrables Cadillac vintage que compte l'île. Ses chromes sont rutilants mais sa carrosserie est couverte de poussière et cabossée de partout. Portant un chapeau de paille qui lui mange le visage, un homme plutôt bien habillé en sort. Il tient une canne sur laquelle il s'appuie lourdement et, après s'être orienté un court instant, il s'ébranle en claudiquant vers notre bar.

D'ordinaire, ceux qui passent dans cet endroit du bout du monde, viennent pour se désaltérer. Plus rarement, juste pour demander leur chemin. Dans les deux cas, ils marchent du parking jusqu'au comptoir. Que ce soit pour boire un coup ou se renseigner, ils s'adressent à moi, ce qui est logique puisque je suis la seule aux alentours. C'est un rituel auquel personne ne déroge sauf, bizarrement, cet homme-là. Alors qu'il se dirigeait vers le comptoir, il se ravise finalement. Obliquant vers une table placée un peu à l'écart, il se laisse tomber sur une chaise et s'abstient d'aller jusqu'au bar. Je trouve ça étrange mais, à tort ou à raison, je ne réagis pas. Je me dis que peut-être sa patte folle lui fait mal et que le bonhomme a besoin de s'asseoir. J'irais bien jusqu'à lui pour lui demander ce qu'il veut mais je suis coincée car j'attends que Raquel décroche. Voyant cela, Will me fait signe qu'il va aller servir ce client à ma place.

– Ne bouge pas, me dit-il gentiment. Je lui apporte la carte des boissons.

– Laisse tomber, fais-je en posant la main sur son bras. Raquel va peut-être répondre. Ce serait dommage que tu la manques. On ira s'occuper de ce type après avoir parlé avec elle.

À l'autre bout de la ligne, un grésillement retentit.

– Allô ! C'est toi Raquel ?

– Nina ! Quelle bonne surprise ! Ça fait un sacré bail... Ta voix est assourdie. On dirait que tu es loin.

– Tu penses ! Will et moi, on t'appelle de Cuba...

– Cuba ? Mon Dieu ! Et que faites-vous là-bas ?

– On s'est installés dans le coin dont tu m'avais parlé un jour – Maria La Gorda...Tu avais raison : c'est un vrai paradis. La mer est turquoise et le sable est blanc comme de la farine. On a ouvert un bar avec l'aide de ton cousin. On lui doit une fière chandelle. Il nous a beaucoup aidés.

Il me faut un bon quart d'heure pour raconter à Raquel nos dernières péripéties. Ensuite c'est à son tour de me parler de son exposition de NFTs.

– C'est sur le thème de l'intelligence artificielle. J'ai invité pas mal de monde. Il y a même des street artistes parisiens qui vont venir pour faire une performance. Ils vont taguer des murs en live, histoire de mettre un peu d'ambiance...

– Wouah ! Ça risque d'être grandiose. Franchement je t'admire, Raquel. Qu'est-ce que tu es créative !

– En fait, c'est John qui a eu l'idée d'organiser ce happening... Tu crois que tu pourrais passer à New York pour l'occasion ? L'expo va durer une semaine...

– J'aimerais bien mais ça va être difficile. On doit rester ici pour faire tourner le bar. Tu sais, on l'a ouvert il y a à peine quinze jours.

– Je comprends mais quel dommage que tu ne puisses pas venir !

– Oui, je regrette aussi... Il y a aussi une autre raison.

– Laquelle ?

– Avec Will on se dit qu'il vaut mieux qu'on fasse profil bas, le temps que le FBI nous oublie. On préfère éviter de monter dans un avion.

– Quoi ? Tu penses que vous êtes encore recherchés ? Pourtant je croyais que Crâne d'Œuf et les deux rouquins vicelards mangeaient maintenant les pissenlits par la racine. Je me trompe ?

– Tu ne te trompes pas mais on ne sait jamais...

– Tu as peut-être raison : mieux vaut être prudente.

– Oui, c'est ce que je me dis... À part ça, tu as d'autres trucs marrants à me raconter ?

– Bien sûr ! Tu n'es pas au courant ? Tous les réseaux sociaux en parlent. Tu ne t'intéresses plus aux cryptos ?

– Pour tout te dire, depuis qu'on est à Cuba, on a un peu changé de vie. J'ai arrêté de trader et Will de miner. De quoi s'agit-il ?

– Eh bien, il y a une baleine qui vient de bouger la bagatelle de 10 blocs de 50 bitcoins sur la blockchain. Au cours du BTC d'aujourd'hui, ça représente plus de 20 millions de dollars...

– Et alors ? Ce genre de mouvement n'est peut-être pas si fréquent mais ça arrive quand même. Non ?

– Oui sauf que là, c'est une baleine totalement antique qui vient de se réveiller. Le transfert dont je te parle provient d'un portefeuille numérique créé en janvier 2009... Du jamais vu !

– Janvier 2009 ? Attends ! Ça veut dire moins d'un mois après la création du premier bloc de bitcoins par Satoshi Nakamoto.

– Oui, le fameux bloc Genesis.

– Mais alors, ça veut dire que...

– Exactement ! Ça signifie que quelqu'un vient de transférer vers une autre adresse 500 bitcoins qui appartenaient à Satoshi Nakamoto lui-même. En toute logique, je ne vois qu'une seule explication à ça...

– Quoi ? Tu penses que c'est mon père qui est à l'origine de cette transaction ? Mais il n'est plus de ce monde !

– Qui ça pourrait être d'autre ? Tu m'as dit qu'il avait réparti sa fortune sur trois wallets. Celui de ta mère, dont tu ne connais d'ailleurs pas la clé, et qui est en ta possession; le tien qui a disparu à jamais au fond des eaux du barrage de Kerr au cou de ton cher ami Bear. Logiquement cette opération ne peut donc provenir que d'une seule source...

– Le troisième wallet, celui de mon père !

– Tout juste !

– Raquel, il y a juste un petit hic dans ton raisonnement. Mon père est mort en même temps que Bear. Je doute qu'il ait survécu à une chute de plus de cent mètres.

– Tu oublies qu'on n'a jamais retrouvé son corps...

– En admettant que Satoshi ne soit pas mort, ce qui reste à prouver, il y a un deuxième hic...

– Ah... Lequel ?

– Eh bien, mon père était frappé d'amnésie. Son wallet avait reçu un choc et était a priori hors d'usage. Sans parler de la seed pour accéder à ses bitcoins qu'il avait oubliée. Tu admettras que ça fait beaucoup de bémols. Après tout est-ce que ces bitcoins ne pourraient pas provenir de quelqu'un d'autre, par exemple d'un des collaborateurs de Satoshi à l'époque ?

– Ta question est pertinente, Nina, mais la réponse est non. Des experts de la blockchain ont analysé cette transaction en détail afin d'en authentifier la source.

– Et qu'ont-ils trouvé ?

– Eh bien, ils ont établi que les 10 blocs en question ont été minés suivant le « Patoshi Pattern »...

– Euh... Là, j'avoue être perdue. Je ne suis qu'une tradeuse, pas une spécialiste du minage. C'est quoi, cette bête-là ?

Ma question entrant en plein dans son domaine de compétences, Will ne peut s'empêcher de répondre à la place de Raquel :

– Le « Patoshi Pattern » se caractérise par une fréquence de minage des blocs de bitcoins très particulière. Espacés entre eux de façon régulière par un intervalle de 312 secondes, ces blocs forment une espèce de double hélice, à la manière de chaînes d'ADN. On pense que cette distribution est due au fait que Satoshi, lorsqu'il a minés les premiers bitcoins, utilisait en parallèle deux instances de hardware / software similaires.

– Excuse-moi, Will, mais tout ça c'est du chinois pour moi... Si je comprends, le « Patoshi Pattern » est une espèce de signature caractéristique d'un minage effectué par Satoshi aux origines de la création du Bitcoin... C'est ça ?

– Oui, Nina. C'est pas mal résumé.

– Et donc, si je vous suis tous les deux, le transfert de ces 500 bitcoins dormants ne peut avoir été fait que par Satoshi lui-même. Ce qui veut dire qu'il serait toujours vivant...

– C'est exactement ça !

– Mon Dieu ! fais-je abasourdie. Là, Raquel, il faut que tu me laisses un peu de temps pour digérer une telle nouvelle... En plus, j'ai un client à servir qui attend depuis déjà un moment que j'aille m'occuper de lui. On peut se rappeler demain, tu veux bien ?

– Bien sûr, ma chérie ! Rappelle-moi quand tu voudras...

Après que Raquel ait raccroché, je regarde Will d'un air incrédule.

– C'est fou, cette histoire ! me lance-t-il, tout aussi perturbé que moi.

– Oui... Je ne sais pas trop quoi en penser...

Telle une somnambule je me dirige vers le bonhomme à la canne et au chapeau de paille. Celui-ci n'a pas bougé d'un pouce depuis qu'il s'est assis tout à l'heure à sa table. À croire que la chaleur l'a pétrifié sur sa chaise.

– Bonjour Monsieur ! Vous désirez boire quelque chose ?

– Oui. Un Cuba libre... mais sans Coca-Cola s'il vous plaît.

Bizarrement la voix du type me dit quelque chose. J'essaye de voir ses traits mais son visage est caché par le chapeau de paille.

– Très drôle ! On se connaît ? je lui demande.

– Je crois bien que oui, me répond-t-il en relevant la tête.

Sur le coup, je manque de m'étrangler.

– Dieu tout puissant ! Papa ! Mais c'est impossible !

Satoshi Nakamoto, car c'est bien lui, me gratifie d'un sourire de collégien qui vient de faire une bonne blague à un copain.

– Eh oui. C'est bien moi, ma chérie ! Et qui veux-tu que ce soit d'autre ? fait-il en me prenant dans ses bras tendrement.

– Qu'est-ce que je suis contente ! Mais pourquoi tu n'es-tu pas venu nous saluer tout de suite au bar en arrivant ?

– J'ai vu que tu étais en train de téléphoner. Je n'ai pas voulu te déranger. Et puis, après ce voyage, j'étais fatigué et j'avais besoin de m'asseoir. Disons aussi que j'étais un peu ému de te revoir...

– Mais je te croyais mort, Papa, fracassé au pied de ce barrage dans le Montana ! Comment as-tu fait pour survivre à une telle chute ?

– Ah ah ! Tu connais l'adage : la mauvaise herbe a la vie dure... En fait, deux ou trois mètres plus bas, il y avait une corniche. Je l'ai heurtée, par bonheur en retombant du bon côté. Le rouquin lui, par contre, a continué tout droit dans le vide. Disons que j'ai eu pas mal de chance... En tout cas, nettement plus que cet infâme salopard.

– Mais comment se fait-il qu'on ne t'ai pas vu ensuite quand on a regardé en bas ?

– La corniche était un peu en dévers. Mon corps a roulé dans des broussailles en contrebas. Je me suis retrouvé caché de votre vue.

– D'accord mais tu aurais au moins pu crier pour nous appeler à la rescousse.

– Pour ça il aurait fallu que je sois conscient. Le choc a été si violent que j'ai été assommé net. Quand j'ai retrouvé mes esprits, il faisait déjà nuit noire. J'ai dû rester évanoui pendant plusieurs heures. Entre temps vous étiez reparti en pensant sans doute que j'avais disparu corps et âme...

– Pauvre Papa ! Si j'avais su !

– Tu ne pouvais pas savoir... Quand je me suis réveillé, j'avais plusieurs côtes cassées et une jambe fracturée. Maintenant je suis presque guéri mais je marche avec une canne.

– J'imagine que tu as dû être sérieusement amoché. Comment as-tu fait pour remonter en haut de la falaise ?

– En fait, dans mon état, j'en étais totalement incapable. Je suis resté pratiquement deux jours coincé sur cette corniche. Très honnêtement j'ai pensé que j'allais y rester. Là aussi, j'ai eu de la chance. Des varappeurs qui s'entraînaient à gravir la falaise m'ont repéré. Ce sont eux qui m'ont sorti de ce trou. Ils m'ont emmené à l'hôpital où je suis resté en observation, le temps de me retaper.

– Quelle histoire ! Et comment as-tu fait pour nous retrouver ici, dans ce coin perdu, loin de tout ? Sans compter qu'on avait changé de téléphones pour ne pas avoir le FBI sur le dos.

– Je ne sais pas si tu t'en rappelles... Le jour où vous étiez venus au chalet, on avait voulu appeler mes anciens amis – Fred et Steve dont vous aviez fait la connaissance à Las Vegas, pour les saluer. On n'avait pas eu le temps de le faire mais tu m'avais laissé leur carte de visite.

– Je m'en souviens.

– Tu m'avais dit que vous aviez bien sympathisé. J'ai pensé qu'ils pouvaient savoir où vous vous trouviez.

– Donc tu les as contactés pour qu'ils te rencardent...

– Tout juste ! Ils m'ont dit qu'ils vous avaient sauvé la mise dans les Everglades. Ensuite que vous aviez passé une semaine avec eux à Key West. En les quittant, vous leur avez fait part de votre projet d'ouvrir un bar par ici. Dès que ma jambe s'est mise à aller mieux, j'ai décidé de vous rejoindre... Arriver jusqu'à Cuba n'était pas évident mais une fois sur place, ça a été facile. Maria La Gorda, c'est petit. Je vous ai vite localisés.

– Je vois... Tu as entendu ce que je disais au téléphone à l'instant ? Je parlais avec mon amie Raquel.

– Tu as mis l'ampli pour que Will puisse écouter. Je n'étais pas très loin. Donc la réponse est oui. Je pense que j'ai capté l'essentiel de votre conversation.

– Très bien... Alors, c'est bien *toi* qui a transféré ces 500 bitcoins dormants ?

Mon père rigole doucement avant de me répondre.

– Absolument, très chère enfant.

– Et tu as effectué ce mouvement depuis ton propre wallet ?

Savourant l'instant avec délice, Satoshi prend sa tête de petit lutin facétieux. On dirait qu'il veut prolonger le suspense.

– On ne peut rien te cacher, Nina...

– Mais comment as-tu fait pour y arriver ? La dernière fois que je t'ai vu, excuse-moi, mais tu étais à moitié amnésique. Tu étais incapable de te souvenir de ta phrase de graine.

– C'est vrai. Il faut croire que ma chute sur la corniche a eu un effet salutaire – en tout cas pour ma petite cervelle. Ah ah ! Ce choc m'a littéralement remis les idées en place. Comme on dit : « À quelque chose, malheur est bon. »

Prenant la main de mon père entre les miennes, je l'embrasse chaudement puis je le serre dans mes bras comme si j'étreignais un revenant. Je veux lui dire quelque chose de tendre mais l'émotion me submerge et les mots me manquent. Lui, par contre, il est intarissable. Il continue sur sa lancée :

– À mon réveil, j'avais récupéré l'intégralité de ma mémoire. Je me suis souvenu que j'avais écrit la seed de mon wallet sur un bloc note – que j'avais évidemment soigneusement dissimulé...

– Ne me dis pas que tu as réussi à te rappeler de ta cachette après tout ce temps ?

– Eh bien, si, justement ! J'ai retrouvé mon bloc note exactement là où je l'avais rangé – presque douze ans plus tôt. Tu imagines ?

– Incroyable ! Mais ton wallet, c'était bien celui qui était dans ta boîte à malices ? Celui que tu nous avait montré dans ta cabane près de Polson ?

– Oui, pourquoi cette question ?

– Parce qu'il était complètement cabossé. Tu nous avais toi-même dit qu'il ne fonctionnait plus. Tu te souviens ?

– C’est vrai mais j’ai réussi à le restaurer. Grâce à l’aide d’un geek qui s’y connaît. Il faut dire qu’il bosse chez Ledger...

Pendant que Satoshi nous donne ses explications, Will nous ressert à boire. Les morceaux du puzzle s’emboîtent à merveille. Pourtant il y a encore un détail me tracasse. Curieuse telle une pie, je ne résiste pas à poser encore une question à mon père.

– Tu ne m’en voudras pas si je te demande encore un truc ?

– Je t’en prie, ma chérie !

– Pourquoi as-tu retiré une telle somme ? 500 bitcoins, ça fait un paquet d’argent. Il y en a pratiquement pour 15 millions de dollars si je calcule bien. Tu veux t’acheter un yacht, ma parole ?

– Oh ! Ce n'est qu'une fraction très faible du montant total stocké sur mon wallet. D'ailleurs, pour être exact, je n'ai pas vraiment retiré ces 500 bitcoins. En fait, je les ai juste transférés vers une autre adresse – un peu particulière, il est vrai...

– Ah bon ? fais-je en échangeant un regard surpris avec Will.

– Hé hé ! Comme tu le sais, j'ai toujours adoré les énigmes. La quête que je t'avais confiée pour me retrouver en est la parfaite illustration... Maintenant que, grâce au succès du Bitcoin, je suis à la tête d'une petite fortune, je me suis dit qu'il fallait que je fasse un geste envers la communauté crypto. Je lui dois bien ça, non ? Alors j'ai décidé d’organiser une chasse au trésor originale, intitulée *To The Moon* ! Elle sera ouverte à tous les crypto fans de la planète, sans aucune limite d’âge ou quoi que ce soit...

– Je te reconnais bien là... Tu peux nous en dire un peu plus ?

– Le but de cette chasse au trésor sera de récupérer un monolithe avec, gravé dessus, l'adresse et la clé du portefeuille crypto où j'ai transféré ces 500 bitcoins.

– Je suppose que ce monolithe sera difficile à dégotter.

– Tu ne crois pas si bien dire. Il sera caché sur la Lune, à un endroit gardé totalement secret. Le vol pour aller le déposer là-bas sera assurée par une navette spatiale emportée par une fusée Falcon 9. Évidemment, personne chez SpaceX ne connaîtra les coordonnées exactes de cet endroit. Pas même Elon Musk lui-même.

– Quoi ? Tu as déjà parlé de ce projet à Elon Musk ?

– Absolument. Je l'ai approché de manière confidentielle, en passant par un avocat. Elon a trouvé mon idée géniale et m'a aussitôt donné son accord pour soutenir sa réalisation. Vous connaissez son engouement autant pour la conquête des planètes que pour le monde des cryptos. Combien de fois n'a-t-il d'ailleurs pas tweeté le slogan *To The Moon* dès que le marché partait à la hausse ? Alors qu'en dis-tu ? Tu penses que je déraille complètement ?

En attendant les arguments de mon père, j'opine de la tête. Son idée est la plus farfelue que j'ai jamais entendue mais elle me séduit sur le champ. Je me range à son point de vue avec enthousiasme :

– C'est vrai que Musk a toujours été un chaud partisan de monnaies comme le jeton Dodge ou le Bitcoin. Tesla a beaucoup investi dessus il n'y a pas si longtemps. Ça pourrait marcher.

À son tour, Will fait écho aux paroles de mon père.

– En tout cas, si Elon Musk appuie ce projet et qu'il fait le buzz dessus comme il en est capable, ça risque d'être un sacré coup médiatique. Pensez donc : *Elon Musk et Satoshi Nakamoto unissent leurs intelligences et leurs renommées pour lancer un projet défiant l'imagination. Des millions à gagner...* À tous les coups, ça fera un sacré tabac !

– C'est vrai, reconnaît Satoshi, que le coup semble bien parti pour que Musk soutienne le projet. Mais ne vous emballez pas trop vite ! Il a mis un bémol avant de me donner son accord définitif et de s'engager à devenir mon partenaire. Un bémol de taille...

– Ah bon ?

– Oui. Il veut à tout prix éviter qu'on se plante... Pour être sûr qu'on fasse de cette affaire un succès, il voudrait que je lui propose un chef de projet de confiance, un profil vraiment à part pour tout vous dire...

– Mais encore ?

– Il veut une personne qui aura déjà fait ses preuves sur une mission similaire ; une personne qui n'a pas froid aux yeux et qui serait prêt à relever un tel défi ; une personne qui connaît bien le monde des crypto monnaies. Et surtout quelqu'un que je pourrais lui recommander, les yeux fermés...

En entendant la liste des demandes du milliardaire fantasque, Will tire la grimace. Pour lui, la barre est placée trop haut et ce niveau d'exigence est totalement irréaliste. Craignant que cela fasse capoter le projet, il se lâche :

– Il rêve, votre Musk. Ce n’est pas un oiseau rare qu’il veut. C’est un mouton à cinq pattes !

Plus nuancée que Will, je regarde Satoshi avec un sourire en coin. Je crois savoir ce que mon père à en tête mais je veux l’entendre de sa propre bouche.

– Alors ! je lui lance, l’air de rien, tu n'as vraiment personne à conseiller à ton nouveau copain pour mener ce projet à bien ?

Satoshi a compris que j’ai deviné où il voulait en venir. Ce n’était pas si difficile... Après tout, je suis sa digne fille, non ?

En se marrant, il m’adresse un clin d’œil complice.

– Si, bien sûr, Nina... J'ai pensé à toi !

TABLE

DU MÊME AUTEUR

Sous le pseudonyme de Lou Lesandre

L'Affaire Beauséjour – Amazon KDP, 2018

Sous le pseudonyme de Chris Tobal

Avril Cruel – Éditions Amalthée, 2012

Vodka Frappée – Amazon KDP, 2015

BITCOIN

LE TRÉSOR DE SATOSHI

Lou Lesandre

Vivant à Tucson en Arizona, Nina et Will forment un couple de marginaux gravitant dans la crypto sphère. Elle est tradeuse et lui, mineur de Bitcoin. Le FBI les soupçonne, ainsi qu'une de leurs amies street artiste, de couvrir les monuments de leur ville de tags subversifs prônant l'avènement du Bitcoin.

Lors de l'enquête, Nina découvre qu'elle est la fille de Satoshi Nakamoto – l'illustre inventeur du Bitcoin, disparu mystérieusement depuis plus de douze ans. Il lui a légué une fortune de plusieurs milliards – des bitcoins stockés sur un wallet qu'elle doit trouver en résolvant une série d'énigmes.

Avec une horde de tueurs mystérieux à leurs trousses, traversant les États-Unis de Las Vegas à Miami en passant par New York et le Montana, Will et Nina se lancent dans une course au trésor effrénée. Leur perspicacité et leur courage permettront-ils à nos héros de mener à bien leur quête sur les traces de Satoshi et de ses précieux bitcoins ?

Après plusieurs rebondissements et un dénouement inattendu à Cuba, Nina sera finalement rattrapée par son passé.

Lou Lesandre est né en 1955 et vit à Paris. Fils d'un écrivain célèbre, il passe son enfance à dévorer des romans d'aventure et de science-fiction. Devenu ensuite ingénieur, il travaille comme chercheur puis consultant et directeur informatique dans des sociétés high tech innovantes anglo-saxonnes.

Amateur de polars et de thrillers, il se lance en 2018 dans l'écriture en publiant « L'Affaire Beauséjour », une histoire de meurtres en série dans une maison de retraite. Avec le « Le Trésor de Satoshi », il aborde un nouveau genre – un road-trip entre polar et techno-thriller, qui nous emmène dans le monde fascinant du Bitcoin.

Printed in France by Amazon
Brétigny-sur-Orge, FR

16267161R10141